Dieter Kühn

SCHILLERS
SCHREIBTISCH
IN BUCHENWALD
Bericht

S. FISCHER

© S. Fischer Verlag, Frankfurt am Main 2005
Satz: H & G Herstellung, Hamburg
Druck und Bindung: GGP Media GmbH, Pößneck
Printed in Germany
ISBN 3-10-041509-3

»Die Geschichte der Menschheit
macht zuweilen einen Eindruck auf mich,
als ob sie der Traum eines Raubtiers wäre.«
Hebbel, Tagebuch

»Die Geschichte, sagte Stephen, ist ein
Albtraum, aus dem ich zu erwachen versuche.«
Joyce, Ulysses

Schillers Schreibtisch wird kopiert

LESUNG IN WEIMAR, im neu gestalteten Goethe-National-museum, zwei Tage vor den Festlichkeiten zu Goethes 250. Geburtstag: Auszüge aus meiner biographischen Skizze eines Goethe, der (mit einem Pistolenhalfter am Sattelknauf) 1792 nach Frankreich in den Krieg gezogen war. Während des Vorgesprächs zuweilen ein Seitenblick zum Dach des Hinterhauses, in dem Goethe (auch) den Bericht über diesen Feldzug diktiert hatte: »Campagne in Frankreich«.

Im Anschluß an die Lesung eine Vernissage unter dem Titel »Verlagerung«. Im Haupttreppenhaus vier (von insgesamt 40) Kisten, die 1942 im Konzentrationslager Weimar-Buchenwald angefertigt wurden zur »Bergung von Gegenständen« aus dem Schillerhaus und dem »Museum für Urgeschichte«.

Zusätzlich, so lese ich in einem Begleitblatt, wurden im Konzentrationslager »Zweitstücke« von Möbeln des Schillerhauses hergestellt. Vorrang hatte dabei die Kopie von Schillers Schreibtisch.

ERNEUTER BESUCH DES SCHILLERHAUSES: gleich hinauf zur Mansarde, in das Arbeitszimmer. Im Eckwinkel links: der »Schreibtisch, Apfelbaumholz, furniert. Klassizismus.«

Dieser Schreibtisch hat seine Geschichte, aber die kann ich nicht lückenlos erzählen. Hatte Schiller an diesem Schreibtisch bereits in Jena gearbeitet? Oder war dies der Schreibtisch, den er in Weimar gekauft hatte, kurz nach dem Umzug in das Haus an der Esplanade? Jedenfalls hat Schiller dort an Neuerwerbungen notiert: »1 Spiegel, 1 Schreibtisch, 1 Kommode.« Da kam nur weniges hinzu. »Mein notwendiger Hausrat besteht aus guter Kommode, dem Schreibtisch, dem Bett und dem Sopha, dann dem Tisch und einigen Sesseln. Hab ich dieses, so brauche ich zu meiner Bequemlichkeit nichts mehr.«

Nun hinterließ er allerdings *zwei* Schreibtische. Welcher war zusätzlich gekauft (oder eher: bei einem Tischler in Auftrag gegeben) worden? Ein Schreibtisch befindet sich heute im Schiller-Nationalmuseum zu Marbach. Für den zweiten Schreibtisch, heute wieder im Weimarer Wohnhaus, gibt es ein Zertifikat, ausgestellt von Schillers Enkel Friedrich, dem Kürassiermajor a. D.: »Bestätige ich, daß der im Schillerhaus zu Weimar aufgestellte Schreibtisch derselbe ist, welcher beim Tode des Dichters in seinem Wohn- und Sterbezimmer stand.«

Das »Wohn- und Sterbezimmer«: es wird heute als »Arbeits- und Sterbezimmer« bezeichnet. Dort steht auch das »Bett. Fichte. Um 1780.« Dieses Bett war allerdings erst wenige Tage vor Schillers Tod ins Zimmer gestellt worden. Geschlafen hat Schiller sonst im winzigen Schlafzimmer nebenan – eher das stumpfe Ende eines Flurs mit Schrägdach. Ein (weiteres) Zitat aus dem Katalog zu Schillers Wohnhaus: »Hier soll er zeitweise ein flaches Lager – eine Bettstatt ohne Beine – benutzt haben.« Eine Kammer Richtung Norden. Zum Fenster hinaufwachsend: Efeu, wilder Wein. Und: »Im Garten stand ein weißer Fliederbaum, der bis zum Fenster des Schlafzimmers hinaufreichte. Der Duft der Fliederblüten soll Schillers Nerven gestärkt haben.« Eine der zahlreich überlieferten Erinnerungen.

Das Bett im Arbeitszimmer: hier also ist Schiller gestorben. Nach dem Tod der Witwe ließ es Großherzog Carl Alexander ins Schloß überführen, gab es 1847 jedoch zurück. »Mit wahrer Freude habe ich vernommen, daß der wohllöbliche Rat dieser Stadt das Schillerhaus gekauft hat und seines ehemaligen Besitzers würdig einzurichten gedenkt. Da ich mich im Besitz der Bettstelle Schillers, in welcher er gestorben ist, befinde, so gereicht es mir zum besonderen Vergnügen, dieselbe dem hiesigen wohllöblichen Stadtrate mit der Bitte zu übergeben, ihr in dem ehemaligen Wohnhause des Besitzers einen würdigen Platz einzuräumen.« Was denn auch geschehen ist. Von diesem Bett wurde im Konzentrationslager Weimar-Buchenwald ebenfalls ein »Zweitstück« angefertigt.

Doch primär geht es um den Schreibtisch. Acht Jahre nach Schillers Tod berichtet Charlotte ihrem Sohn Ernst, dem jüngeren Bruder von Karl: Der Schreibtisch »ist neu gebeizt und steht unter Karls Bild. Gebraucht soll er nicht werden, nur von Euch, wenn Ihr wollt. Es ist mir jetzt tröstlich, diesen Schreibtisch zu sehen, sonst war es mir schmerzlich.«

Heute sind auf den Schreibtisch einige Objekte gestellt und gelegt, die sich hier meist schon zu Schillers Zeit befanden. Sich durch Größe und Eleganz der Form betonend die »Tischuhr. Zylinderförmiges Gehäuse in lyraförmigem Gestell. Um 1800.« Sodann zwei Kerzenleuchter: »Holz, mit vergoldeten Verzierungen.« Es sind freilich Kopien – die Originale sind ausgestellt im Goethe-Nationalmuseum. Vom Arbeitsgerät des Schriftstellers blieben Papierschere, Tintenfaß und Briefbeschwerer erhalten; sie

9

liegen scheinbar griffbereit. Gleichsam in Reichweite auch eine »Tabakdose. Holz, auf dem Deckel Perlmuttscheibe in vergoldetem Ring.« Tabak zum Schnupfen und Tabak zum Rauchen – Schiller mit langstieliger Pfeife. Bei der Arbeit hat er wohl geschnupft. Goethe, notorischer Nichtraucher, fand Tabakschnupfen und Pfeiferauchen abscheulich, ließ es beim hochgeschätzten Freund aber (kommentarlos?) durchgehen.

Schiller über seinen Schreibtisch: »Mein wichtigstes Meuble.« Der Schreibtisch diente – gelegentlich – auch einem Nebenzweck: Trat Erschöpfung ein bei der intensiven und extensiven Arbeit, so verschränkte Schiller die Arme auf der Tischfläche, legte den Kopf auf einen Unterarm, machte ein Nickerchen. Nach dem Aufwachen ein Kaffee und gleich weiter im Text!

AUCH GOETHE hat einmal an Schillers Schreibtisch gesessen. 1827 berichtet er Eckermann: »Ich besuchte ihn eines Tages, und da ich ihn nicht zu Hause fand und seine Frau mir sagte, daß er bald zurückkommen würde, so setzte ich mich an seinen Schreibtisch, um mir dieses und jenes zu notieren. Ich hatte aber nicht lange gesessen, als ich von einem heimlichen Übelbefinden mich überschlichen fühlte, welches sich nach und nach steigerte, so daß ich endlich einer Ohnmacht nahe war. Ich wußte anfänglich nicht, welcher Ursache ich diesen elenden, mir ganz ungewöhnlichen Zustand zuschreiben sollte, bis ich endlich bemerkte, daß aus einer Schublade neben mir ein sehr fataler Geruch strömte. Als ich sie öffnete, fand ich zu meinem Erstaunen, daß sie voll fauler Äpfel war. Ich trat sogleich an ein Fenster und schöpfte frische Luft, worauf ich mich denn augenblicklich wiederhergestellt fühlte. Indes war seine Frau wieder hereingetreten, die mir sagte, daß die Schublade immer mit faulen Äpfeln gefüllt sein müsse, indem dieser Geruch Schillern wohltue und er ohne ihn nicht leben und arbeiten könne.«

Dies dürfte der Schreibtisch gewesen sein, der in das Konzentrationslager Weimar-Buchenwald transportiert wurde und dort lange Zeit deponiert blieb als Vorlage für die Herstellung einer Kopie.

MEINE TISCHPLATTE, AUFGEBOCKT. Fotokopien von Dokumenten zurechtgelegt. Vornean ein Schreiben des Weimarer Polizeipräsidenten Hennicke (zugleich »örtlicher Luftschutzleiter« und SS-Gruppenführer) an den »Herrn Reichsstatthalter in Thüringen«, ebenfalls in Weimar. »Betr.: Schutz der Kulturgüter, Kulturstätten usw.« Am 18. Dezember 1941 wurde hier eine Besprechung protokolliert, die im Anschluß an eine »nochmalige Überprüfung der Weimarer Kulturgüter und Kulturstätten in luftschutzmäßiger Hinsicht« stattfand.

Unter den sieben Punkten der Tagesordnung interessiert mich vorrangig der vierte: »Schillerhaus«. Als (vorläufiges) Ergebnis des Lokaltermins: »Die im Schillerhaus befindlichen Originalmöbel Schillers können nicht von Ort und Stelle entfernt werden, da sie sonst zerfallen würden. Sie stehen im I. und II. Geschoß. Die Fenster sind gegen Splitterwirkung durch behelfsmäßige Holzläden gesichert. Die Brandwache übernimmt die Witwe des gefallenen Hausmeisters. Bei Fliegeralarm wird zusätzlich ein aktiver Feuerwehrmann nach dort entsandt.«

Aufschlußreich auch, was zum nächsten Punkt protokolliert wurde: »Goethe-National-Museum«. Hier wird begründet, weshalb Schillerhaus wie Goethehaus trotz eventueller Bombenangriffe geöffnet bleiben sollten. »Die unersetzlichen Werte dieses Hauses, bis auf die

Möbel des Arbeits- und Sterbezimmers Goethes, sind in den Kellerräumen des Landesmuseums und des Neubaues des Goethe-National-Museums untergebracht. Vom luftschutzmäßigen Standpunkt gesehen, müßten auch die Möbel aus Goethes Arbeits- und Sterbezimmer sorgfältig verpackt und anderweitig untergebracht werden. Dies widerspricht aber einer Anordnung des Reichspropaganda-Ministeriums, die vorschreibt, daß diese und andere unersetzliche Werte an Ort und Stelle stehen bleiben und auch während des Krieges der Bevölkerung zugänglich sein sollen.«

Die Bürger von Weimar sollten also nicht alarmiert werden durch frühzeitige Auslagerung von Unikaten aus dem Arbeitszimmer und der Sterbekammer des Goethehauses. Geschlossen werden sollte es schon gar nicht! Vielmehr wurde suggeriert: Solange die Häuser der Dichter geöffnet bleiben, ist noch nicht alles verloren, ja der »Endsieg« könnte noch möglich sein. Ein Propagandasignal: der »Durchhaltewille« sollte gestärkt werden.

So setzte man (auch) die Original-Möbel aus Goethes Arbeitszimmer und Schlafkammer aufs Spiel. Schon einer der häufigen Brandbomben-Angriffe hätte all dies vernichten können ... Selbst in Friedenszeiten sind die vielfach zundertrockenen historischen Objekte von Feuer bedroht – während ich diesen Text noch einmal überarbeite, brennt in Weimar die Mansarde der Herzogin Anna Amalia Bibliothek ab! Alles nah ans Feuer gebaut.

WAR DIE STADT WEIMAR Ende 1941 schon bedroht? Lag sie bereits im Aktionsbereich des »Bomber Command«? Kurzer Blick zurück.

Schon wenige Wochen nach der »Machtergreifung« erfolgte ein Aufruf zur Gründung des Reichsluftschutzbundes. In der Begründung hieß es lapidar: »Jede deutsche Stadt ist für Bombenflieger erreichbar.« Ein Statement schon im April 1933! Zwei Jahre später wurde vom Reichsluftfahrtministerium ein erster »Schutzraum« gebaut, für mehrere hundert Mitarbeiter. Ebenfalls 1935: Bau eines Bunkers für die Reichskanzlei – der spätere Vorbunker zum tiefer und stärker angelegten »Führerbunker«. Ab 1937 war, per Gesetz, für jeden Neubau ein Luftschutzraum verpflichtend. Und bereits einen Monat *vor* dem Überfall auf Polen wurde die neunte Durchführungsverordnung zum Luftschutzgesetz rechtsgültig, die Hausbesitzer dazu verpflichtete, ihre Keller »luftschutzgemäß« auszubauen. Zur gleichen Zeit begannen schon Evakuierungen in der Hamburger Kunsthalle!

DIE GESCHICHTE DIESES LUFTKRIEGS: hier muß ich mich erst einmal, noch einmal kundig machen. (Direkt und indirekt habe ich den Luftkrieg miterlebt: zwischen dem Einschlag der Brandbombe im Kölner Einfamilienhaus meiner Kindheit und der Beobachtung von Bomberformationen, die trotz Flakbeschuß unbeirrbar parallele Kondensstreifen hinter sich herzogen, Richtung München).

Mich einlesend, wird mir erst richtig bewußt, wie massiv bereits ab Herbst 1940 die Offensiven der deutschen Luftwaffe waren. Das wird mir auch klargemacht durch den Text eines englischen Flugblatts, das Herbst 1942 in Millionen Exemplaren über Deutschland abgeworfen wurde. Die »Botschaft des Oberbefehlshabers der britischen Kampfflugzeuge an das deutsche Volk« ist gut drei Druckseiten lang. Ich zitiere zwei Abschnitte.

»Wir in England haben zur Genüge erfahren, was Luftangriffe bedeuten. Zehn Monate hindurch hat uns eure

Luftwaffe mit Bomben belegt. Zuerst bei Tage. Als wir das abgestellt hatten, kamen sie bei Nacht. Ihr hattet damals eine starke Luftwaffe. Eure Flieger schlugen sich gut. Zweiundneunzig Nächte hintereinander haben sie London gebombt; Coventry, Plymouth, Liverpool und andere britische Städte haben sie schwer angegriffen. Der Schaden, den sie anrichteten, war beträchtlich; 43 000 britische Männer, Frauen und Kinder sind dabei ums Leben gekommen; viele historische Bauten, die uns lieb und teuer waren, sind zerstört.

Damals glaubtet ihr – denn Göring hatte es euch versprochen – daß ihr selber vor Bomben sicher seid. Und tatsächlich konnten wir nur mit wenigen Flugzeugen antworten. Jetzt sind die Rollen vertauscht. Jetzt kommen nur ab und zu ein paar deutsche Maschinen zu uns; und wir bomben Deutschland nach Noten.«

Hier ist kaum stilisiert worden. Nach Aufzeichnungen des OKW, des Oberkommandos der Wehrmacht, flogen deutsche Bomber nach England in Formationen von hundert, von zweihundert, von dreihundert, von vierhundert, von beinah fünfhundert Flugzeugen! Und dies bis in den Norden Englands.

Ich hebe vier der Luftoffensiven hervor. In der Nacht zum 16. November 1940 wurden weite Gebiete der Innenstadt von Coventry durch systematisch kombinierten Einsatz von Brand- und Sprengbomben vernichtet. In der Nacht vor Heiligabend: Angriff von 331 Flugzeugen auf Manchester; es wurden beinah 200 Tonnen Sprengbomben, 30 Tonnen Brandbomben, zwei Dutzend »Brandschüttkästen«, 77 Luftminen abgeworfen. Ende März 41 flogen 479 (fast ein halbes Tausend!) Flugzeuge die englische Hauptstadt an. Und am 11. Mai ein weiterer Großangriff auf London: mehr als 1200 Tote, fast 3000 Verletzte.

Zu dieser Zeit hatten britische Bomberverbände bereits Berlin angeflogen. Das war in den ersten Kriegsmonaten undenkbar erschienen. Denn es war sehr schwierig, über große Distanz hinweg einen »Zielort« zu finden – im ganzen Land herrschte das strenge Gesetz der Verdunkelung; Lenksysteme über Leitstrahl waren noch unzureichend; Navigatoren mußten Sterne anpeilen, Piloten mußten nach Sicht fliegen. Dabei waren Küstenstädte und Städte an Flüssen relativ leicht zu orten: der Hauptgrund, weshalb meine Kindheitsstadt Köln so früh und so häufig angegriffen wurde. Hinzukam: je länger der Anflug der Bomberstaffeln, desto größer wurden, statistisch, die Verluste – die Nachtjäger, die Flak-Batterien.

Und doch, kurz nach Mitternacht des 26. August 1940: erste »Feindtätigkeit über Berlin«. 29 Flugzeuge der Royal Air Force warfen im Norden und Nordosten der Stadt 22 Tonnen Bomben und zahlreiche Flugblätter ab. Der amerikanische Journalist William L. Shirer, als Auslandskorrespondent in der Hauptstadt, er notierte: »Die Berliner sind wie vor den Kopf geschlagen. Sie haben nicht damit gerechnet, daß so etwas je passieren könnte. Zu Beginn des Krieges hat Göring ihnen versichert, es werde nie geschehen. Sie haben ihm geglaubt. Umso größer ist jetzt ihre Desillusionierung.«

Von diesem Zeitpunkt an gab es – bis weit in den Oktober hinein – fast jede Nacht Fliegeralarm. Die Schäden waren oft nur gering, doch die Beunruhigung wuchs. Beim 17. Fliegeralarm, am elften September, schlugen Bomben ein am Potsdamer Platz, beim Reichstag, Unter den Linden. Beim 22. Fliegeralarm, am 23. September, flogen 84 Flugzeuge ein, und Bomben fielen auf Moabit, Tempelhof, Charlottenburg. Die Angriffe setzten sich fort. Mehrfach war es nur etwa ein Dutzend

Flugzeuge, die Berlin erreichten, aber auch solche Attakken hatten Signalcharakter: Was in Berlin Wirklichkeit wurde, war für andere Städten des Ostens drohende Möglichkeit.

Nach dem Überfall der Wehrmacht auf die Sowjetunion, am 22. Juni 1941, und einem ersten Luftangriff auf Moskau, mit etwa zweihundert Maschinen, tauchten gelegentlich russische Flugzeuge auf über Berlin. Das erste Mal am 7. August: Flugblätter mit einer Rede Stalins in der Umgebung des Stettiner Bahnhofs sowie Unter den Linden. Es folgten zwei, drei kleine »Störangriffe«. Insgesamt wurden Luftangriffe auf Berlin nun seltener und schwächer. Im Jahr 1942 schließlich gab es in Berlin nur achtmal Fliegeralarm, doch es fanden nur drei Bombenangriffe statt mit kleineren Verbänden. Da hätte man sich in Weimar also recht sicher fühlen können.

Doch Anfang 1943 begannen Luftangriffe auf Berlin durch Bomberverbände in der Größe der Bomberflotten, die zwei Jahre zuvor die englische Hauptstadt angegriffen hatten: mal 145 Flugzeuge der RAF, mal 111, mal 151, schließlich 329. Die Beunruhigung in Weimar wuchs: Was sich in Berlin wiederholte, konnte das nicht auch in Thüringen geschehen? Andererseits: Wie viele andere Ziele konnten angeflogen werden zwischen Rhein und Oder? Konnte Weimar als Angriffspunkt überhaupt relevant sein? Ausgerechnet dieses Städtchen, das geweiht und gefeit schien durch das Erbe von Dichtern wie Goethe und Schiller, von Komponisten wie Bach und Liszt? Wiederum: wie viele Verwaltungszentralen, Kasernen und Rüstungsbetriebe in Weimar?!

IM GEBÄUDE DES POLIZEIPRÄSIDIUMS DRESDEN fand am 26. Januar 1942 eine Besprechung statt, an der auch

Vertreter des Reichsluftfahrtministeriums und des Luftgaukommandos teilnahmen. Als erstes eine »eingehende Aussprache über die luftschutzmäßige Unterbringung der Kunstschätze« in Dresden. »Nach dem Willen des Führers sollen die einmaligen Kunstschätze und auch Kulturgüter so sicher wie möglich untergebracht werden, mindestens splitter- und trümmersicher.« (Man unterschied damals zwischen splitter-, trümmer- und bombensicher.)

Der Protokollführer, ein Oberbaurat, berichtete anschließend über die Situation in Weimar. Bombensicher waren »Kulturgüter« Weimars noch nicht untergebracht. Ja, es waren »die Einrichtungsgegenstände im Goethehaus, so insbesondere die des Arbeits- und Sterbezimmers Goethes noch an der Stelle, wo sie stets gestanden hätten. Es seien zwar vor den Fenstern dieser beiden Räume, deren Außenwände aus Fachwerk bestünden, doppelte Bohlenläden angebracht und die Holzdecken abgesteift. Würden diese Einrichtungsgegenstände in den beiden Räumen herausgenommen und splitter- und trümmersicher untergebracht, so müsse das Goethe-Nationalmuseum geschlossen werden. Da aber der Besuch außerordentlich hoch sei und gerade während des Krieges ungezählten Soldaten und Verwundeten diese Kulturstätten nach bisherigen Anordnungen offen stehen sollen, können diese Dinge nicht anders untergebracht werden. Das Gleiche treffe für das städt. Schillerhaus zu. Würden auch hier die Einrichtungsgegenstände herausgenommen und splitter- und trümmersicher untergebracht, so müsse es geschlossen werden. Nach Auskunft des Herrn Oberbürgermeisters weise das Schillerhaus zweieinhalb mal so starken Besuch auf wie im letzten Jahr vor diesem Kriege.«

Wie man weiter verfahren sollte, darüber traf man noch keine Entscheidung. Sie sollte herbeigeführt werden in

Abstimmung mit dem Reichspropaganda-Ministerium und dem Reichsluftfahrtministerium. Vom Vertreter dieser Behörde wurden aber schon mal zwei »Sofortmaßnahmen« angeordnet: »1.) das Goethe- und Schillerdenkmal ist mit einem Splitterschutz zu versehen, 2.) die Fürstengruft ist splitter- und trümmersicher zu schützen.« Zusatz in einem weiteren Protokoll: »Ferner müssen die Särge Goethes und Schillers in den Nordteil der Fürstengruft gebracht werden.«

Übrigens wurde als Luftschutzmaßnahme eine Zeitlang sogar geplant, Goethes Gartenhaus mit einem Tarnanstrich zu versehen!

KLEINER SITZUNGSSAAL des Rathauses zu Weimar, 17. Februar 1942: »Luftschutz-Besprechung«, an der vierzehn Vertreter verschiedener Behörden teilnahmen (die hier nicht aufgezählt werden müssen). Erneute Erörterung der Schutzmaßnahmen für das Goethe-Schiller-Doppeldenkmal vor dem Theater: »Entweder eine Ummantelung mit 51 cm starkem Mauerwerk mit Eisenbetondecke oder eine Holzeinrüstung mit Sandsackfüllung zur Splittersicherung.«

Und die »Möbel, Gegenstände usw. aus dem Schillerhaus«? Unter diesem Punkt der Tagesordnung »entspann sich eine eingehende Aussprache. Gruppenführer Hennikke empfahl von den einmaligen Einrichtungsgegenständen, insbesondere von Goethes Arbeitszimmer, von seinem Schlafzimmer, sowie von Schillers Bett, Schreibtisch und Stuhl Zweitstücke sofort anfertigen zu lassen. Er wies Wege wie dies möglich sei und sagte seine persönlich(!) Mithilfe zu.«

Diese Amtshilfe muß darin bestanden haben, daß der Polizeipräsident und SS-Gruppenführer die Verbindung herstellte zur SS-Kommandantur des Konzentrationslagers Weimar-Buchenwald.

DER NEUE LAGERKOMMANDANT, SS-Obersturmbannführer Pister, war zugleich Betriebsleiter der Zweigstelle Weimar-Buchenwald der Deutschen Ausrüstungswerke, war außerdem Direktor der Deutschen Erd- und Steinwerke sowie der Wilhelm-Gustloff-Werke, einer Rüstungsfirma.

Für die Ausführung empfahlen sich damit die Deutschen Ausrüstungswerke G.m.b.H. (DAW), von der SS zwei Jahre zuvor gegründet; Hauptverwaltung in Berlin. Offiziell waren die DAW ein »Kriegsbetrieb«, produzierten aber vorwiegend für Eigenbedarf der SS.

Die Ausrüstungswerke waren, so würde man heute sagen: diversifiziert. Im KL Buchenwald gab es eine Zimmerei, eingesetzt vor allem bei Bauten der SS: Dächer, Blockhäuser, Gebäude des »Falkenhofs« (eines Wildgeheges). Die Elektrowerkstatt war zuständig für Installationen, für die Produktion und Reparatur von Geräten. In der Schlosserei wurde am ehesten für die Rüstung gearbeitet: hier wurden, beispielsweise, 2-cm-Patronenhülsen (sicherlich von Vierlings-Schnellfeuerkanonen der Flugabwehr) in Massen angeliefert und zur Wiederverwertung sortiert und aufbereitet. Und es wurden Beschläge für Messerschmitt-Flugzeuge zurechtgeschnitten, wurden Aufbauten für Lastwagen hergestellt. Auf Wunsch, auf Befehl von SS-Offizieren wurden freilich auch »eiserne Kronleuchter, kunstgeschmiedete Kamingeräte, kunstvolle Fenstergitter, Truhenbeschläge und große Schreibzeuge, Aschenbecher, Brieföffner und Briefkästen« angefertigt.

Und damit zur Tischlerei der DAW! Auch dieser Fachbetrieb wurde geführt von einem SS-Werkstättenleiter.

Der Betrieb war mit modernsten Geräten ausgestattet. Inhaftierte Facharbeiter stellten vor allem Büromöbel und Munitionskisten her – aber auch Stühle, Tische, Truhen, Schränke für Villen der Lagerleitung. Das Produktionsspektrum für private Bestellungen der SS wurde auch hier ständig erweitert.

Von Anfang an waren bei den DAW in Buchenwald mehrere hundert Häftlinge beschäftigt. Sämtliche DAW-Werkstätten lagen *innerhalb* des KL-Sperrbereichs. Näheres später.

EIN MODELLTISCHLER und Beamter des Stadtbauamts, Fritz Eckardt, erhielt den Auftrag, die Maße der benötigten Inventarkisten zu berechnen und: die Möbel zu vermessen, die nachgebaut werden sollten. Der Auftrag über die Lieferung von Auslagerungskisten (in vier verschiedenen Größen) wurde von der Tischlerei der DAW zügig ausgeführt. Sie wurden bereits Anfang Mai zum Schillerhaus transportiert.

Eduard Scheidemantel, Kustos, begann sofort mit dem Einpacken von Bildern und von historischen Exponaten der Vitrinen. (Scheidemantel war Lehrer, war Schulrat, war seit drei Jahrzehnten auch Vorsitzender des »Deutschen Schillerbundes«, den ich noch vorstellen werde.) Unterstützt wurde der ›Hausherr‹ von städtischen Angestellten. Insgesamt fünfzehn Kisten wurden gefüllt, standen bereit zum Abtransport.

Wohin sollten sie gebracht werden? Zuerst hatte man den Keller von Schloß Belvedere in Erwägung gezogen. Aber der war feucht, dort ließen sich nur »Porzellanstükke« einlagern. Der SS-Gruppenführer hielt das Belvedere aber auch »luftschutzhinsichtlich nicht für so sicher, wie man annähme, denn auf englischen Karten, die man bei abgeschossenen Fliegern fand, lag Belvedere mitten in der Fluglinie Flugplatz Nohra – Flugplatz Webicht.«

Ein großer Teil der »Möbel, Gegenstände usw. aus dem Schillerhaus zu Weimar« wurde denn im Schloß Rohrbach sichergestellt. Es waren dies Möbel des Empfangs- und des Gesellschaftszimmers, also: Polsterbank und Polsterstühle, Spiegel und Spieltisch und so weiter, auch eine Tischdecke, »gelbseiden« und zwei Häkeldeckchen. Dazu: »1 Kiste mit Bildern« – meist Kupferstiche mit Szenen aus Schillers Dramen.

Ein weiterer Teil der Kisten sollte im Keller des Neubaus der Nietzsche-Gedächtnishalle sichergestellt werden. Das verzögerte sich jedoch. Aktennotiz: »Der Abtransport der Kisten im Schillerhaus kann noch immer nicht erfolgen, da die Türen zum Kellergeschoß Nietzscheged. Halle nicht fertig gestellt sind.«

DIE KISTEN, die im Schillerhaus nicht mehr benötigt wurden, brachte man zum »Museum für Urgeschichte«. Und keine Kisten zum Goethehaus gefahren…! Auch keine Kisten nachbestellt für das Goethehaus…! Und keine »Zweitstücke« in Auftrag gegeben von Möbeln aus Goethes Arbeitszimmer und Sterbekammer…!

Merkwürdig: bei den ersten Besprechungen war das Goethehaus selbstverständlich mit einbezogen worden, danach aber fiel dieses Stichwort nicht mehr. Feststeht: es sind keine Kopien hergestellt worden von Möbeln aus dem Goethehaus. Das Schillerhaus hatte eindeutig Priorität.

Ein Beleg: schon im Schreiben des Stadtbauamts vom 13. April 42 an den »sehr geehrten Gruppenführer« wurden »Zweitstücke von Gegenständen« aus dem Goethehaus nicht mehr erwähnt, es ging nur noch um Möbel aus dem Schillerhaus! »Es kommen zunächst in Frage: Schreibtisch, Bett und Spinett aus dem Arbeits- und Sterbezimmer Schillers, kleiner Nähtisch aus dem Empfangszimmer, sowie je ein Stuhl aus je einem der drei Zimmer im zweiten Geschoß. Ich würde auch hier zu Danke(!) verpflichtet sein, wenn das Erforderliche von dort aus veranlaßt werden könnte.« *Von dort aus?* Dies konnte nur heißen: vom Konzentrationslager aus.

Am 14. Mai 1942 wurden Schillers Schreibtisch, sein Sterbebett, das ›Spinett‹, ein Lehnstuhl und ein Stuhl mit »Lederbezug« in das Konzentrationslager transportiert. Möbel und Tasteninstrument wurden in einer der Werkstattbaracken abgestellt, das heißt also, erneut betont: innerhalb des Lagerzauns, innerhalb der Kette von 23 Wachtürmen.

ANMERKUNG zum »Spinett«. Dieses Tasteninstrument, heute im »Gesellschaftszimmer«, es hatte (zumindest zeitweise) in Schillers Arbeitszimmer gestanden – ein alter Stich dokumentiert das. Schiller selbst hatte auf diesem Instrument nicht gespielt, ihm war aber gelegentlich vorgespielt worden – und seine Kinder haben hier geübt.

Die Katalogbeschreibung: »Hammerklavier. Tafelförmig, vier Füße, Resonanzkasten extra breit mit zwei stoffbezogenen Schutzrahmen. Zweiteiliger klappbarer Holzdeckel mit Notenpult. Birnbaum. Um 1785.«

ZWEIEINHALB MONATE nach der Überführung der Möbel, am 31. Juli, fuhren Stadtbaurat Holz und Modelltischler Eckardt in das Konzentrationslager, um sich über den Fortgang der Arbeiten zu informieren. Die Beamten wurden enttäuscht. Aktenvermerk: »Es wurde mir eröffnet, daß man an die Arbeit noch nicht hätte herangehen

können, da aufgrund eines Beschlußes aus Berlin zur Zeit
nur für Rüstungszwecke in den Ausrüstungslager(!) gearbeitet werden darf. Man hoffe aber, daß vielleicht in 1–2 Monaten an die Ausbesserung und Neuanfertigungsarbeiten der
Schillerhausmöbel gegangen werden könnte. Ich besichtigte
die aus dem Schillerhaus stammenden Gegenstände. Sie sind
gut untergestellt. Ich machte den zuständigen Beamten darauf aufmerksam, daß es sich hier um unersetzbare Gegenstände handle. Er erwidert, das sei ihm bekannt. Die Stadt
brauche sich nicht weiter zu sorgen. Jede Nacht seien Brand-
wachen aufgestellt. Menschlichen Ermessens nach kann an
den Gegenständen nichts passieren.«

ES WIRD NACH DIESER ZWISCHENINSPEKTION noch
mehr als ein Jahr dauern, bis die wichtigsten »Zweitstükke« fertig sind.

Der Luftkrieg hatte mittlerweile eine neue Dimension
erreicht. Ein Zeichen als Menetekel: der Angriff auf
Lübeck in der Nacht zum 29. März 1942. Luftmarschall
Harris leitete damit das »area bombing« ein, die Flächen-
bombardierung von Innenstädten, vorzugsweise von Alt-
städten mit leicht brennbarer Bausubstanz. Zweihundert-
vierunddreißig Bomber allein für die kleine Stadt an der
Trave!

Noch im selben Monat wurde Rostock viermal nachein-
ander angegriffen – fast zwei Drittel der Altstadt brannten
ab.

Ende Mai der »Tausend-Bomber-Angriff« auf Köln:
1455 Tonnen »Bombenlast« auf die Innenstadt. 460 Tote,
45 000 »Ausgebombte«.

Bereits Anfang Juni ein Angriff ähnlicher Größenord-
nung auf Essen, Ende des Monats auf Bremen. Weitere
»Großangriffe«. Geschwader von Lancaster-Bombern

begannen schon tagsüber einzufliegen. Im Kriegstagebuch des OKW hieß es bald, stereotyp: »Kampfhandlungen über eigenem Gebiet.«

Bilanz des Luftkriegs allein im Jahre 1942: etwa tausend Angriffe auf das »Reichsgebiet«, darunter siebzehn Groß- angriffe, bei denen jeweils mehr als 500 Tonnen Spreng- und Brandbomben abgeworfen wurden. Zu welch frühem Zeitpunkt (zumindest) im Luftkrieg die Niederlage erkennbar wurde, zeigen die Gesamtzahlen der jeweiligen »Bombenlast«: die Luftwaffe warf im Verlauf des Jahres 3 200 Tonnen über England ab, die RAF hingegen fast 54 000 Tonnen über dem »Reichsgebiet«.

EIN RÜCKBLICK – vergleichend, nicht gleichsetzend. Schiller in seiner »Geschichte des Dreißigjährigen Kriegs« zum Feuertod der Stadt Magdeburg. »Jetzt erhob sich ein Sturmwind, der die Flammen mit reißender Schnelligkeit durch die ganze Stadt verbreitete und den Brand allgemein machte. Fürchterlich war das Gedränge durch Qualm und Leichen, (...) durch stürzende Trümmer. Die Atmosphäre kochte.«

MITTE 1942 ist das Doppeldenkmal von Goethe und Schil- ler vor dem Nationaltheater bereits »eingehaust«: Dicke Ziegelwände (mit Belüftungsschlitzen) errichtet um die konservatorisch eingefetteten Schiller- und Goethestatu- en; obendrauf die Eisenbetondecke, darüber ein Dächlein.

Der Ziegelkubus wird gleich nach der Fertigstellung schwarz drapiert; auf der Frontfläche das Reichsadler-Em- blem und ein Hinweis auf ein deutsch-italienisches Jugendtreffen zu Weimar. Doch danach: Ziegelwände, kahl.

BLICK INS VIERTE KRIEGSJAHR: am 27. Mai 43 ein erster Luftangriff auf Weimar! Die Schäden blieben vergleichsweise gering, die Zeichen aber waren deutlich: auch eine so kleine Stadt wie Weimar in Thüringen konnte zielsicher angeflogen werden.

Im Stadtbauamt wurde man nervös: waren die Originalmöbel im Untergeschoß der Tischlereibaracke des Konzentrationslagers sicher genug deponiert? Mehrfach rief der Stadtoberbaurat bei der Kommandantur an. Am 12. Juni 43 konnte in der Akte notiert werden: »Nachmittag(!) ruft der Vertreter der Werkstätten Buchenwald an und teilt auf die wiederholte Anfrage mit, daß die Möbel des Schillerhauses gut erhalten und stets im Keller gesichert sind. Inzwischen seien auch die Kopien nahezu fertig. Sie seien gut gelungen und kaum von den Originalen zu unterscheiden. Im Laufe der nächsten Woche kann Ablieferung erfolgen.«

Die im Konzentrationslager hergestellten »Zweitstükke« wurden sukzessive nach Weimar transportiert. Auf die Kopien des Schreibtischs und des Tasteninstruments mußte man freilich noch weitere Monate warten. Ließ sich der zuständige Tischler oder Kunsttischler Zeit, weil er solange (einigermaßen) sicher war vor der Abschiebung in eins der Vernichtungslager? Oder mußte er vorrangig Aufträge von SS-Offizieren ausführen, die sich und andere beschenken wollten mit kunstgewerblichen Artikeln aus Holz? Oder stimmt tatsächlich, daß viel gearbeitet werden mußte für die Rüstungsindustrie? Also doch Munitionskisten oder ›kriegswichtige‹ Büromöbel?

Eugen Kogon berichtet, daß vor allem in den Wochen vor Weihnachten oder vor SS-Festen die Lagerwerkstätten der DAW fast komplett ausgebucht waren: Aufträge der SS-Führung. »Bis zur Hälfte der Arbeitszeit der Häftlinge

dieser Werkstätten« war in Beschlag genommen »durch
illegale Tätigkeit für Privatzwecke. (...) Ganze Wohnzim-
mereinrichtungen, Intarsienmöbel, kostbare Einzelstük-
ke, metallgetriebene Gegenstände, Büsten und Plastiken
wanderten nicht nur in die Standortbereiche, sondern weit
darüber hinaus zu allen möglichen Freunden und Bekannten im Lande, ja sogar in das europäische Ausland.« Kein
Wunder also, daß man sich mit der Erfüllung des Auftrags
(den ja bloß eine Behörde erteilt hatte ...) reichlich Zeit
ließ: Wehrwirtschaft und Selbstversorgung der SS-Lager-
führung hatten Vorrang.

ENDLICH, am 18. Oktober 43, wird der »neue Schreibtisch« geliefert. Aktenvermerk, handschriftlich: »Gleichzeitig wurde auch das Original zurück gegeben und ist im
Keller des Nietzsche-Archivs untergebracht.«

Maschinenschriftliche Notiz vom nächsten Tag: »Die
Nachbildung des Schreibtisches von Schiller ist gestern
eingetroffen. Herr Oberbürgermeister hat nach Rückspra-
che mit Herrn Professor Dr. Scheidemantel angeordnet,
daß Schillers Sterbezimmer nunmehr mit den nachgebilde-
ten Möbeln ausgestattet wird.« Stadtamtmann Knabe
mußte eine Tafel beschriften und an einem Türpfosten des
Mansardenzimmers anbringen: »Die Möbel in Schillers
Arbeits- und Sterbezimmer sind getreue Nachbildungen
der in Sicherheit gebrachten Originale.«

Anderthalb Monate später wiederum wurde »das letzte
Originalstück (Spinett) des Schillerhauses samt der hergestellten Kopie« geliefert. Ein offenbar besonders sorgfäl-
tiger Nachbau, wie sich später erweisen wird.

Stadtoberbaurat Lehrmann am ersten Dezember 1943
an die Deutschen Ausrüstungswerke G.m.b.H Weimar-
Buchenwald: »Ich möchte die Gelegenheit nicht versäu-

men, Ihnen für die gediegenen Arbeiten und die Kopien der Möbel aus dem Sterbezimmer von Schiller bestens zu danken. Gleichzeitig möchte ich darüber hinaus den Leistungen der Deutschen Ausrüstungswerke erste Anerkennung aussprechen.«

Ein Objekt als Symbol

BISHER GALT die »Goethe-Eiche« im Konzentrationslager Buchenwald als symbolischer Schnittpunkt von Perspektivlinien zweier (Kontrast)Welten. Zur Zeit der Deutschen Demokratischen Republik wurde dies so formuliert: Die Eiche als »wirkliches Denkmal der Humanität« im Konzentrationslager der Faschisten.

Von jener »Goethe-Eiche« müssen wir uns freilich verabschieden, sie hatte nichts mit Goethe zu tun, sie war Lager-Legende. Die verband sich mit der (erfundenen) Anekdote, Goethe und Frau von Stein hätten bei einem Spaziergang Rast gemacht unter diesem Baum.

Es gab allerdings eine Eiche, die sich nachweislich mit Goethe in Verbindung bringen ließ. Die stand in der Nähe des Schlosses Ettersburg und wurde von Goethe zu einem ›Schandpfahl‹ gemacht: einen Briefroman, der ihm mißfiel (Jacobi: »Woldemar, eine Seltenheit aus der Naturgeschichte«), persiflierte, parodierte er, nagelte ihn schließlich – aufgespreizt – an den Stamm, unter dem Beifall seiner Gruppe.

Das wurde Gesprächsthema in der kleinen, großen Welt von Weimar. Wer konnte als Augenzeuge berichten? Auch Wieland, Senior unter den Weimarer Dichtern, wurde befragt. »Ich weiß nicht was hieran wahr ist, denn ich war nicht zu Ettersburg, als diese Büberei vorgegangen sein soll. (…) Etliche Tage hernach kam ich wieder nach Ettersburg und wurde beim Spaziergang in den Wald erinnert, mich überall umzusehen. Ich erblickte eine in blau geheftete Brochure, die an eine Eiche genagelt war, ungefähr wie man die Raubvögel an das große Tor an einem Pachthof oder eine gentilhommie anzunageln pflegt. Was für eine Brochure es sei, wollte mir niemand sagen, man überließ es der Schärfe meines Fernglases oder meines Verstandes, es selbst herauszubringen. Wenn ich nun sagte, ich vermutete, daß es Woldemars Briefe gewesen, so würde ich soviel als nichts damit sagen, denn Vermutung in solchen Dingen ist nichts.«

Wieland ließ also höflich offen, wies die Adressatin seines Briefs abschließend jedoch darauf hin, daß sie Goethe ja schon seit langem kenne, demnach wissen müsse, wozu »er fähig ist oder nicht«. Er war dazu fähig…

Der zweite Baum, der sich mit Goethe in Verbindung bringen läßt, war keine Eiche, sondern eine Buche. Auch sie in der Nähe der Ettersburg, wenige Kilometer vom Lager entfernt. »›Ich will Ihnen doch auch die Buche zeigen‹, sagte Goethe, ›worin wir vor fünfzig Jahren unsere Namen geschnitten. – Aber wie hat sich das alles verändert, und wie ist das alles herangewachsen! – Dies wäre denn der Baum. Sie sehen, er ist noch in der vollsten Pracht. Auch unsere Namen sind noch zu spüren, doch so verquollen und verwachsen, daß sie kaum noch herauszubringen. Damals stand die Buche auf einem freien trockenen Platz. Es war durchaus sonnig und anmutig umher, und wir spielten hier an Sommertagen unsere improvisierten Possen. Jetzt ist es hier feucht und unfreundlich. Was sonst nur niederes Gebüsch war, ist indes zu schattigen Bäumen herangewachsen, so daß man die prächtige Buche unserer Jugend kaum noch aus dem Dickicht herausfindet.‹«

Dieser Bericht Eckermanns wird ergänzt durch die Auskunft, die 1954 Helmut Holtzhauer, damaliger Direktor der Nationalen Forschungs- und Gedenkstätten, auf eine schriftliche Anfrage erteilte. »Betr: Bild der Goethebuche im Schloßpark von Ettersburg. Ein Bild von der Goethebuche (nicht Eiche!) von Ettersburg ist uns nicht bekannt, weder ein zeitgenössischer Stich noch ein später angefertigtes Bild. Die Buche stand gegen Ende von Goethes Lebenszeit in tiefem Waldesdickicht. Nach der Jahrhundertmitte wurde sie wegen Überalterung gefällt, und das Stammstück, in das die Namen Goethes und seiner Gefährten eingeschnitten waren, wurde noch lange aufbewahrt, schließlich aber verfeuert. Der Platz, wo die Buche gestanden hat, ist auf dem heute fast waldentblößten Talhang kaum noch genau zu bestimmen.«

Die »Goethe-Eiche« im Stammlager war also nur Symbol, ohne biographischen Konnex oder Kontext. Diese »Dicke Eiche« stand (wie die »Schortmannsche Linde«) unter Naturschutz und wurde deshalb beim Bau des Lagers nicht gefällt. Dabei spielte mit, daß die Eiche Lieblingsbaum der Nazis war.

Im August 44 dann ein Bombenangriff auf Fabrikhallen vor dem Lager, auf das Gustloff-Werk II. (In den Werkhallen – außerhalb des Lagers – wurden Karabiner montiert, wurden »Teile für Flak- und Pak-Geschütze und Teile für die Herstellung von V-Waffen« produziert.) Jens Schley, Historiker, über den Angriff: »Die Häftlinge mußten während des 15 Minuten dauernden Bombardements an ihren Arbeitsplätzen bleiben. 315 von ihnen kamen ums Leben, 525 wurden schwer und 900 leicht verletzt.«

Die amerikanische Luftwaffe bombardierte bei diesem Angriff auch die Werkstätten der DAW, in unmittelbarer Nähe der Häftlingsunterkünfte – fast hätten die Bomber-

piloten ein Massaker angerichtet! Es kam zu einem Groß-
brand im Gelände der DAW, der durch Funkenflug übergriff auf Wohnbaracken und auf die Eiche. Auch sie geriet
in Brand und wurde später auf Befehl der Lagerleitung
gefällt.

Geblieben ist der Stumpf, sichtbar blieb die Schnittfläche. Die Reliquie wurde mit eingespritztem Beton plom-
biert, konserviert, wurde durch Umgrenzungssteine
optisch hervorgehoben. Ein Erinnerungszeichen – doch
nur für die Lagerlegende.

KEINE LEGENDE hingegen ist die Kopie von Schillers
Schreibtisch: *Symbol und Objekt.*

In einer Anthologie meines Verlags veröffentlichte ich
2001 eine Projektskizze: »Schillers Schreibtisch, Kopie
'43«. Noch im Erscheinungsjahr der kleinen Arbeit erkun-
digte ich mich bei der Stiftung Weimarer Klassik, ob der
Nachbau von Schillers Schreibtisch erhalten sei. Die
Hauptkustodin schrieb zurück: »Ich kann Ihnen mittei-
len, daß sich die Kopie von Schillers Schreibtisch erhalten
hat und sich in einem Möbeldepot befindet.«

Ich schiebe die Besichtigung allerdings auf bis zum Zeitpunkt, an dem dieser Text seine Form gefunden hat. Bis
dahin die Sorge, die Konfrontation mit diesem Objekt aus
dem Konzentrationslager könnte die weitere Arbeit bela-
sten, erschweren, womöglich blockieren.

FORMBILDENDE KONSTELLATION: Der Schreibtisch im
Schillerhaus, die Kopie aus dem Konzentrationslager
Buchenwald – diese Objekte, zum Verwechseln ähnlich,
sie stehen für zwei Welten, die jeweils Textpräsenz gewinnen müssen. Und damit: Tiefenperspektiven.

In den Akten ist die *ganze* Geschichte von Schillers

Schreibtisch in Buchenwald noch nicht präsent. Die Informationen müssen ergänzt werden. Denn die Frage, warum nur Möbel des Schillerhauses und nicht auch des Goethehauses nachgebaut wurden, sie läßt sich nach bisheriger Aktenlage allein nicht beantworten. Eine Antwort aber findet sich in der ›Geistesgeschichte‹: Schiller war NS-Kulturfunktionären entschieden näher als Goethe; Schiller ließ sich leichter vereinnahmen. Ich werde das noch ausführen: Schiller unter dem Zeichen des Hakenkreuzes.

Schiller sucht einen Schreibtisch

DAS WÜRDE EIN SCHNÖDER TEXT, in dem nur über den Schreibtisch und die Anfertigung der Kopie berichtet würde. Und über Personen in Thüringen, die hier Entscheidungen trafen. Und über politische, dann militärische Entwicklungen, die solche Entscheidungen notwendig machten. Auch Friedrich Schiller muß in diesem Bericht zuweilen einen Auftritt haben. Zum einen, damit sich Kontraste bilden zur Schiller-Ikone der Nationalsozialisten. Zum andren, damit ein wenig von der Welt vermittelt wird, in der dieser Dichter arbeitete, am Schreibtisch.

Eigentlich wären dies Themen zweier Monographien: über Schillers Welt, über die Welt Buchenwald. Da würde ich aber schwer einen Anfang und kaum ein Ende finden. Möglich sind hier – für mich – nur Textmodelle. Es wird also nur ansatzweise eingeführt in die Welt, in der Schiller lebte, und in die Welt des Terrors und des Krieges …

Das heißt, mit Blick auf Schiller: kein Panorama seiner Welt. Stattdessen: zwei Lebens-Kapitel. Die erste Sequenz: *Schiller sucht einen Schreibtisch*. Die zweite Folge: *Schiller arbeitet am Schreibtisch*.

Am Beginn der Entwicklung des Schriftstellers: ein Schreibverbot. Damit: die Flucht aus Württemberg, der Weg ins Exil.

BLICK ZURÜCK. Mitte Dezember 1780: gleich nach Abschluß seiner Ausbildung zum Mediziner wurde Schiller von Carl Eugen, Herzog von Württemberg, als Militärarzt abkommandiert zu einem Grenadierregiment, das überwiegend aus Veteranen und Invaliden bestand, unter dem Oberbefehl des 84jährigen Generalfeldzeugmeisters Johann Abraham David von Augé, der mit dem Herzog seit langem befreundet war – das »Abrahämle«. Dieser Heimat-Trupp galt als das »verächtlichste Regiment von ganz Württemberg«. Das Spital, das Lazarett befand sich im langgestreckten Gebäude der Legionskaserne an einer Ausfallstraße, dem Alten Graben. Der 21jährige Medicus, der hier Dienst tat, mußte Uniform tragen.

Schillers Enkel, Alexander von Gleichen-Rußwurm, wird eine gewichtige Biographie über ihn schreiben und hier den Großvater als Militärarzt präzis skizzieren. »Hoch aufgeschossen war der Medikus. Seine langen, geraden Beine steckten in knappen weißen Hosen und filzunterlegten, ebenfalls weißen Gamaschen. Der Rock, nach altem preußischem Schnitt frackartig endend, war dunkelblau. An jeder Seite des Gesichts gebot die Vorschrift, drei gerollte Locken zu tragen. Unter einem kleinen Militärhut hing ein langer, dicker Zopf auf den Rücken. Den dünnen Hals umgab eine steife Roßhaarbinde.«

Schillers Vater hatte beim Herzog den Antrag gestellt, seinen Sohn vom Tragen der Uniform zu dispensieren und ihm zu erlauben, eine Privatpraxis zu führen. Den Bitten wurde nicht stattgegeben, Friedrich Schiller blieb dem Militär-Reglement unterworfen.

UND SCHILLER mußte sich mit Krankengeschichten befassen, mußte in »Krankenrapporten« fortsetzen, was in seinem lateinisch geschriebenen Dissertationsversuch bereits ein Textmodell gefunden hatte.

Eine Textprobe, hier in Übersetzung. »Ein merkwürdiges Beispiel von Starrsucht mit Bewußtseinstrübung habe ich im akademischen Krankenhaus zu beobachten Gelegenheit gehabt ... Auf Fragen antwortete er zuerst sehr träge, dann gar nicht mehr, aber Befehlen gehorchte er aufs genaueste ... Mit starren Augen blickte er manchmal die Dabeistehenden an ... Bald kehrte er sich der Wand zu, bald warf er sich unruhig herum ... Zeitweilig setzte der Atem aus, der Puls war kriechend und fallend ... Gesicht wie das eines Sterbenden ...«

Ist jemals hinreichend gewürdigt worden, welch ein perfekter ›Lateiner‹ dieser Jungmediziner war? Komplexe (heute würden wir sagen: psychosomatische) Zusammenhänge lateinisch formuliert! »Der innigste Zusammenhang des Denkvermögens mit der Verdauung bewirkt, daß den aus der Tiefe der Eingeweide aufsteigenden Krämpfen Erschütterungen der Gedanken antworten, indem diese nicht mehr einer geordneten Ideenverbindung und den Gesetzen der Vernunft, als vielmehr den mechanischen Regeln der Krankheit folgen. Das ist es, was man Fiebertraum nennt.«

DASS ES RISKANT WAR, als Regimentsarzt Literarisches zu publizieren, dies war Schiller bereits vor den dramatischen Ereignissen des Spätsommers 1782 bewußt. Im Februar hatte er einen Gedichtband veröffentlicht, anonym, in Form einer Tarnschrift: »Anthologie auf das Jahr 1782«. Das Buch wurde eingeleitet mit einem Versteckspiel: »Gedruckt in der Buchdruckerei zu Tobols ko«. Auch dieser Band enthält eine Dedikation, wie damals weithin üblich; die Widmung lautet hier aber: »Meinem Prinzipal *dem Tod* zugeschrieben.« Und es wird (nach einem Hinweis auf »die große Bücherepidemie in Leipzig und Frankfurt«) die Scheinfrage gestellt: »*Blumen in Sibirien?*«

Durch solche Spielchen hätte sich ein gewiefter Geheimpolizist im Dienste des Herzogs kaum ablenken lassen, er hätte rasch die Spur gefunden, die zur Metzlerschen Buchhandlung in Stuttgart führte. Auch hätte er wohl kaum den Namen »Friedrich« überlesen im Gedicht »Die Winternacht«, und schon gar nicht diesen Hinweis:

Man ist – Potz gar! zum Doktor ausgesprochen,
Wohl gar – beim Regiment!

Hätte der kritische Leser vom Amt auch die Bezeichnung »Anthologie« durchschaut? Der Schein-Herausgeber hatte den größten Teil der Gedichte selbst geliefert, unter zwei Dutzend verschiedenen Chiffren und Siglen. Einer der wenigen nicht-fiktiven Beiträger war Christian Friedrich Daniel Schubart, seit fünf Jahren als Staatsfeind eingekerkert in der Festung (Hohen)Asperg. Auch dessen Sohn hatte ein Gedicht beigesteuert. Eine nicht ungefährliche Kontrebande, auch wenn die meisten Gedichte der »Anthologie« betont ›unpolitisch‹ waren. Immerhin aber schmuggelte der Regimentsarzt in diese Sammlung eine Fortschreibung von Schubarts wohl berühmtestem Gedicht, »Die Fürstengruft« – gefeiert wurde hier der sichtbare Verfall von Fürstenmacht! Auch in Schillers Variante »Die schlimmen Monarchen« wurde der Verfall von Herrschermacht suggeriert. »Euer Spleen ... Mit *Verbrechen* eine *Menschlichkeit* bemäntelt ... Wenn der Wurm am Königsherzen zehrt ... Wo nun nimmer ihre Launen foltern ... Seht doch! – wie mit welken Majestäten Garstig

34

spaßt der unverschämte Tod! ... Kühnlich durch den
Purpur bohrt der Pfeil der Rache Fürstenherzen kalt ...«
    Mit solchen Formulierungen hatte sich der Regiments-
Medicus in eine Gefahrenzone begeben ...

WAS DEM MILITÄRARZT zur Pflicht gemacht war, das
motivierte zugleich seine Flucht: Pünktlich den Dienst
antreten ... Selbst dann zur Visite im Spital erscheinen,
wenn dort keine Kranken liegen ... Bewährte, scheinbar
bewährte Brechwasserrezepte ausstellen bis zum Erbrechen ...
    Kein Wunder, daß Schiller, der sich eingeengt, unter-
drückt fühlte, in dienstfreier Zeit gegen aufgezwungene
Verhaltensnormen opponierte. So legte er demonstrativ
keinen Wert auf Besitz, auf Status: Schiller »in einem nach
Tabak und sonstwie stinkenden Loch, wo außer einem
großen Tisch, zwei Bänken und an der Wand hängender
schmaler Garderobe nichts anzutreffen war als in einem
Eck ein Haufen Erdbirnen mit leeren Telllern, Bouteillen
u. dgl.« (So notierte das Georg Friedrich Scharffenstein,
Mitschüler und Freund.)
    Und Schiller kehrt ein im »Goldenen Ochsen«: mit
Kameraden kegeln, Pfeife rauchen, Rotwein trinken, Karten spielen, L'hombre oder Whist, dabei wüste Reden
schwingen, rebellisch doch wirkungslos. Also noch mehr
Pokulieren, in lärmender Runde.

HIER WÄRE AUCH der rechte Kontext für das Stichwort
»Frau«! Friedrich und die Frauen: darüber würde auch
ich gern schreiben. Hier etwa mit dem Ansatz: Friedrich
in ausgelassener Runde mit älteren Offizieren und jungen
Frauen. Und: Friedrich schnaubend, schnaufend, stampf-
end, in hastiger Folge Schnupftabak schniefend beim

Geschlechtsverkehr – wie das Mitschüler Johann Wilhelm Petersen überliefert hat. Das Stichwort »Soldatenweiber«. Und die Offizierswitwe. Und die Kellnerin. Und – ?

Doch leider, so was paßt kaum in dieses Buch: Nicht das Bett, sondern der Schreibtisch als Mittelpunkt.

WAS IN DIESEM ENTWURF ebenfalls ausgespart bleibt: ein Bericht über das Wüten und Drangsalieren des Herzogs von Württemberg in früheren Regierungsjahren, über sein Regeln und Regieren in späterer Amtszeit.

Ein bewährtes aber plakatives Muster: Der freiheitsliebende Jüngling, die Lichtgestalt, verläßt das Reich eines finsteren Despoten. Der Herzog des Jahres 1782 befand sich jedoch seit längerem auf dem Weg einer gewissen Läuterung. Griffiger: Er hatte sich die Hörner mittlerweile abgestoßen. Die Zeit seiner Willkür, seiner Übergriffe, seiner Ausschweifungen war im wesentlichen vorbei. Unter entschiedener Einwirkung seiner Hauptgeliebten Franziska von Hohenheim entwickelte er sich zu einem aufgeklärten Herrscher. Er wollte nicht nur sich selbst, er wollte seinem so lange ausgeplünderten Land Gutes tun. Ein Statement aus dem Jahr 1783: »Der Herzog ist nun ganz Philosoph; stiftet Schulen und besucht sie fleißig; treibt Landwirtschaft und ist sogar oft beim Melken der Kühe; schützt Künste, Wissenschaften und Handel; errichtet Fabriken und lebt wirklich bloß, um das wiedergutzumachen, was er allenfalls verdorben hat.«

»Stiftet Schulen«: im Schloßbereich der Solitude gründete er eine Anstalt zur Ausbildung künftiger Offiziere und Beamter – die Karlsschule. Diese Institution, so etwas wie eine Kadettenanstalt, sie wuchs, auch im Angebot der Fächer, und so zog man um nach Stuttgart. Aus der militärischen »Pflanzschule« wurde damit eine Militär-Akademie: nach heutigen Relationen so etwas wie eine Fachoberschule, vor allem zur Ausbildung von Nachwuchs für Administration, Militärdienst und Kulturarbeit in Württemberg.

Der Gewaltherrscher, der Despot auf dem Weg zum verantwortungsbewußten Fürsten, er blieb freilich in vielfacher Hinsicht dominierend: kommandierte weiterhin, wenn auch nicht mehr so lautstark. Trotz mancher Milderung seines Verhaltens: die Erfahrungen, die Schiller mit dem Herzog machte, sie zwangen ihn zur Flucht ins damalige Ausland.

DAZU KAM ES WIE FOLGT. Im Mai 1782 wollte der ehemalige »Eleve«, wollte der Regiments-Medicus Schiller (nach der Uraufführung am 13. Januar) noch einmal seinen Dramen-Erstling auf der Mannheimer Bühne sehen. Zugleich wollte er »Die Räuber« zwei Frauen zeigen: Henriette von Wolzogen, der Mutter eines befreundeten Mitschülers, und der Hauptmannswitwe Luise Dorothea Vischer (»Quartierswirtin«, also Zimmervermieterin – und Geliebte?). Für den Abstecher holte Schiller nicht die vorgeschriebene Genehmigung ein zum Verlassen der Hauptstadt, nutzte vielmehr eine günstige Gelegenheit: der Herzog, »Serenissmus«, war nach Wien gereist, um sich beim Kaiser für die Erhebung der Militär-Akademie in den Rang einer Universität zu bedanken – von nun an: »Hohe Karlsschule«.

Keine Probleme für Schiller beim Überqueren der Grenze zur Pfalz, doch Enttäuschung in Mannheim: das Stück konnte nicht aufgeführt werden, mehrere Schauspieler machten Urlaub. Immerhin fand ein längeres, offenbar positives Gespräch statt mit Wolfgang Heribert von Dalberg, dem Intendanten des Nationaltheaters. Mögliche Zukunftsperspektiven…

Doch es folgte so etwas wie Katerstimmung – bezeugt in einem Brief an den Intendanten nach der Rückkehr von der »glücklichsten Reise meines Lebens, die mich, durch einen höchst widrigen Kontrast mit Mannheim, schon so weit verleitet hat, daß mir Stuttgart und alle schwäbischen Szenen unerträglich und ekelhaft werden. Unglücklicher kann bald niemand sein, als ich. Darf ich mich Ihnen in die Arme werfen, vortrefflicher Mann?«

Erst recht also nach dem Abstecher: Schiller wollte weg aus Stuttgart. Ursprünglich dachte er freilich nicht an Flucht, er suchte eine weniger dramatische Lösung. In einer »Beilage« zum Brief entwarf er, wie sich »guter Schein« wahren ließe: Es würde den Herzog »ungemein kitzeln«, wenn der Intendant die hervorragende Ausbildung und Erziehung Schillers als Grund nennen würde, ihn nach Mannheim einzuladen. »So sieht es mehr einer Reise, als einer völligen Entschwäbung (wenn ich das Wort gebrauchen darf) gleich, und fällt auch so hart nicht auf.« Er hielt diese Taktik für angebracht, »damit man mich nicht, unter dem Vorwand für mein Wohl zu sorgen, kujoniere und weniger fortlasse«.

Doch es lief anders als geplant. Der geheime Abstecher nach Mannheim sprach sich herum – eine der Damen oder Schiller selbst hatte nicht dichtgehalten. Beflissen wurde dem Herzog Meldung erstattet; der ließ dem Regiments-Medicus ein Pferd bringen, mit dem Befehl, unverzüglich nach Hohenheim zu reiten, wo Serenissimus zwischenzeitlich zu residieren geruhte. (Schiller später: »Der Weg von Stuttgart nach Hohenheim ist gewissermaßen eine versinnlichte Geschichte der Gartenkunst. In den Fruchtfeldern, Weinbergen und wirtschaftlichen Gärten, an denen sich die Landstraße hinzieht, zeigt sich der erste physische Anfang der Gartenkunst, entblößt von aller ästhetischen Verzierung.«)

Im Schloß wurde gewiß nicht über die »große Gartenanlage zu Hohenheim« gesprochen; nach einer freundlichen Intrada kam der Herzog rasch zur Sache: »Er ist auch in Mannheim gewesen, ich weiß alles; ich sage, sein Obrister weiß darum.« Schiller nahm alle Schuld auf sich. Der Herzog entließ ihn mit deutlichen Zeichen der Ungnade. Schiller mußte den Heimweg zu Fuß antreten. Und General Augé trug in seinem Kalender ein: »Den 28ten (Juli) haben Serenissimus befohlen, den Medicum Schiller 14 Tage in Arrest zu setzen, weilen er außer Land ohne Urlaub gereist sei.« So mußte sich Schiller zur Stuttgarter Hauptwache verfügen, dort seinen Degen abgeben und sich bewachen lassen.

Die Hauptwache: dieser Bau hatte in der Regel einen Keller, in dem Verhaftete eingesperrt wurden, die nicht sofort ins Gefängnis, ins Zuchthaus kamen. Schiller im Verlies – so dramatisch war es in diesem Fall aber nicht. Einen Teil der Zeit verbrachte Schiller beim Kartenspiel mit Offizieren; es ging um Geld, und Schiller machte Verluste. Gelegentlich durfte er die Hauptwache verlassen, freilich nur in Begleitung. Schreiben durfte er ebenfalls: er feilte am »Fiesko« – die »Verschwörung« gegen einen Regionalherrn als Hauptthema. Und: er entwickelte das Konzept eines neuen Stücks, eines »bürgerlichen Trauerspiels«, das später berühmt wird unter dem Titel »Kabale und Liebe«. Hinter den Kulissen, doch dominierend: ein autoritärer, ein absolutistischer Fürst. Als Hauptfigur, doch untertan: Luise Miller. Sie wird Schiller auf der Flucht gleichsam begleiten, Konturen gewinnend.

Es blieb nicht beim Arrest, der Herzog fand erneut einen Anlaß, den Regiments-Medicus vorzuladen. Es ging um eine Äußerung über Graubünden – nicht von Schiller selbst, sondern von einer seiner Bühnenfiguren. Also Rollentext! Einer der Räuber, Spiegelberg, sagt, wer Spitzbub werden wolle, brauche »ein gewisses Spitzbubenklima, und da rate ich dir, reis' du ins Graubündner Land, das ist das Athen der heutigen Gauner!«

Die Äußerung sorgte für Aufsehen. Aus Graubünden wurde der württembergische Hofmeister Wredow gebeten, einen geharnischten Artikel zu verfassen; als Gegengabe wurde ihm die Graubündner Ehrenbürgerschaft offeriert. Wredow veröffentlichte in einer Hamburger Zeitung einen Artikel: »An den Verfasser des Schauspiels: die Räuber.« Ein Beitrag, der heute vier kompress gesetzte Buchseiten einnimmt!

Der Enkel, in der Biographie: »Der Angriff verpuffte, denn in Schwaben wurden die Hamburgischen ›Adreß-Comptoir-Nachrichten‹ nicht gelesen. Aber ein Arzt, der in Graubünden ansässig war, nahm den Handschuh von neuem auf, und ließ Ende April eine ›Apologie für Bünden gegen die Beschuldigung eines auswärtigen Komödienschreibers‹ drucken, in der von ihm begründeten, in Chur erscheinenden Wochenschrift ›Sammler‹.« Hier wird noch einmal alles breitgewalzt, Stichwort: »schwarze Verleumdungen«. Und die Leitfrage: »Welche Entschuldigung kann endlich hier statthaben?«

Zu dieser Entschuldigung war Schiller nicht bereit. Der Vorfall wurde dem Herzog gemeldet. Carl Eugen ließ, im August, den »unbesonnenen Schauspielschreiber« erneut nach Hohenheim kommen. Er wurde angeherrscht: In Zukunft nur noch medizinische Publikationen…! »Ich sage, bei Strafe der Kassation schreibt Er keine Komödien mehr!« Also ein Berufsverbot für den jungen Autor, unter Androhung von Festungshaft.

Der Vorfall findet seine Bestätigung in einem Schreiben des Hofmeisters. »Der KomödienSchreiber ist ein Zögling unserer Akademie. Ich hatte nicht sobald (also: kaum) Ihre Apologie von Bünden gelesen, so machte ich sogleich Anstalt, daß es auch mein Souverain bekam. Dieser verabscheute das Betragen sehr, ließ solchen vor sich rufen, wäschte solchen über die Maßen, bedeutete ihm bei der größten Ungnad, niemals mehr Komödien noch sonst was zu schreiben, sondern allein bei seiner Medizin zu bleiben.«

Schiller nahm die Abreibung (dieses Wort dürfte dem ›Waschen‹ entsprechen) wohl schweigend hin – es empfahl sich nicht, den cholerischen Herzog zu reizen. Wieder in Stuttgart, entschloß sich Schiller (wohl auf den Rat von Freunden), dem Landesherrn einen Brief zu schreiben. In der vorgegebenen, gleichsam standardisierten Formelsprache damals üblicher Devotion bat er »untertänigst und treugehorsamst, in allerdevotester Submission ersterbend um die gnädigste Erlaubnis, ferner literarische Arbeiten bekanntmachen zu dürfen«. Der Herzog nahm das Schreiben gar nicht erst an, befahl vielmehr dem Überbringer, General Augé, den Medicus zu verhaften, falls er sich unterstehen sollte, noch mal ein Gesuch einzureichen.

Jetzt gab es für Schiller nur noch zwei Möglichkeiten. Die erste: sich dem Herzog endgültig unterwerfen, gehorsam Dienst leistend im Lazarett des Heimatregiments. Die zweite: sich für den freien Beruf des Schriftstellers entscheiden. Das war nur möglich im Exil.

Andreas Streicher, der seinen Freund auf der Flucht begleitete, im Rückblick: »Die sehr geringe Besoldung – die Gänge in sein Lazarett – das tägliche und genaue (also:

pünktliche) Erscheinen auf der WachtParade, um seinem General den Bericht über die Kranken zu geben – der Zwang, ohne Erlaubnis des RegimentsChefs, sich nicht aus der Stadt entfernen zu dürfen – behagten ihm natürlicherweise ganz und gar nicht, und ließen ihn umso mehr einen freieren Zustand wünschen, je weniger es ihm möglich schien, mit der Zeit in eine bessere Lage kommen zu können.« So reifte sein Entschluß heran, den »freieren Zustand« in einem anderen Land zu suchen.

Dies teilte Friedrich dem Musikerfreund mit, betonte dabei, daß er noch keinen »Eid geleistet, auch nicht Offizier war, noch dessen Rang hatte, sondern nur, als RegimentsArzt, MilitärKleider tragen mußte. Für ein *einfaches* Vergehen fühlte er sich doppelt und so hart bestraft, daß er fürchtete, sein Unmut könnte ihn einst verleiten, etwas zu schreiben, was ihm das Schicksal von *Schubart*, der schon so viele Jahre in seinem FestungsKerker schmachtete, gewiß zuziehen würde. Er sah keine andere Rettung vor (also: für) sich, um sein Talent und Dasein zu sichern, als die Flucht, zu welcher er aber unmöglich allein Anstalten treffen oder sie ohne Hilfe bewerkstelligen konnte, wenn er nicht Gefahr laufen wollte, verraten oder ertappt zu werden, wo dann eine grauenvolle Zukunft sein unvermeidliches Los gewesen wäre.«

Der kaum zwanzigjährige Musikstudent reagierte spontan. Er berichtet, von sich selbst in dritter Person schreibend: »Man wird es ganz begreiflich finden, daß dieser Jüngling nicht lange zauderte, nicht erst überlegte, sondern *Schillern* frei und fest die Hand reichte und zu ihm sagte: *Ich* gehe mit Ihnen, *ich* helfe Ihnen durch.« Und Streicher übernahm die Planung, die Vorbereitungen zur Flucht ins Exil. Ein Exil für (erst einmal) unabsehbare Zeit. Doch ein Exil im eigenen Sprachraum (zumindest

der Hochsprache). Ein modifiziertes Exil im Nachbar-
ländchen, das damals Ausland war.

Schiller in einem Brief, Ende 1782: »Sie wissen, daß nur
das Verbot, Schriftsteller zu sein, mich aus württembergischen Diensten getrieben hat.« Dazu ein Zitat aus seinem
»Anzeigeblatt« für die Zeitschrift »Thalia«, die er gegründet hatte: »Untersagte man mir in meinem Geburtsort bei
Strafe der Festung – zu *schreiben*. Mein Entschluß ist
bekannt.«

Und dies war Fluchtpunkt der folgenden Fußmärsche
und Fahrten: die Suche nach einem sicheren Ort, in dem
er sich ohne Angst vor Verfolgern an einen Schreibtisch
setzen konnte, um als Autor das Geld zu verdienen, das es
ihm ermöglichte, weiter am Schreibtisch zu arbeiten, um
Geld zu verdienen, das es ihm ermöglichte, auch künftig
zu schreiben.

Vor dem Bau des Konzentrationslagers

BEI DER AUSWAHL EINES ORTES für ein neues, großes
Konzentrationslager waren für die SS diese Punkte wich-
tig: Akzeptanz der Bevölkerung, Kooperation zwischen
Stadtverwaltung und Lageradministration. Unter diesen
Aspekten schien Thüringen, schien speziell Weimar beson-
ders geeignet. Wie konnte es so weit kommen?!

Keine Geschichte nun der Stadt Weimar im zwanzigsten
Jahrhundert, und sei es in angemessener Kurzfassung, ich
hebe nur einige Ereignisse hervor – unter dem Aspekt der
späteren Gründung des Konzentrationslagers, in dem
Schillers Schreibtisch deponiert und kopiert wird.

BEREITS 1924 inszenierte die »völkische Bewegung« in Weimar einen »Deutschen Tag«. Adolf Bartels, Weimarer Kulturgröße, gab hier ein Statement ab, das Harry Graf Kessler, damals noch in in der Stadt wohnend, im später berühmten Tagebuch festhielt: »Ich kann das verdammte Wort Freiheit *nicht mehr hören* und wünschte, es käme endlich einer, der uns mit dem Knüppel auf den Kopf haut.«

Das wurde konsequent vorbereitet, nicht nur rhetorisch. Trupps der neu gegründeten Nationalsozialistischen Deutschen Arbeiterpartei zogen – auch – durch die Schillerstraße, marschierten also mit militanter Blasmusik und gebrüllten Parolen vorbei am Schillerhaus.

Harry Graf Kessler schaute sich das Spektakel an. »Die Geschäftsstraßen: Wieland- u. Schillerstraße sind teilweise mit Laubgewinden u. schwarzweißroten Fähnchen geschmückt, offenbar, weil die Geschäftsinhaber der kleineren Konditoreien, Buchhandlungen, Tabakläden auf hakenkreuzlerische Kundschaft hoffen. Kleine Trupps Hakenkreuzler in grauen Joppen u. Mützen, mit den roten Hakenkreuz-Armbinden ziehen über die Schillerstraße. (...) Um 10 marschierten der ›Werwolf‹, der Jungdo, ein Kriegerverein aus Erfurt und ein Zug der Marinebrigade Ehrhardt über die Schillerstraße: Alles in allem etwa 1 000 Mann, viele alte Herren mit stramm geschulterten Regenschirmen, namentlich aus Erfurt. Die Einzigen, die einen guten militärischen Eindruck machen, sind die 30 oder 40 Ehrhardt-Leute, die im Stahlhelm u. Feldgrau gut aussehen u. denen ein junger, forsch aussehender Matrose mit der Reichsmarineflagge vorausmarschiert.«

Zwei Anmerkungen. »Jungdo« war die Abkürzung von Jungdeutscher Orden – eine nationalistische Vereinigung.

Daß sich ein Trupp der Marinebrigade Ehrhardt am Aufmarsch beteiligte, dies muß kurz kommentiert werden.

Am 13. März 1920 putschten Wolfgang Kapp (der mit Admiral Tirpitz die »Deutsche Vaterlandspartei« gegründet hatte) und General Freiherr von Lüttwitz gegen die Regierung Ebert. Ausgeführt, durchgeführt wurde die Aktion der radikalen Rechten von der Marinebrigade unter Kapitän Ehrhardt; der wiederum unterstand dem Befehl von General Lüttwitz. Die Brigade marschierte in Berlin ein und besetzte das Ministerviertel sowie taktisch wichtige Punkte. Die Regierung war nach Dresden geflohen, setzte sich bald darauf ab nach Stuttgart. Es wurde die Gegenregierung Kapp-Lüttwitz ausgerufen. Ein Generalstreik, und das Intermezzo war binnen vier Tagen beendet. Die zurückgekehrte Regierung griff scharf durch, etwa hundert Offiziere wurden mit sofortiger Wirkung verabschiedet, es wurde Haftbefehl gegen Hermann Ehrhardt erlassen wegen Hochverrat und Meuterei, die Brigade wurde aufgelöst. Ehrhardt floh mit falschem Paß nach Österreich.

Daß nun ein (wenn auch kleiner) Trupp der aufgelösten Brigade hinter der Reichsmarineflagge durch Weimar marschierte, dies war eine Provokation, die man sich am ehesten in Weimar herausnehmen konnte. Auch dies als Indikator für das Binnenklima.

ZWEI JAHRE nach dem Aufmarsch der »Völkischen«: der 2. »Reichsparteitag« der (damals noch kleinen) NSDAP. In Weimar, vor allem in Weimar, sahen die Planer günstige Voraussetzungen für eine Demonstration künftiger Macht. Hier waren – seit den frühen zwanziger Jahren – diverse völkische Gruppen in losem Verbund aktiv, fanden Rückhalt in überwiegend konservativ, ja nationalistisch eingestellter Bevölkerung. In einer anderen Stadt Thüringens hingegen, in Gera oder Jena, hätte man mit Schwierigkeiten rechnen müssen, dort hätten Arbeiter protestieren, hätten Aufmärsche stören können. In Weimar aber konnte man davon ausgehen, daß weite Teile der Bevölkerung den »Reichsparteitag« mitfeierten, zumindest auf den Trottoirs der Aufmarschstraßen, auf den Plätzen der Veranstaltungen mit Blechmusik und Reden. Zudem: Thüringen war eins der wenigen Länder, in denen Hitler damals kein Redeverbot hatte.

Der »Reichsparteitag« von 1926 wurde später von NS-Propaganda glorifiziert, vor allem bei der Großveranstaltung zur »zehnjährigen Wiederkehr des ersten Reichsparteitages des Jahres 1926 in Weimar«. Formeln und Floskeln: »Weimar, die Stätte neuen Beginnens ... die Durchbruchsschlacht der NSDAP ... das Fanal der neuen Zeit ... Thüringen, erste Bastion des Nationalsozialismus ... Marschtritt dort, wo einst der junge Goethe ging ...« Hinkende Formulierung: »Marschtritt dort, wo einst der junge Goethe ging.«

Und schließlich Hitler, bei einem Festakt im Schloß, nach einer Aufführung der fünften, selbstverständlich der fünften Sinfonie von Beethoven: »Damals im Jahre 1926 unternahmen wir einen Angriff auf diese Stadt, einen Angriff auf dieses Land und damit einen Angriff auf Deutschland.«

Der Angriff richtete sich gegen die Republik, deren »Verfassungsgebende Versammlung«, deren Gründungsakt im Weimarer Nationaltheater stattgefunden hatte. Auch dies ein Grund, weshalb sich die Parteiführung für Weimar entschieden hatte. In einer Jubiläumsschrift wurde es so dargestellt: »Das Deutsche Nationaltheater, einst der Schauplatz für die sogenannte Nationalversammlung und Versailler Schandvertragsgenossen, öffnete damals zum ersten Male dem Führer und der Bewegung seine Pforten, und schon durch den ersten Kongreß dieser festlichen Tage wurde die Schande des Hauses von 1919 ausgelöscht.«

Fritz Sauckel, Gauleiter von Thüringen, stieß ins gleiche Horn: »So wurde denn in Weimar das sogenannte, von Juden, Bastarden, Pazifisten, Demokraten, Marxisten und Bolschewisten ausgeklügelte und krampfhaft aufgerichtete ›Weimarer System‹ der Novemberdemokratie mit am schnellsten und zugleich am gründlichsten überwunden. Neben München, der Hauptstadt der Bewegung, vollzog sich gerade in Weimar die deutsche Wiedergeburt markant, rasch und gradlinig.«

BEIM PARTEITAG VON 1926 waren zahlreiche Personen versammelt, die später das politische Leben repräsentierten, deformierten, destruierten: Alfred Rosenberg ... Julius Streicher ... Bernhard Rust ... Wilhelm Frick ... Rudolf Heß ... Joseph Goebbels ... Heinrich Himmler ... Und, natürlich, Adolf Hitler.

Letzterer war im Jahr zuvor, in der Phase der Vorbereitungen, bereits viermal in Weimar gewesen. Er reiste überhaupt gern nach Weimar: 35 Besuche sind nachgewiesen. Damit liegt die Stadt in seiner Besucherstatistik auf ungefähr gleicher Höhe mit München und Bayreuth. (Hitler, 1943 im Führerhauptquartier: »In einer Stadt wie Weimar oder Bayreuth könnte ich leben.«)

Für Hitler wurde, nach der Machtübernahme (er sprach lieber von »Machtantritt«) das traditionsreiche Hotel »Elephant« abgerissen und im NS-Sinne ›repräsentativ‹ wieder aufgebaut: damit der hohe Besucher nicht mehr aus einem kleinen Fenster über dem Eingangsvorbau hinauslugen mußte auf versammelte Parteigenossen und Bürger, sondern auf einen beflaggten Balkon hinaustreten konnte, nach einladendem Geschrei: »Lieber Führer, bitte, bitte – lenk auf den Balkon die Schritte … Lieber Führer komm heraus – sonst geht uns die Puste aus …«

AUF JENEM Reichsparteitag wurden vielfach zerstrittene Gruppierungen der völkischen Bewegung auf Hitler eingeschworen, wurde die Hitlerjugend gegründet, wurde der »Deutsche Gruß« eingeführt. Hitler, Anfang Januar 42 im Führerhauptquartier Wolfsschanze, in einem langen Nachtmonolog: »Wie wirklich schön, wie wunderbar ist es, wenn der deutsche Gruß angewendet wird! Ich habe ihn zum Parteigruß gemacht, nachdem der Duce längst ihn hatte. Am ersten Parteitag in Weimar habe ich so grüßen lassen. Die SS hat es ganz stramm gemacht. Die anderen haben uns von da an Faschistenhunde genannt.«

Als Begleiterscheinung des Parteitags: aggressiver Antisemitismus! Dies in einer Stadt, in der es keine hundert Juden gab. Emil Fischer (Buffo an der Oper, auch »Charakterbaß«) erstattete Anzeige bei der Staatsanwaltschaft Weimar.

»Ich bin am Sonnabend den 3ten während der Mittagsstunde und auch noch nachmittags in drei Fällen durch antisemitische Zurufe von mir begegnenden Nationalsozialisten in feldmarschmäßiger Ausrüstung beleidigt worden. Eine Entgegnung meinerseits wäre in Hinblick auf die zahlenmäßige Überlegenheit der in Haufen bewaffnet umherziehenden Nationalsozialisten – ein Wahnsinn gewesen.

Am Sonntag den 4ten erlebte ich am Karlsplatz den Vorbeimarsch des Zuges. Man sang:

1) Wir scheißen auf die Freiheit in der Judenrepublik usw.
2) Haut sie raus die Judenbande aus unserm deutschen Vaterlande usw.
3) Wir brauchen keine Judenrepublik, pfui, Judenrepublik, pfui usw.
4) Zum Putsch, zum Putsch, zum Putsch sind wir geboren, dem Adolf Hitler haben wirs geschworen usw.

Ich halte das Auftreten der sogenannten Nationalen Sozialisten für schmachvoll und empfinde ihr Benehmen am vergangenen Sonntag als eine ungeheure Provokation. Ich habe schon mancherlei an Beleidigungen einstecken müssen, was ich meiner Zugehörigkeit zu einer nicht vorschriftsmäßigen Religion und Weltanschauung verdanke, aber dieser Aufzug am Sonntag bedeutete für mich mehr als eine persönliche Beleidigung.«

Ein Schreiben, das bereits 1926 notwendig wurde, in Weimar!

WIEDERUM ZWEI JAHRE SPÄTER: Paul Schultze-Naumburg machte (immer wieder und immer nachdrücklicher) von sich reden.

Eine Schlüsselfigur von hohem Ansehen, damals in Thüringen. In frühen Jahren war er Maler (einige Bildtitel: »Sonnenvormittag; Gartenidyll; Dämmerung; Frühsonne; Abendsonne« ...) Bekannt wurde er vor allem durch sein Polemisieren gegen zeitgenössische Kunst. 1911 unterstützte er, gemeinsam mit Käthe Kollwitz und Franz von Stuck, den Protest des Bremer Malers Carl Vinnen gegen den Ankauf eines (allerdings exorbitant teuren) Van-Gogh-Gemäldes durch die Kunsthalle Bremen.

Und er wurde Architekt – mit einer Vorliebe für historisierendes Bauen. So erteilte ihm Kaiser Wilhelm II im Jahre 1913 den Auftrag, ein Schloß zu errichten für seinen Sohn, Kronprinz Wilhelm, und dessen Ehefrau Cecilie von Mecklenburg-Schwerin: der Cecilienhof von Potsdam. Der Gebäudekomplex im Stil eines Tudor-Landsitzes wurde während des ersten Weltkrieges gebaut: 176 Zimmer, 5 Innenhöfe. Juli 1945 fand hier die Potsdamer Konferenz statt, mit Churchill, Stalin, Truman; als Verhandlungsergebnis das »Potsdamer Abkommen«. Heute stehen die Baulichkeiten auf der UNESCO-Liste des Weltkulturerbes.

1928 stellte sich Schultze-Naumburg als Mann der völkischen Bewegung vor mit dem Buch »Kunst und Rasse«. Hier schleuste er das Wort »entartet« in den öffentlichen Diskurs ein. Für ihn war Großstadtkunst nach 1910 ganz einfach »krank«. Als ihre »Symbole« galten ihm: »Der Idiot, die Dirne und die Hängebrust«. Gefeiert hingegen wurde eine ›Kunst‹, »in der ein edles Geschlecht nach Ausdruck seiner Sehnsüchte ringt«.

Schultze-Naumburg war es auch, der eine perfide Form diffamierender Konfrontation entwickelte: Gegenüberstellungen von Abbildungen moderner Portraits mit Fotos von physisch deformierten und psychisch gestörten Menschen. Das sah beispielsweise so aus: auf einer Buchseite vier Reproduktionen von Portraits, die Expressionisten gemalt hatten; auf der gegenüberliegenden Seite vier Fotos mit folgendem Begleittext: »Paralyse. Mongoloide Idiotypie. Lähmung der Augenbewegungsnerven. Mikro-Cephalie, Idiotie.«

Drei Jahre später: während eines Vortrags, den Schultze-Naumburg bei einer Versammlung des »Kampfbundes für Deutsche Kultur« hielt, riskierte ein Maler Zwischenrufe und wurde daraufhin von SA-Männern verprügelt. Schon 1931: Doktrin und Gewalt!

50

WEIMAR ALS MODELL bevorstehender Entwicklungen. Oder: als Probebühne künftigen Staatstheaters, nein: Staatsspektakels.

Nach den Wahlen zum fünften Thüringer Landtag rückten zu Beginn des Jahres 1930 zwei Nationalsozialisten in die Landesregierung ein. Vier Parteien hatten eine Koalition gebildet; wichtigster Partner der NSDAP (als zweitstärkster Partei) war die Deutschnationale Volkspartei. Nationalsozialisten wurden so zum ersten Mal regierungsfähig: Willy Marschler als Staatsrat für das Gebiet des ehemaligen Großherzogtums Sachsen-Weimar-Eisenach, Dr. Wilhelm Frick als Staatsminister des Innern und für Volksbildung.

Der neue Innenminister, zugleich erster Stellvertreter des Ministerpräsidenten, wurde schon im voraus gefeiert als Garant für »Deutschlands Gesundung von Thüringen aus ... Sieg des Lichts«. Frick, seit 1928 Fraktionsführer der NSDAP im Reichstag, erwies sich rasch als Scharfmacher. Überfällige Sparmaßnahmen (»die niederdrückenden trostlosen Verhältnisse des Wirtschaftslebens«) erleichterten seine Personalpolitik: »Wesentliche Umgestaltungen und Einschränkungen ... weitgehende Abbaumaßnahmen.« Er startete zudem eine »Säuberungsaktion gegen Marxismus in Schule und Theater«. Richtungsweisend ein Disziplinarverfahren gegen einen Lehrer, der Remarques Roman »Im Westen nichts Neues« im Unterricht behandelt hatte. Pressereaktion: »Mit Dr. Frick ist eben ein anderer Zug in das Thüringische Volksbildungsministerium gekommen.«

Das bestätigte sich mit dem Erlaß von Frick »Wider die Negerkultur für deutsches Volkstum«. Eine Maßnahme gegen die »Verseuchung deutschen Volkstums durch fremdrassige Unkultur«. Auch unter Einsatz »polizeilicher Mittel« sollte das Leitziel erreicht werden, »deutsche Kunst, deutsche Kultur und deutsches Volkstum zu erhalten, zu fördern und zu stärken. Die seit dem 1. April 1930 von Professor Schultze-Naumburg geleiteten Vereinigten Kunstlehranstalten in Weimar sollen dafür richtunggebend und zu einem Mittelpunkt deutscher Kultur werden.«

In der Amtszeit von Schultze-Naumburg wurden im (mittlerweile längst umgewidmeten) Staatlichen Bauhaus die Wandreliefs von Oskar Schlemmer entfernt, wurden Wandbilder von ihm übertüncht. Schlemmer: »Von welcher Seite dieser spezielle Zug der Zeit nun entfacht wurde, ob vom Direktor Schultze, geborener Naumburg, oder von der Frickatelle des Kultusministeriums aus, entzieht sich meiner Kenntnis.« Er sah durch diesen Übergriff bestätigt, »daß der Wahnsinn hier Methode hat«. Und stellte in einem Brief die Frage: »Wird man sich, wenn die Nazis regieren, in die böhmischen Wälder zurückziehen müssen, oder directement in den nächsten Krieg?«

UNGENIERT leitete man die nächste Aktion ein. Die Presse verriet, wer dahintersteckte. »Aufgrund eingehender Besprechungen des Ministers Dr. Frick mit Professor Schultze-Naumburg und anderen Kunstreferenten« wurde Museumsdirektor Wilhelm Köhler angewiesen, die Sammlung moderner Malerei aus den Räumen der ständigen Ausstellung zu entfernen. Die »Weimarische Landeszeitung«: »In den Staatlichen Kunstsammlungen, die im ehemaligen Residenzschloß in Weimar untergebracht sind, befindet sich u.a. eine in fünf Sälen untergebrachte Abteilung sogenannter moderner Künstler. Es handelt sich dabei um Werke von Barlach, Nolde, Klee, Kandinsky, Feininger, Dix, Kirchner, Schmidt-Rottluff, Rohlfs und anderen. Diese Abteilung wurde letzthin auf Anordnung des thüringischen Volksbildungsministeriums Dr. Frick aus den Staatlichen Kunstsammlungen entfernt und durch *deutsche* Zeichnungen aus dem Anfang des 19. Jahrhunderts ersetzt.« Insgesamt mußten etwa siebzig Gemälde abgehängt werden.

Die Aktion fand Beifall. Bezeichnend das Schreiben einer »Porträtmalerin« an das »Kulturministerium für Thüringen, Weimar«. »Ich fühle mich veranlasst, dem Herrn Minister meine freudige Überraschung hierdurch zum Ausdruck zu bringen und ihm zu danken für den außerordentlichen Mut, den der Herr Minister bewiesen hat, indem er das Museum in Weimar veranlasste, die Moderne Abteilung kunstwidriger Bilder aus seinen Räumen zu entfernen. Ich hoffe, daß diese Tat, die beweist, daß in Thüringen noch Kultur herrscht, im ganzen Deutschen Reiche ihre Nachahmer finden möchte. Ich sende der Stadt, die als erste wieder vornehm deutsch fühlt, meinen herzlichsten Glückwunsch und wünsche ihr eine Zukunft, ihrer Vergangenheit gleich.«

Die Assistentin von Museumsdirektor Köhler: »Es *muß* doch eine Macht geben, die diese Diktatur der Dummheit und Negation aufhalten kann.« Harry Graf Kessler, im Typoskript »Frick über Deutschland«: »Heute werden auf Befehl des Herrn Frick die Bilder von Franz Marc (eines kriegsgefallenen deutschen Offiziers, also gewiß eines Frontsoldaten), von Kokoschka, Klee und anderen deutschen Künstlern, die einen europäischen Ruf genießen, aus dem Weimarer Museum ausgewiesen, um dem heimkünstlerischen Geschmack des Herrn Professor Schultze-Naumburg, der gewiß kein Frontsoldat gewesen ist und keinen europäischen Ruf genießt, entgegenzukommen.

53

Wenn Weimar, das anderthalb Jahrhunderte lang ein Zentrum deutschen Geisteslebens war, sich gewaltsam zu einer belanglosen Kleinstadt machen läßt, so ist das bedauerlich, aber keine Angelegenheit, die für das übrige Deutschland lebenswichtig ist. Schließlich hat Deutschland andere Kulturzentren, die Weimar ersetzen können. Eine deutsche Angelegenheit ersten Ranges aber ist es, wenn der Geist, der in Weimar aufgrund einer engstirnigen und krausen Ideologie die Museen leert und die ehemals blühende Kunstschule veröden läßt, sich über das ganze deutsche Kulturgebiet ausbreitet.«

Abschließend noch ein Zitat von Köhler: »Über das Schicksal unserer Museen entscheidet die nächste Reichstagswahl. Wenn Dr. Frick Reichsinnenminister wird, können wir uns aufhängen oder auswandern.« Frick wird in der Tat Reichskanzler, für die nächsten zehn Jahre, und Köhler entschließt sich zur Auswanderung in die USA, nach Harvard.

BERECHTIGTE KLAGE: Wie sehr wurde in den zwanziger und dreißiger Jahren Kultur in Weimar heruntergewirtschaftet!

Zu Beginn des Jahrhunderts hatten im »Großherzoglichen Museum für Kunst und Kunstgewerbe« wegweisende Ausstellungen stattgefunden! Allein im Jahre 1905: drei wichtige Ausstellungen! Im März die (dritte) Neo-Impressionisten-Ausstellung, unter anderem mit Bildern von Paul Signac. Ende April: eine Werkschau von Claude Monet! Ja, bereits 1905: eine Monet-Ausstellung! Ab Juli: eine Ausstellung von Werken des Paul Gauguin – dreiunddreißig Gemälde!

Man war hier, zeitgleich und gemeinsam mit dem großen Museumsdirektor Hugo von Tschudi in Berlin, an der

Spitze des Engagements für zeitgenössische Kunst. Auch in Weimar gab es Bürger, ja Honoratioren, die diese Entwicklung begleiteten, sie förderten.

DER OFFENE KAMPF gegen moderne Kunst hatte jedoch mit der Aktion in Weimar, ausgerechnet in Weimar begonnen. Der Bildersturm, angeführt von Kunstprofessoren, wurde allerdings nicht nur privat kritisiert, ein Teil der Presse zog mit. Sogar die »Thüringer Allgemeine Zeitung« übte Kritik! »Wir sehen die Zeit nicht fern, wo man in Weimar an die Komik der Expressionisten-Austreibung nicht gern erinnert sein wird.«

Unter dem Eindruck landesweiter Pressekritik stellte die SPD im Landtag einen Mißtrauensantrag – und erhielt die Stimmenmehrheit! Am 1. April 1931 war damit die Amtszeit von Frick und Marschler (vorerst) beendet: »Sturz des nationalsozialistischen Ministers Dr. Frick.«

DOCH DIE RÜCKSCHRITTLER befanden sich auf dem Vormarsch. Bei den Wahlen zum sechsten Thüringer Landtag, Juli 32, errangen die Nationalsozialisten die relative Mehrheit: 26 von 61 Sitzen. Da SPD und KPD gemeinsam nur 25 Sitze erreichten, bildete die NSDAP eine Minderheitsregierung. Gauleiter Fritz Sauckel übernahm die Führung des Staatsministeriums für Inneres, Willy Marschler wurde Staatsminister für Wirtschaft und Finanzen. Diese fatal wegweisende Entwicklung wurde später von der Nazi-Propaganda gefeiert als »Thüringens Weg vom Elendsgau zum gesunden-frohen-starken Trutzgau Hitler-Deutschlands«. So war das auf dem Titelblatt einer Broschüre zu lesen, die in Weimar veröffentlicht wurde.

WENIG BEKANNT, ja in der (literarisch interessierten) Öffentlichkeit letztlich unbekannt ist ein anderes Vorzeichen.

Bereits Januar 1932 (also ein Jahr vor der Berliner Machtübernahme!) fand in Weimar die deutsche Erstaufführung eines Schauspiels statt, dessen Thematik und Titel kaum überraschen: »Hundert Tage«. Der verbannte Napoleon kehrt von Elba zurück, reißt wieder die Macht an sich.

Überraschend hingegen die Autorenschaft: Benito Mussolini und Giovacchino Forzano. 1933 erschien das (übersetzte) Stück auch als Buch, in nobles schwarzes Leinen gebunden. Bei der Lektüre zeigt sich: gute Dialogführung, zuweilen mit intelligenten Pointen, straffer Aufbau – kurzum: es ist professionell geschrieben. Was darauf schließen läßt, daß Mussolini nicht mitformuliert hat. Er hat nur den Anstoß gegeben, die Tendenz festgelegt; ausgeführt wurde es von Forzano. Das wurde sogar in der damaligen Presse angedeutet: ein »Stück, das nach den Gedanken des Duce und Forzanos tätigster Mitarbeit entstanden ist.« Gefeiert aber wurde es, auch in Weimar, als Stück des »Duce«. Schlagzeile in »Der Montag«: MUSSOLINIS NAPOLEON-DRAMA. Untertitel: »Deutsche Uraufführung vor prominenten Gästen. – Würdige Aufnahme.«

Ein zwar nicht plakativ, aber tendenziell faschistisches Schauspiel. In der »Berichterstattung« der Zeitung wurde dennoch eine Beziehung hergestellt zur Zeit der Klassik in Weimar. »Auf demselben Platz, wo sich jetzt eine moderne Drehbühne bewegt, stand einst das alte Theater, das die ersten Aufführungen der meisten Schillerdramen sah.« Und Werner von Schulenburg, Offizier, Diplomat, Übersetzer: »Mussolini ging als Pädagog an seine Stoffe heran, mit dem Willen zu ändern, mit Schillerschen Voraussetzungen.«

Laut »Drahtbericht unseres nach Weimar entsandten Sonderberichterstatters« war »das Theater überfüllt. Drei Reihen Stühle, die man über dem Orchester aufgebaut hatte, erhöhten die Zuschauerzahl auf 1200. Der Beifall klang so laut, als ob er von 2000 käme.« Zur Prominenz im Publikum: »Italienische Diplomaten, Mitglieder der Berliner Botschaft, der Dresdner Generalkonsul, die Berichterstatter der großen Zeitungen in Rom, Mailand, Turin, Abordnungen der in Deutschland lebenden Faschisten, Theaterdirektoren aus London, Frankfurt und Leipzig, wo das Stück in den nächsten Wochen herauskommen wird. In einer Loge eine rüstige, lebhafte Dame, deren graues Haar ihr biblisches Alter nicht erraten ließ: Elisabeth *Förster-Nietzsche*. In einer anderen: Adolf *Hitler*.«

Im Mittelpunkt des Stücks: selbstverständlich Napoleon. Zugleich war man sicher: »Hier spricht der Duce … Dem Dramatiker Mussolini, dessen selbstbewußte Ansichten aus dem von Forzano besorgten Szenenaufbau hervorleuchten, kam es vor allem darauf an, seine *Meinung über den veralteten Parlamentarismus* zu sagen. Es sind scharfe Sätze, bittere Worte, und sie gewinnen doppelte Bedeutung, weil Mussolini sie sagen läßt.« Und, im Druck ebenfalls hervorgehoben: mehrfach »*minutenlanger Beifallssturm*«.

Noch zwei charakteristische Zitate aus dem Buch. In einer Situation, die – nach der eigentlich vernichtenden Niederlage bei Waterloo – von Militärs und Politikern als aussichtslos eingeschätzt wird, tönt der Duce durch das Sprachrohr Napoleon: »Außerordentliche Maßnahmen sind notwendig. Ich benötige, um das Vaterland retten zu können, besondere Vollmachten. Ich verlange die Diktatur für eine bestimmte Zeit.« Er bereitet denn eine Fortsetzung des Krieges gegen die siegreiche Allianz vor. Noch

einmal Napoleon-Duce: »Meine Herren, man kann Ströme von Blut vergießen für den Traum, Europa zu beherr-
schen, und sein Herr zu sein. Ich habe eine ganze Genera-
tion umbringen lassen, um das zu erreichen ...« Hier
dürfte Hitler in seiner Loge die Ohren gespitzt haben ...!

Auch mit dieser deutschen Erstaufführung war man in
Weimar der Entwicklung um (zwei) Jahre voraus: erst
Februar 34 fand eine weitere Aufführung statt, im Berliner
Staatstheater, diesmal mit großer Besetzung. Einige der
Namen, alphabetisch: George, Gründgens, Harlan, Krauß,
Minetti.

DAS GEISTIGE BINNENKLIMA Weimars wurde mitgeprägt
vom »Deutschen Schillerbund«. Initiator der Gründung
war der schon erwähnte Bartels, Jahrgang 1862, bekannt
und berüchtigt durch eine völkische Literaturgeschichte
und seine betont heimatzentrierten Romane, die sich in
der NS-Zeit zu Bestsellern entwickelten.

Schon zu Beginn des Jahrhunderts forderte er, in einem
öffentlichen Aufruf, die Etablierung einer »Nationalbüh-
ne« zu Weimar. Hier sollte man sich der klassischen Literatur des Theaters widmen – unter Ausschluß jüdischer
Werke, jüdischer Regisseure. »Wir brauchen in unserer
Zeit eine starke Gegenwirkung gegen die nivellierende
großstädtische Kultur, gegen den blasierten Internationalismus!«

So wurde die Weimarer Ortsgruppe des »Bundes Hei-
matschutz« zur Keimzelle des Deutschen Schillerbundes,
der 1908 ins Vereinsregister eingetragen wurde. Zum Füh-
rungsgremium gehörte selbstverständlich Bartels. Ihm zur
Seite Scheidemantel, den wir bereits registrierten beim
Kistenpacken im Schillerhaus. Weitere Namen müssen
nicht genannt werden, sie sagen uns nichts mehr.

Der Maler Alfred Ahner (der auch pointierende Karikaturen zur politischen Entwicklung zeichnete) schrieb Mai 1931 in sein Tagebuch, was ich (auch) hier raffend wiedergebe: »Tausende von jungen Menschen sind nun wieder in Weimar zur Schillerbundtagung ... erfüllen die Straßen, das Goethemuseum, Schillerhaus und dergl. mehr – machen Umzüge mit Fackeln ... Durch Schultze aus Naumburg und die Frickregierung wurden Couleurstudenten mit Mützen, Schmissen und Bändern herangezogen, daß es nur so wimmelt ... Da, wo vor 5 Jahren Künstler-Bohemiens, interessantestes Bauhauspublikum und -Angehörige, Geistigkeit der neueren Zeit, Intellektuelle, Typen, Originale, Juden, Revolutionäre, die Zeit Erkennende von Weltruf, Klee, Feininger, Kandinsky, Schlemmer die Hallen, Säle und Plätze in Stadt und Kunstschule erfüllten, ist heute der Süffel – Hakenkreuzler, Rückschrittler – zu sehen.«

DEUTSCHER SCHILLERBUND: der Übergang von der nationalistischen zur nationalsozialistischen Organisation ergab sich wie von selbst. Der alte Schillerbündler Bartels wurde von den Nazis gefeiert. Hans Severus Ziegler, »Alter Kämpfer«, Intendant des Nationaltheaters, »Staatsbeauftragter für die Thüringer Theater«, übernahm die Leitung, nein, die Führung des Schillerbundes, der 1935 in die Reichspressekammer aufgenommen wurde.

Aus den Nationalfestspielen wurden die »Weimar-Festspiele der deutschen Jugend«. Das Nationaltheater nun erst recht als »Hocherziehungsinstitut der Nation«. Schirmherr wurde Reichsjugendführer Baldur von Schirach (der in Weimar aufgewachsen war). Neue Direktiven: »Von der Reichsjugendführung wird gewünscht, daß die HJ und der BDM bei den festlichen Veranstaltungen im

Theater ihre Uniform tragen, um ein möglichst einheitliches Bild der Schillerbundjugend zu gewährleisten.«

Und so, beispielsweise, sah das Programm eines »Weimar-Festspiels der deutschen Jugend« aus: Begrüßungsabend im Deutschen Nationaltheater unter Mitwirkung der Weimarer Staatskapelle; Ansprache des Reichsjugendführers an die »Jugend Adolf Hitlers«: »Das Deutsche Reich hat dich hierhergerufen, damit auch an dieser Stätte … Größe, Weite und Tiefe Deutschlands … den Inhalt alles dessen, was den Begriff Weimar umschließt, in dich aufnimmst … damit du immer weißt, worum es geht, wenn du für Deutschland kämpfen mußt.« Also auch hier: moralische Aufrüstung.

Nach Appellen und Besprechungen (»mit Gruppenleitern«): Aufführungen im Deutschen Nationaltheater. »Götz von Berlichingen, in der Urfassung von Goethe« – die Hauptrolle übernahm Heinrich George … Wagners »Meistersinger von Nürnberg« – »in neuer kostümlicher und dekorativer Ausstattung durch den Reichsbühnenleiter Benno von Arent aus persönlichen Mitteln des Führers« … »Maria Stuart« von Schiller … »Schlußfeier am Goethe-Schiller-Denkmal mit Fackelzug zum Herderplatz«.

DER BODEN FÜR DIE MACHTÜBERNAHME war in Weimar also besonders früh bereitet. Dafür wird die Stadt ab 33 von architektonischen Zeichen der neuen Herrschaft besetzt.

1937 findet oberhalb des Historischen Friedhofs, im Garten des Nietzsche-Hauses, eine »Weihestunde« statt: die Grundsteinlegung für den Bau einer »Burg des Deutschen Geistes« – so wird die geplante Nietzsche-Gedächtnishalle bezeichnet. Als Architekt: Paul Schultze-Naumburg.

Kurz zur Vorgeschichte: Bei der deutschen Erstaufführung des ›Mussolini‹-Stücks im Nationaltheater begegneten sich zum ersten Mal Adolf Hitler und Elisabeth Förster-Nietzsche, herrische Schwester Nietzsches, Witwe des antisemitischen Gymnasiallehrers Förster. Gleich am nächsten Tag besuchte Hitler sie im Hause »Silberblick«, in dem sie ihren Bruder die letzten drei Lebensjahre gepflegt hatte. Begleitet wurde Hitler von Hans Severus Ziegler, dem Vorsitzenden des Schillerbundes, und von Paul Schultze-Naumburg.

Der erste von mehreren Besuchen Hitlers. Er griff den seit Jahrzehnten erörterten Plan auf, eine Gedächtnisstätte zu errichten auf dem weitläufigen Grundstück. 1934 war Hitler zum vierten Mal auf der Höhe »Silberblick«, begleitet von Albert Speer. Der berichtete später: »Der Hauptgegenstand wurde zur Zufriedenheit aller gelöst: Hitler übernahm die Finanzierung eines Anbaues an das alte Haus Nietzsches, und Frau Förster-Nietzsche war damit einverstanden, daß Schultze-Naumburg dazu die Pläne entwarf: ›Das kann er eher, sich dem alten Haus anglichen‹, meinte Hitler.«

Schultze-Naumburg legte dem Reichskanzler mehrere Entwürfe vor; schließlich das Plazet von Hitler und Speer. Der »Saal-Bau« für ein halbes Tausend Besucher sollte sich zu einer Terrasse öffnen »mit Ausblick auf die Stadt und den Ettersberg« – auf dem das Konzentrationslager gebaut wurde.

Ein Jahr nach der Grundsteinlegung das Richtfest. Doch Baumaterialien wurden knapp, Arbeitskräfte wurden zu vordringlichen Aufgaben herangezogen, die Gedächtnishalle wurde nicht einmal zu Hitlers 50. Geburtstag fertig, April 39. Im Verlauf des Krieges wurden hier nur noch Büroräume ausgebaut.

Doch man hoffte auf spätere Vollendung. Zentrum der »geistigen Weihestätte«, der »geistigen Kultstätte« sollte ein Nietzsche-Zarathustra-Monument werden. Über dessen Gestaltung konnte man sich freilich nicht einigen. So richtete man eine höfliche Anfrage an Mussolini. Der stiftete die römische Marmorkopie einer Statue des Praxiteles – als »Zeichen meiner dankbaren Verehrung für den Autor des ›Also sprach Zarathustra‹.« Im Januar 1944 (da war Mussolini längst abgesetzt) traf (offenbar nach langen Umwegen) die Statue des Dionysos Barbatus ein, blieb jedoch bis auf weiteres in der Kiste.

Der Keller unter dem Rohbau der »Burg des Deutschen Geistes«, der »Burg des Lebens«, schien der Stadtverwaltung bereits 1942 »sehr geeignet« zur Lagerung von Kunst- und Kulturgütern. Hier werden schließlich auch Schillers Schreibtisch und Sterbebett, das Tasteninstrument und weitere Originalmöbel »bombensicher« deponiert.

DIE DOMINIERENDE PRÄSENZ des Nationalsozialismus in der Stadt Weimar wird auch städtebaulich sichtbar gemacht. 139 Häuser werden abgerissen für den »Platz Adolf Hitler«. Und es wird, schon vor der Errichtung des Konzentrationslagers, mit dem Bau des »Gauforums« begonnen – als einzigem von etwa 50 Foren, wie sie auch in anderen Städten geplant waren. Achim Preiß, Kunstgeschichtler und Kurator, berichtet weiter: »Mit solchen von Repräsentationsgebäuden gerahmten Großplätzen und Prachtstraßen wollte sich die Diktatur nachhaltige, mindestens 1000jährige Präsenz in den Zentren der wichtigsten Städte des Reiches sichern. Was andernorts Papier und Absicht blieb, wurde in Weimar realisiert.«

Die Nazifizierung und Militarisierung der (überwiegend) willigen Stadt, sie schritt fort. Weimar als zentraler Standort der Polizei ... Bau von Kasernen für Ordnungspolizei ... Erweiterung der Gestapodienststelle: ein Zusatzbau »mit mehreren Büroräumen und doppelwandigem Verhörzimmer im Hof des Marstalls«. Im Stadtkern ein Verhörzimmer mit doppelten, also schalldichten Wänden...!

Karina Loos, ergänzend: »Weimar, als Gauhauptstadt Thüringens ursprünglich eher eine kleine Garnisonsstadt, wurde unter nationalsozialistischer Herrschaft zu einem Ort konzentrierter Wehrmacht und zu einem der drei bedeutendsten militärischen Standorte in Thüringen ... Weimar entwickelte sich nicht nur zum Ausbildungsort der Wehrmacht, der Luftwaffe und der SS, sondern Reichsstatthalter und Gauleiter Sauckel initiierte und beförderte auch den Ausbau Weimars zum Produktions- und Rüstungsstandort.«

VORSPIEL/NACHSPIEL. Im Park an der Ilm, am Westrand, vor der geologischen Stufe: der Säulenstumpf, den eine Schlange umwindet – der »Schlangenstein«. Hat natürlich eine mythologische Bedeutung, die mir aber gleichgültig ist, ich entwickle eine subjektive Interpretation: Der Säulenstumpf steht für die Weimarer Welt der klassischen Dichter und die pythonähnliche Schlange symbolisiert die NS-Welt. Der Verbund von Schlange und Säule läßt sich nicht lösen, die Schlange bleibt um den klassizistischen Steinzylinder gewunden, ihr Mörderhaupt auf der waagrechten Schnittfläche.

Die Widmung, in den Marmor gemeißelt: GENIO HUIUS LOCI, dem Genius dieses Platzes, dieses Ortes.

Schiller sucht einen Schreibtisch

DIE FLUCHT BEGINNT am Eßlinger Tor der Stadtfestung Stuttgart. Auch diese Stadt war noch von einem Mauerring umschlossen, wie seit Jahrhunderten. Und die Tore tagsüber bewacht, nachts durchweg geschlossen.

Das Eßlinger Tor war freilich noch geöffnet, zehn Uhr abends, an jenem 22. September 1782. Dies sicherlich, weil droben auf der Solitude hoher Besuch aus Rußland geehrt und gefeiert wurde: Großfürst Paul, angeheirateter Verwandter des Herzogs und späterer Zar. Es war, für diesen Abend, ein fürstliches Feuerwerk angesetzt. In den Stunden davor: Hin und Her, Raus und Rein, Rauf und Runter. Das nutzten Friedrich Schiller und sein umsichtiger Fluchthelfer. Dabei wurde auch eingeplant: Der Offizier, der an jenem Abend die Wachmannschaft des Tores befehligte, war einer von Schillers Schulfreunden. Dennoch, Probleme bei der (nicht genehmigten) Ausreise waren nicht auszuschließen. Um eventuelle Verfolgung zu erschweren, hatten sich die beiden jungen Männer zu einem Täuschungsmanöver entschlossen: das Eßlinger Tor lag nicht in ihrer Reiserichtung.

Die Kutsche fuhr am Schilderhäuschen vor. Schon trat die Wache hervor und rief, wie üblich: »Halt!« Und: »Wer da?!« Keine Frage in zivilem Ton, so was klang durchaus militärisch. »Wer sind die Herren?« Es war nicht Schiller, der die Antwort gab, Streicher sprach für beide: Dr. Ritter und Dr. Wolf. »Wo wollen Sie hin?« Nach Eßlingen. Formell wurde nun wohl das Reisegepäck registriert oder visitiert: zwei Koffer, hinten an der Kutsche festgeschnallt; auf dem Dach ein kleines Tasteninstrument im Futteral. Scharfenstein, der an diesem Abend Dienst tat, mußte nicht in Erscheinung treten. Die Kutsche wurde durchgewunken.

Während der ersten Stunde, auf der ersten Meile werden sie wohl stumm gewesen sein, der »Regiments-Medicus« und der »Tonkünstler«. War irgendwem in der Stadt doch etwas aufgefallen? Und der (potentielle) Denunziant erstattet Bericht bei einem Offizier, der die Meldung unverzüglich weiterleitet? Und es werden Reiter auf den Weg geschickt mit einem Haftbefehl? Schiller führte zwei Pistolen mit sich – die allerdings nicht funktionierten. Bei der einen fehlte der Feuerstein, bei der andren hakte der Abzug. Eine dieser Waffen blieb denn auch im Koffer.

Sie fuhren in einem Mietwagen, also konnte niemand zusteigen. Und: sie waren nicht an Postrouten gebunden, konnten auch auf Nebenstrecken fahren.

VOM WAGEN AUS sahen sie linkerhand Feuerschein auf der Höhe der Solitude: Illumination und Feuerwerk hatten begonnen zur Krönung das Tages. Neunzigtausend (?) Lampions illuminierten das Lustschloß, Jagdschloß. Dazu das opulente Feuerwerk. Auch wenn die Ära der besinnungslosen, bedingungslosen Verschwendung inzwischen beendet war: bei solch einem Anlaß wurde noch mal tief ins Staatssäckel gegriffen, das die Untertanen mit weiterhin überzogenen Besteuerungen und Abgaben füllen mußten.

Erster Höhepunkt des Festtages war die sogenannte Hirschjagd. Sechstausend Hirsche sollen es gewesen sein, die im Lande Württemberg zusammengetrieben wurden (oder gab es damals schon so etwas wie Tierfarmen?). Diese Hirsche im Wald der Solitude zerniert, viele Bauern mußten sie beisammenhalten, Ausbruchversuche verhindernd. Auf ein Signal wurde die Herde losgejagt, Hang hinauf, Hang hinab zum »Bärensee«, an dessen Ufer für die hohen Herrschaften ein Lustjagdhaus errichtet war,

von dem aus die schwimmenden Hirsche bequem abge-
knallt werden konnten: Hirschgemetzel, Hirschmassaker
im bald blutroten Wasser.

Das Fleisch von einigen tausend Hirschen konnte man
in der herzoglichen Küche nicht verarbeiten, es wurde
aber auch nicht an die Bevölkerung verteilt (die kein Jagd-
recht hatte), es wurde verbrannt: weithin der Gestank von
verbranntem Fleisch!

SCHILLER AUF DER FLUCHT aus Stuttgart: Fahrt im
Bogen um die Stadt herum, dann abschwenkend nach
Nordwesten. Weiter, südlich am Hohenasperg vorbei –
die Gefängnis-Festung hatte Schiller bei einem Besuch des
seit Jahren eingesperrten Kollegen Schubart flüchtig ken-
nengelernt, die könnte er sehr viel ausführlicher kennen-
lernen, falls man ihn noch vor der Grenze stellt.

Fahrt wohl über Schwieberdingen. Danach könnte sich,
mit einem ersten Gefühl der Erleichterung, ein Gespräch
entwickeln zwischen den Freunden. Über Mutter Elisabeth, über Vater Johann, der das ›Gartenamt‹ auf der Solitude leitete? Über die drei Schwestern? Und: kann der
Herzog, in einem der Wutanfälle, die Eltern für die Tat
des Sohnes büßen lassen? Kann er, sie unter Druck set-
zend, die Rückkehr des Sohnes erzwingen? Ist eine Auslieferung durch das Nachbarland möglich? Wird womöglich
eine Entführung vorbereitet?

AUCH FINANZIELLES muß in dieser Skizze erörtert werden. Das Reisebudget von Schiller betrug 23 Gulden; Streicher hatte 28 Gulden im Portefeuille. Diese Zahlen, für
sich genommen, sagen uns nichts über die finanzielle Ausstattung des Flüchtlings und seines Helfers, hier muß
umgerechnet werden. Ich mache es kurz: ein Gulden hätte

heute, in etwa, die Kaufkraft von 10 Euro. Schiller verfügte also über einen Reise-Etat, der ungefähr 230 Euro entspräche; bei Streicher wären es 280.

Jetzt aber gleich einige der Kosten – erst mal »fürs Maul«, wie Schiller schreibt. In einem Gasthaus (nicht der höchsten Kategorie) gab man für ein Mittagessen rund 12 Groschen aus, das wären etwa 8 Euro. Ein Friseur nahm in der Regel einen Taler, also anderthalb Gulden, demnach rund 15 Euro. Für eine Portion Wäsche wurde ebensoviel bezahlt.

Weitere Vergleichszahlen bieten sich an, hier aber gleich die Schlußrechnung: die Gesamtkosten der Fluchtreise veranschlagte Schiller auf etwa 250 Gulden. Allerdings wird Schiller vom Mannheimer Intendanten einen Vorschuß erhalten, der etwa 1900 Euro entspricht. Dennoch wird eine ›Finanzierungslücke‹ bleiben. Die wird Streichers Mutter schließen müssen: Geld, das für die Reise zurückgelegt war, die Streicher ursprünglich nach Hamburg machen wollte, um dort Unterricht zu nehmen bei Carl Philipp Emanuel Bach, dem damals berühmtesten Mitglied der Musikerfamilie.

SCHARFFENSTEIN, der in frühen Jahren auch dichtete und malte, er beschreibt seinen Mitschüler und poetischen Mitstreiter mehrfach. Beispielsweise in einem Brief an den ehemaligen »Eleven« und späteren Bildhauer Johann Heinrich Dannecker. »Schillers Hals war lang und sehr schön ... angenehmes ausdrucksvolles Hervorragen der Unterlippe ... gebogene Nase ... nicht gebogene, gegen die Nasenwurzel inklinierende Augenbrauen ... seine Stimme abwechselnd hohl und kreischend ... sah überhaupt mit seinem blassen Gesicht, mit seinen feuersprühenden, rot umgrenzten Augen, mit seinem in Unordnung wallenden roten Haupthaar wie ein Geist (aus).«

Andreas Streicher, der schließlich über Monate hinweg mit Schiller beisammen war, er sah ihn mit etwas anderen Akzentuierungen. Der lang aufgeschossene Freund hatte X-Beine (Knie, die »einwärts sich neigten«). Sein Gangart war »etwas steif und schleppend«. Nicht nur das Gesicht, auch die hellen Handrücken: wie von »Sommersprossen übersät«. Auch Streicher rühmt die Form der Stirn, die Form der Nase (»die Nüstern hatten einen sehr feinen, etwas aufwärts gehenden Schnitt«). Lang gestreckt der Hals, den Schiller zu Hause stets »entblößt« hatte – daher wohl der später so genannte, offene »Schillerkragen«. Und, weiter: »Der Mund war klein, die Lippen dünn geschnitten. Die untere Lippe etwas hervorstehend, und im Schweigen oft, beim Dichten aber allezeit gegen die obere gedrückt.«

ZWISCHEN EIN UND ZWEI UHR MORGENS erreichten Schiller und Streicher den Ort Enzweihingen, nah der Grenze. Eine Poststation, Kaffee wurde bestellt. Erstes Aufatmen: Das gewagte Unternehmen scheint zu gelingen...!

Schiller sprach nun von Schubart, dem zwanzig Jahre älteren Schriftstellerkollegen: Stichwort zu einem Kapitel, das ausführlich werden müßte. Hier kann ich es kurz machen.

Der junge Autor verdankte Schubart, indirekt, die Anregung zum ersten Theaterstück, das er (nach Anläufen zu anderen Projekten) fertiggestellt und im Selbstverlag publiziert hatte (Schulden machend, die ihn lange belasteten). Schubart hatte die Vorlage, eine Erzählung, in seiner Zeitschrift »Deutsche Chronik« veröffentlicht: Ein Vater, zwei Söhne von sehr unterschiedlicher Mentalität, die Entwicklung zur Katastrophe...

Auf Vermittlung durch den Kommandanten der Festung, General Philipp Friedrich Rieger (Friedrichs Taufpate!) konnte Schiller den Kollegen im Kerker besuchen – im Jahr vor der Flucht. Umarmung im Kerker – oder gab es so etwas wie ein Besuchszimmer?

Wo auch immer: der hagere, hoch aufgeschossene Schiller und der gedrungene, der bullige Schubart. Der hatte mit exzessivem Suff und Sex höheren Orts Aufsehen und Mißfallen erregt und war zudem ›straffällig‹ geworden durch Kritik an Fürsten. Seine Haltung konnte auch durch schwere Haftbedingungen nicht gebrochen werden; im dritten Jahr auf dem Festungshügel diktierte er einem sympathisierenden Wächter ein Gedicht von 22 vierzeiligen Strophen: »Die Fürstengruft«. Ein Gedicht, das (wie im späteren Samizdat) vorerst nur in Abschriften kursierte, ein Gedicht, von dem auch Schiller eine Abschrift besaß, die er nun, nah an der Grenze zur Kurpfalz, dem Freund vorlas.

Das Gedicht würde in dieser Skizze den Rahmen sprengen. Deshalb nur eine Diagonalversion. »Da liegen sie, die stolzen Fürstentrümmer« – verwesend, verfaulend in der Gruft. Ein Kopf, der mit einem Nicken über Leben und Tod von Untertanen entschieden hatte: nun als Totenschädel, Blick erloschen … Eine Hand, die per Unterschrift Menschen in den Kerker schicken konnte, weil sie »am Thron zu laut gesprochen«: nun ein Handgeripppe … Kein Prunkgewand mehr mit Orden: Brustkorb mit freiliegenden Rippen … Vertrocknet, verschrumpelt die Organe, die einst »geiles Blut« beförderten, es stauten … Vorbei das wiehernde Erzählen von Zoten, dabei befächelt von »geschminkten Zofen, schamlos und geil wie er«. Ja, so liegen sie in der Gruft, diese Geißeln der Menschheit, die sich nur gnädig zeigten ihren Jagdhunden gegenüber und ihren

Pferden, hingegen »Genie und Weisheit darben« ließen. Doch nun, aber nun: Würmer in ihnen, Staub auf ihnen ... Und in der einundzwanzigsten Strophe die Empfehlung an Besucher der Fürstengruft, still zu sein, damit die »Quäler« nicht wieder erwachen.

Daß Schiller dieses Gedicht (offenbar auch weitere Gedichte Schubarts) in Abschrift besaß, daß er es weitergab, dies konnte schon genügen, um ihn ebenfalls auf den Hohenasperg zu bringen! So gut läßt sich ein Gedicht kaum verstecken, daß es Gendarme und »Geheime« nicht finden würden. Nach dem Besuch bei Schubart hatte Schiller ja vor Augen, was ihm drohte, falls man ihn festnahm.

SPIEL DES SCHICKSALS: Titel einer (späteren) Erzählung Schillers. Berichtet wird vom Fall eines Günstlings durch Intrige, in einem Land der Willkürherrschaft eines Fürsten. Die namenlose Hauptperson (für württemberger Zeitgenossen aber leicht zu identifizieren als General Rieger), sie wird verhaftet und in einem geschlossenen Wagen zur Festung eskortiert. »In der sengenden Sonnenhitze ... zwölfstündiges Fasten ... der brennende Durst ... zieht man ihn aus dem Wagen – und in einer scheußlichen Grube unter der Erde erwacht er wieder ... grauenvolle Kerkerwand, durch einige Mondesstrahlen matt erleuchtet, die in einer Höhe von neunzehn Klaftern durch schmale Ritzen auf ihn herunterfallen ... ein dürftiges Brot nebst einem Wasserkrug und daneben eine Schütte Stroh ... verharrt er bis zum folgenden Mittag, wo endlich in der Mitte des Turmes ein Laden sich auftut und zwei Hände sichtbar werden, von welchen in einem hängenden Korbe dieselbe Kost, die er gestern hier gefunden, heruntergelassen wird ... Fragen: Wie er hieher komme? Und was er verbrochen habe? Aber keine Antwort ... ohne das Gesicht eines Menschen zu sehen, ohne auch nur eines Menschen Stimme zu hören, ohne irgend einen Aufschluß über dieses entsetzliche Schicksal ... von keinem warmen Lichtstrahl erquickt, von keinem gesunden Lüftchen erfrischt, aller Hilfe unerreichbar und vom allgemeinen Mitleid vergessen ... vierhundertundneunzig gräßliche Tage ...«

Heute würde man hier von strengster Isolationshaft sprechen. Was Rieger erlitt, hätte auch Schiller drohen können.

UND SCHUBART gewinnt erneut an Präsenz! Ja, seit einem halben Jahrzehnt ist er Staatsgefangener auf dem Hohenasperg, im selben Fürstentum, aus dem er neun Jahre zuvor vertrieben worden war, auf Befehl des Herzogs. Schubart hatte eine Satire verfaßt auf einen Höfling des Herzogs. Das genügte für ein »consilium abeundi«, für den Befehl, ihn auszuweisen. »Und habt Ihr dahero dem Schubart hiervon die Eröffnung zu tun, mit dem Bedeuten, sich aus Unsern Herzoglichen Landen hienächstens unfehlbar zu entfernen.«

Schubart setzte sich ab nach Heilbronn, zog weiter nach Mannheim, Heidelberg, Schwetzingen, München, Augsburg, Ulm. In Augsburg übernahm er die Zeitschrift »Deutsche Chronik«, als Herausgeber und einziger Autor. Was er in dieser Zeitschrift publizierte, mißfiel Herzog Carl Eugen von Württemberg und anderen gekrönten Häuptern.

Als Beispiel das kleine »Märchen« mit dem Titel »Die Freiheit«. Diese Göttin verließ ihren Thron im Olymp, um auf der Erde einen Altar zu suchen, der ihr geweiht war – wie ehedem in Athen oder Rom. Der Weg führte sie zu »Höfen der Großen«, dort waren aber keine Altäre, erst recht keine Tempel für die Göttin der Freiheit zu fin-

den. »Sie begab sich also in die sogenannten *freien Staaten.*
Parteigeist – Ansehen einzelner Familien – niedergedrück-
te Rechte der Menschheit.«

In einem anderen Artikel wurde Schubart direkter. »In
keiner Provinz Deutschlands herrscht wirklich mehr Skla-
verei im Denken als im Württemberger Land. Daher wandern die besten Köpfe aus, oder schweigen.«

1777 war es soweit: der Herzog von Württemberg wollte weitere Publikationen Schubarts verhindern. Solange
der in Ulm lebte, war eine Verhaftung allerdings nicht
möglich. »Sich dieserwegen an den Magistrat zu Ulm zu
wenden, halten Höchstdieselbe für zu weitläufig und dürfte vielleicht den vorgesetzten Endzweck gänzlich verfeh-
len machen; wohingegen solcher am besten dadurch zu
erreichen wäre, wenn Schubart unter einem scheinbaren
oder seinen Sitten und Leidenschaften anpassenden Vor-
wande auf *unstreitig* Herzogl. Württembergischen Grund
und Boden gelockt und daselbst sofort gefänglich nieder-
geworfen werden könnte.«

Die Entführung; als Lockvogel der Kloster-Oberamt-
mann Scholl im Grenzort Blaubeuren; Schubart wurde in
einem Verlies der Festung eingekerkert. »O, liebe Mutter,
Ihr Christian mußte viel leiden; 377 Tage lag ich auf fau-
lem Stroh in einem finstern Loch. (...) Inzwischen frißt
mir die Sehnsucht nach Freiheit das Herz ab.« Und, in
einem späteren Schreiben: »Gefangenschaft ist Hölle, sagt
Origines, und wie wahr dies sei, habe ich in seiner vollen
Kraft empfunden. Einsamkeit, gähnende Langeweile,
Frost, Hunger, Höllenangst, Leibesschwäche, Hoffnungs-
losigkeit, stechende Sehnsucht nach meinem Weib und
Kindern, Erniedrigung aller Art, Schlaflosigkeit in langen
Schauernächten, rastloses Wälzen auf dem faulen Stroh-
lager – waren die Harpyen, die mich zerfleischten, die

Furien, die mich dicht an den Rand der Verzweiflung gei-
ßelten.«

Der potentiellen Wiederholung solcher Erfahrungen
hat sich Schiller mit der Flucht entzogen. Doch es blieb
die Furcht, ebenfalls entführt zu werden.

AUFATMEN beim Anblick der blauweißen Grenzmarkie-
rungen der Kurpfalz. »Sehen Sie« (die jungen Männer, die
sich seit zwei Jahren kennen, die zeitweise fast täglich beisammen waren, die siezen sich weiterhin!), »sehen Sie, wie
freundlich die Pfähle und Schranken mit Blau und Weiß
angestrichen sind! Ebenso freundlich ist auch der Geist
der Regierung!« Das ist etwas blauäugig, denn: der Herrscher der Kurpfalz war ebenfalls berüchtigt für seine Willkür. Doch hat er, hätte er Macht über einen (noch nicht
eingebürgerten) Flüchtling?

Bretten als erster Ort hinter der Grenze. Kleine Stärkung beim Postmeister. Der Mietwagen wird zurück-
geschickt. Trotz des hohen Besuchs wird man Carl Eugen
informiert haben: Der Arzt erschien nicht zur Visite im
Lazarett, hält sich nicht auf in der kleinen Wohnung – ist
er »entwichen«? Könnten also Maßnahmen eingeleitet
werden zur Verfolgung?

Im Moment durften sich der Dichter und der Musiker
noch sicher fühlen: grenzüberschreitende Aktionen von
Agenten konnten erst später einsetzen, die Polizei-Maschi-
nerie mußte erst mal anlaufen. So wurden die Koffer, wurde das Instrument umgeladen auf ein ›öffentliches Ver-
kehrsmittel‹, auf eine Postkutsche, und die beiden Herren
Doctores fuhren Richtung Schwetzingen.

NS-Propagandisten adaptieren Schiller

VORGESCHICHTEN AUCH HIER, aber nur angedeutet.
Eine von ihnen: Als sich die deutschen Lande von der
napoleonischen Besatzungsmacht zu befreien begannen,
wurde Schiller als »erster Nationaldichter«, als »Dichter
der Nation«, als »Soldat« gefeiert. Goethes Mitarbeiter
Riemer bezeichnete Schiller als »Abgott der Jugend«; er
sei »die Begeisterung des Kriegers in Schlachten und
Erstürmungen«. Und ein Offizier sagte Goethe, in Karls-
bad, 1813: »Schiller ist der Mann der Soldaten; er erweckt
in der Brust uns den Mut und feuert die Seele zu Taten
an.«

Vor allem wirkte das Reiterlied aus »Wallensteins
Lager« stimulierend, unter Soldaten wie unter Zivilisten:
bei Aufführungen sang das Publikum vielfach mit. Die
wiederholt zündende erste Strophe:

Wohlauf, Kameraden, aufs Pferd, aufs Pferd!
  Ins Feld, in die Freiheit gezogen.
Im Felde, da ist der Mann noch was wert,
  Da wird das Herz noch gewogen.
Da tritt kein anderer für ihn ein,
Auf sich selber steht er da ganz allein.

Die beiden letzten Zeilen wurden auf der Bühne von
Statisten jeweils wiederholt: »Da tritt kein anderer für ihn
ein, / Auf sich selber steht er da ganz allein.«

Das »Reiterlied« wurde, aus dem Stück gelöst, im »Mu-
senalmanach für das Jahr 1798« veröffentlicht. Zwei Jahre
später erhielt es, in der Erstausgabe des »Wallenstein«,
eine Ergänzungsstrophe, die ebenfalls vaterländische Begeisterung stimulierte.

Drum frisch, Kameraden, den Rappen gezäumt,
  Die Brust im Gefechte gelüftet.

Die Jugend brauset, das Leben schäumt,
	Frisch auf! Eh der Geist noch verdüftet.
Und setzet ihr nicht das Leben ein,
Nie wird euch das Leben gewonnen sein.

Auch diese beiden Schlußzeilen sollten, laut Regieanweisung, chorisch wiederholt werden: »Und setzet ihr
nicht das Leben ein, / Nie wird euch das Leben gewonnen
sein.«

Als 1813 im Weimarer Hoftheater das Stück erneut aufgeführt wurde, befanden sich zahlreiche Soldaten im
Publikum, die bei jedem passenden Stichwort, bei jedem
Lied in Jubel ausbrachen, »in volksfestlichem Aufschwung«. Auch hier ein Muster für spätere Publikums-
reaktionen.

BEREITS ZEHN JAHRE nach seinem Tod wurde Schiller in
Journalen auch als der »tugendhafte Künstler« gefeiert.
Wiederum zwei Jahrzehnte später hieß es: »Wir besitzen
keine Darstellung der Tugend, die poetischer, keinen
Dichter, der tugendhafter wäre.« Und noch einmal: »Keiner von so reinem Herzen trug dieses Feuer, keiner von
solchem Feuer besaß diese Reinheit.« So wurde Schiller
als »idealster unserer Dichter« gefeiert, und damit als »unser Lieblingsdichter«.

Goethe hingegen wurden postum Vorwürfe gemacht: er
galt als »Fürstenknecht«, als Egoist (seine »Selbstvergötte-
rung«), es hieß, er habe zu wenig Patriotismus entwickelt.
Auch galt er weithin als »Kunstdichter«, während Schiller
der wahrhaft »volkstümliche« Dichter gewesen sein soll.
Solche Klischees hatten Langzeitwirkung: über ein Jahrhundert hinweg bis in die NS-Zeit.

WIE ENTHUSIASTISCH im 19. Jahrhundert Schiller gefeiert wurde, dies bezeugt auch Friedrich Hebbel: der hundertste Geburtstag wurde landauf, landab wie ein Staatsfeiertag begangen.

Hebbel im Tagebuch, Wien 1859: »Das Schiller-Fest hat Anlaß gegeben, Schiller für den nationalsten Dichter der Deutschen zu erklären.« Und: »Gestern Abend großer Fackelzug zu Schillers Ehren. Sehr schön. Ich sah in der Jägerzeil zu und verfolgte die große Feuerschlange dann auf Umwegen, bis sie sich auf dem Glacis um die weiße Statue zusammen rollte. Prachtvoll unter Anderem, wie der Zug an der Donau entlang die Bischof-Gasse sich hinauf wand; alle Gewerke, namentlich Becker und Schmiede, vertreten, wie Wissenschaft und Kunst. Eine echte National-Feier.«

SIEBZIG JAHRE SPÄTER veröffentlichte Joseph Goebbels ein schmales Buch: »Michael«. Untertitel: »Ein deutsches Schicksal in Tagebuchblättern«. Erzählt wird wenig, schwadroniert wird reichlich. Auch über die Großen der Weimarer Klassik. Der promovierte Ex-Germanist: »Zur Kunst gehört auch Charakter. Schöne Gedichte schreiben und sonst ein unerträglicher Zeitgenosse sein, das paßt nicht zueinander. Vielleicht wurde darum Schiller der Dichter des deutschen Volkes und nicht Goethe ...«

Ein Schnöseltext! Das Buch als Sammelsurium dubioser Sprüche, vermischt mit Haßtiraden: »Der Jude ist für mich direkt ein körperlicher Ekel. Ich bekomme Übelkeitsanfälle bei seinem Anblick.«

Ich habe vor Jahren die Lektüre dieses Buchs auf mich genommen: es lohnt sich nicht einmal unter dem Aspekt der Erkundung seiner Mentalität! So bleibt es bei diesen zwei Zitaten aus dem Machwerk.

Und kein Zitat aus dem »Stück des Reichsministers Joseph Goebbels«: »Der Wanderer«. Kommentierend zieht er durch die Geschichte, als »hellsichtiger Deuter alles Geschehens«, wie es in der Presse hieß, als »unbestechlicher Künder der Wahrheit«. Trotz »stürmischen Beifalls« in Leipzig – das Stück konnte nicht einmal bei den gleichgeschalteten Bühnen durchgesetzt werden. Doch als ›Mann vom Fach‹, quasi als Kollege von Schiller, und kraft seines Amtes, fühlte sich Goebbels dazu berufen, Akzente zu setzen bei Theater und Film.

SCHON IM JAHRE 1932 publizierte »Dr. Hans Fabricius, M.d.R.« eine Schrift mit dem Titel »Schiller als Kampfgenosse Hitlers«. Untertitel: »Nationalsozialismus in Schillers Dramen«. Erschienen im N.S. Kultur-Verlag Bayreuth. Der Verfasser, Jurist, war Abgeordneter und Geschäftsführer der Reichstagsfraktion der NSDAP.

Eine »Selbstankündigung« erschien im Blatt »Der Angriff«, herausgegeben von Goebbels. Einige Textproben: »*Schiller als Nationalsozialist*! Mit Stolz dürfen wir ihn als solchen grüßen ... niemand weiß, ob und was wir ohne ihn wären ... Nationalsozialismus schöpft aus den gleichen, ewigen Kraftquellen, aus denen auch Schiller ... hat der Dichter dem erwachenden Deutschland eine weitere unversiegbare Kraftquelle hinterlassen ... aus ihr wollen wir auch unseren dürstenden Volksgenossen Kraft spenden.«

Hier zitiert Fabricius bereits aus seiner Schrift. Das Exemplar, das ich über Fernleihe erhalte, aus Wuppertal, es läßt noch die Ausleihquote erkennen: eingeklebtes Blatt mit Datumstempeln. Demnach ist dieses Buch dreidutzendmal ausgeliehen worden. Das letzte Mal Ende Juni 44. Da war Wuppertal ausgelöscht.

Der Verfasser im Vorwort (damals: »Geleitwort«): »Es ist ein stolzes Gefühl, sich sagen zu dürfen, daß an den Gedenktagen der letzten Zeit *allein die nationalsozialistische Presse,* diese aber einmütig, bewiesen hat, daß sie die *gewaltigen Gleichnisse,* die uns Schiller für die deutsche Gegenwart und die zu erkämpfende deutsche Zukunft in seinen Bühnenwerken bietet, versteht und zu würdigen weiß.«

Das Buch reiht Inhaltsangaben der Stücke unter meist plakativen Überschriften: »Sozialismus und Führertum (Die Räuber)« ... »Volksstaat und Führerehrgeiz (Fiesko)« – in diesem Stil geht es weiter. Den Nacherzählungen mit Zitaten folgt jeweils ein kurzes Resümee: hier gibt Fabricius seinen braunen Senf hinzu, meist unter dem Leitwort »Führer«. Zu Schillers erstem Stück: »Denn neben den Tyrannen stellte er den *Führer.*« Und: »*Freiheit* ist nur denkbar als *Unterordnung unter die Besten. Herrschaft* ist nur gestattet als *Dienst an der Gemeinschaft.*«

Zu Schillers zweitem Stück: »Ein *Haupt* freilich gebührt dem Staatskörper: ein Doge, ein Duce, ein *Führer.*«

Drittes Beispiel für das systematische Annektieren eines Werks: das Schauspiel »Wilhelm Tell«. Fabricius modelt die Figur des Werner Stauffacher um zu einem Vorläufer Hitlers: »vorweggenommene Führerschaft«. Die sah hier auch Goebbels. »Das bedrängte Volk soll sich seinen stammverwandten, artgeborenen Führern in straffer Selbstzucht unterordnen, wie die Schweizer dem bedächtigen, weitblickenden Stauffacher ... auf den Führer kommt hier alles an, nicht auf Mehrheitsbeschlüsse.«

Damit gleich zum »Schlußwort«! Überschrift: »Schiller und die Nationalsozialisten«.

Der Geschäftsführer der NS-Fraktion im Reichstag zu

Schillers Werken, pauschal: »Gleich magisch leuchtenden Fackeln weisen sie uns den Weg in eine bessere, würdigere Zukunft ... Darum sind es gerade die Bühnenwerke Schillers, in denen sich seine Wesensgleichheit mit den deutschen Kämpfern der Gegenwart am zwingendsten kundtut ... Aus den Urkräften des Blutes schöpfte er sein Urteil ...«

Zum Schluß die NS-Apotheose: »Unaufhaltsam marschieren unsere Kampfkolonnen. Kameraden, die den Opfertod starben, und die Toten aus den Kriegen der deutschen Vergangenheit ›marschieren im Geist in unseren Reihen mit‹. An der Spitze aber, dem leuchtenden Hakenkreuzbanner voran schreiten Seite an Seite mit den lebenden Führern die großen Geister, deren Leiber die Erde deckt. Aufrecht und stolz ragt unter ihnen die Lichtgestalt Friedrich Schillers hervor.«

HITLER MEANS WAR, sagte Lion Feuchtwanger, als er während einer Lesereise in den USA vom Machtwechsel in Berlin erfuhr.

Vor allem Schiller wurde instrumentalisiert bei der mentalen Aufrüstung der Bevölkerung, synchron zur Expansion der Rüstungsindustrie. In der »Zeitschrift für Deutschkunde« veröffentlichte der Pädagoge Walther Linden einen Beitrag zu »Schiller und die deutsche Gegenwart«. Hier reihen sich charakteristische Stichworte aus dem Wortfeld »Soldatisches«. »In Schillers soldatischer Natur lebt jener echte Ordensgeist, der auf Unterwerfung und Gehorsam heldischer Kriegernaturen gerichtet ist.«

Weitere Stichworte zur inneren Vorbereitung auf den Krieg: es wird Schiller unterstellt, er hätte »das« Drama »mit Todesentschlossenheit und Einsatzwilligkeit, mit Härte und Schicksalstrotz, mit bewußter Wahl des Untergangs und heldisch-feierlichem Sterben« angefüllt. Ja, mit Sterben angefüllt...! Dies als Beitrag Schillers »zur Umwandlung des deutschen Volkscharakters«! Schlimmer konnte es in dieser Hinsicht nicht kommen!

Dies bleibt festzuhalten: Schon im Jahre 1934 wird die »bewußte Wahl des Untergangs« propagiert, wird »Todesentschlossenheit und Einsatzwilligkeit« gefeiert, die »innere Todesbereitschaft«!

EIN RÜCKBLICK – vergleichend, nicht gleichsetzend. Schiller, in seiner »Geschichte des Abfalls der vereinigten Niederlande von der Spanischen Regierung«, zu Philipp II., dem Archetypen des Tyrannen, des liquidierenden und kriegführenden Diktators: »Er sprach allen Gesetzen Hohn und hinterließ überall die blutigen Fußstapfen seiner unseligen Gewalt.«

Schiller sucht einen Schreibtisch

ÜBERLEITENDE BIOGRAPHISCHE NOTIZEN zu Andreas Streicher, der später zu einer Randfigur der Musikgeschichte wurde.

Er sah Schiller zum ersten Mal zwei Jahre vor der Flucht, bei einer öffentlichen Prüfung – zugleich ein Festakt mit Musik, unter Mitwirkung Streichers. Dem fiel Schiller sofort auf: »Die rötlichen Haare – die gegeneinander sich neigenden Knie, das schnelle Blinzeln der Augen« ... Ein paar Monate später wurde Streicher dem Dichter der »Räuber« vorgestellt – und erkannte den »Eleven« wieder, der bis dahin namenlos für ihn geblieben war. Es begann die intensive Freundschaft.

Kurzer Blick in die Zukunft. Nach der gemeinsamen Reise trennen sich Dichter und Musiker – und finden, erstaunlicherweise, nicht mehr zusammen. Der ›Pianist‹, der Komponist einiger (gedruckter) Werke lernt in Augsburg Nanette kennen, eins der elf Kinder des Klavierbauers Johann Andreas Stein. Dem hilft sie in der Werkstatt, prüft jedes Instrument, bevor es ausgeliefert wird. Nach dem Tod des Vaters übernimmt sie, mit einem Bruder, den väterlichen Betrieb. Und heiratet Streicher. Die Firma wird nach Wien verlegt. Streicher setzt seine Tätigkeit als Klavierlehrer fort. Einer seiner Schüler ist Franz Xaver Mozart, der, wie sein Vater, Klaviervirtuose wird und Komponist. Und Streicher arbeitet mit an der Weiterentwicklung der Hammerclaviere jener Zeit. Bald erhalten die Instrumente seinen Namen: als Markenzeichen. Der junge Beethoven: »Lieber Streicher! Vorgestern erhielt ich Ihr Fortepiano, was wahrlich vortrefflich geraten ist.«

Auch in Goethes Haus am Frauenplan: ein Fortepiano von Streicher, und Clara Wieck (später Clara Schumann) spielt auf diesem Instrument. Auch Fanny Hensel, Schwester von Mendelssohn Bartholdy, besitzt einen Streicher. Ebenfalls Chopin. Und für den ertaubenden Beethoven wird Streicher einen Flügel mit größerer Klangentfaltung bauen.

STREICHER UND SCHILLER: die gemeinsame Fahrt fortgesetzt bis Schwetzingen. Hier mußten sie übernachten, denn auch die »Hauptfestung« Mannheim machte abends dicht.

Beim Abendgespräch: Rückblick und Ausblick? Wo und wie kommt man zu Einnahmen? so könnte Schiller wieder einmal fragen. In Mannheim, im Nationaltheater?

Zwar hält sich der Intendant immer noch in Stuttgart auf, als einer der zahlreichen Gäste des Herzogs, aber ein erneutes Gespräch mit Wilhelm Christian Dietrich Meyer, dem zehn Jahre älteren Dramaturgen, Schauspieler, Regisseur: das muß sich ergeben. (Meyer als »der erste Ausländer, der mir sagte, ich wäre etwas.«)

AM NÄCHSTEN MORGEN machten sich die jungen Herren ›stadtfein‹. Vor allem Schiller: »Ein neuer, zimtfarbiger Frack, mit Weste und Beinkleidern von grünem Atlas. Gut ausgeschlafen, am Leibe gestärkt, mit Hoffnungen und Erwartungen erfüllt, fuhren sie nach *Mannheim*, wo, ungeachtet es eine starke Festung war, kein Mensch nach *Woher? wohin?* fragte, und stiegen vormittags 10 Uhr bei dem Regisseur, Herrn *Meyer* ab.«

Der Hausherr zeigte Verständnis für die momentane Erleichterung des Flüchtlings und seines Begleiters, aber: Sind sich die beiden Herren im klaren über den Ernst der Lage? Der Herzog wird diese Flucht – für ihn sicherlich eine Desertion – wohl kaum hinnehmen, er wird reagieren, wird agieren. (Das Stichwort Desertion fiel in der Tat. Hofmeister Wredow: Der Verfasser der »Räuber« habe eine Reise mit unbestimmtem Ziel unternommen, kurz: »Er ist desertiert.«)

Meyer dürfte sich wie folgt geäußert haben: Über Theater reden wir später, jetzt ist erst mal wichtig, daß Schiller dem Herzog schreibt und ein wenig Verständnis weckt für die Flucht. Denn sollte er entführt werden, so könnte ein rechtzeitiger Appell an den Großmut des Landesherrn die Haftbedingungen eventuell erleichtern.

Darauf Schiller, in der Wiedergabe von Streicher: »Eines Vergehens könne man ihn nicht anklagen; eigentlicher Soldat sei er nicht, folglich könne man ihn auch nicht unter die Klasse derjenigen zählen, denen bei freiwilligem Abschiednehmen nachgesetzt wird.«

Freiwilliges Abschiednehmen: eine abmildernde Umschreibung! (Schillers Sohn Ernst wird später dafür plädieren, das Wort »Flucht« durch »Entfernung« zu ersetzen.) In der Tat, es war Flucht, und die Flucht eines Uniformträgers läßt sich als Desertion auslegen – selbst, wenn er den Fahneneid noch nicht geleistet hat. Schiller möge also bitte oder: solle unbedingt einen Brief schreiben, noch am selben Tag.

Der 24. September: es entstand ein gewundenes Schriftstück. Ich verstehe die Intention so: Ich hätte mir so sehr ein Gespräch mit Euch, mein Herzog, gewünscht, um Euch darzulegen, daß ich in Stuttgart nur weiterleben kann, wenn ich als freier Arzt praktiziere und vor allem: wenn ich schreibe und publiziere. Weil es nicht einmal möglich war, diesen Wunsch schriftlich vorzutragen, sah ich mich gezwungen, Euch, mein Herzog, durch meine Flucht zu einer Reaktion zu zwingen, zu einem Verhandlungs-Angebot.

Und nun Schiller. »Das Unglück eines Untertanen und eines Sohns kann dem gnädigsten Fürsten und Vater niemals gleichgültig sein. Ich habe einen schrecklichen Weg gefunden, das Herz meines gnädigsten Herrn zu rühren, da mir die natürlichen (zu ergänzen: Wege) bei schwerer Ahndung untersagt sind. Höchstdieselbe haben mir auf das strengste verboten, literarische Schriften herauszugeben, noch weniger mich mit Ausländern einzulassen.« So setzt sich das fort, in der Formelsprache der Unterwerfung: »Eurer Herzoglichen Durchlaucht Gründe von Gewicht ... gnädigste Erlaubnis ausgebeten, Höchstdenenselben meine untertänigste Bitte in einem Schreiben vortragen zu dürfen ... mit Androhung des Arrests verweigert … eine gnädigste Milderung dieses Verbots höchst notwendig … um gnädigstes Gehör für meine Vorstellungen anzuflehen … Erlaubnis, Schriftsteller sein zu dürfen … mich zivil zu tragen, welches mir die Ausübung meiner Medizin mehr erleichtert … in meiner schrecklichen Lage … wie ein Flüchtling umherirren muß … Ich erwarte die gnädigste Antwort mit zitternder Hoffnung, ungeduldig, aus einem fremden Lande zu meinem Fürsten, zu meinem Vaterland zu eilen, der ich in tiefster Submission und aller Empfindung eines Sohnes gegen den zürnenden Vater ersterbe Euer Herzoglichen Durchlaucht untertänigst-treugehorsamster Schiller.«

Der Herzog reagierte weder cholerisch noch konziliant. Heute würde er betonen: Ich lasse mich nicht erpressen. Darauf lief Schillers Aktion auch letztlich hinaus: er wollte durch die spektakuläre Flucht den Herzog zu Gespräch und Zugeständnissen zwingen.

WAS SCHILLER DEM HERZOG NICHT SCHRIEB: Wie wichtig ihm die Familie war. Viel zu lang war er gezwungen worden, Distanz zu wahren zur Mutter, die er liebte, zum Vater, den er verehrte. Der Herzog hatte sich zum zweiten Vater gemacht, dominierend. In einem Revers hatte Vater Schiller bei Friedrichs Einweisung in die Karlsschule seinen Verzicht auf weitere Erziehung des Sohnes festschreiben müssen: ein Erziehungsmonopol für den Herzog und seine Institution. Offenbar waren nicht einmal Sonntagsbesuche bei den Eltern erlaubt! Kasernierte Jugend…!

Ja, Schiller würde gern wieder zur Solitude wandern, um die Eltern zu sehen, die Schwestern. Und der Vater berichtet von der Tätigkeit in der Baumschule oder erzählt aus seinem Leben. Hat zwar nicht studiert, so könnte er auch bei dieser Gelegenheit betonen, hat dafür aber alles aus der Praxis gelernt. Erst zur Landarbeit gezwungen, setzte er bei seiner Mutter durch, daß er die »Wund-Arznei-Kunst« erlernen durfte, zog los auf Wanderschaft, ging bei einem Barbier in die Lehre, dann bei einem Wundarzt, kam zu den Soldaten, mußte vor allem »Galanterie«-Erkrankungen kurieren, in puncto puncti, begleitete Truppen als Feldscher, teilte Arzneien aus, ließ zur Ader, setzte Vesicatorien – ist dem Sohn ja alles bekannt ...

UND WEITERE PETITIONEN. Schiller wendete sich – auf dem Dienstweg – an Augé, der beim Herzog stets ein offenes Ohr fand. Der greise Generalfeldzeugmeister wurde zum Mittelsmann.

In einem Kalender machte er Notizen. Karl Stenzel kommentiert: »Neben den laufenden Tagesausgaben und sonstigen Abrechnungen, neben Angaben über Wetterverlauf, Aderlaß, Garten- und Blumenzucht auch einzelne ihm wichtiger erscheinende Ereignisse seines Alltagslebens.« Dazu gehörte nun die Korrespondenz mit Schiller.

Augé notierte am 6. Oktober, er hätte erneut an den Medicus Schiller in Mannheim geschrieben, c/o Theater, er solle sich unverzüglich »hierher begeben«. Auch hätte er ihm »*en copia* die Herzogl. Ordre geschickt«, dergemäß Serenissimus die ersuchten Punkte gnädigst genehmigen würde, wenn Schiller »diese höchste Gnade nicht länger mißbrauchen werde.«

Offensichtlich lag Herzog wie Regimentschef daran, einen (kompromittierenden) Skandal zu vermeiden. Freilich, Erfüllung der Wünsche oder Forderungen Schillers wurde nur pauschal zugesichert. Was er in dieser Situation jedoch brauchte, waren konkrete Zusagen: Garantierte Straffreiheit nach der Rückkehr; die Erlaubnis, zivile Kleidung tragen zu dürfen; die Genehmigung schriftstellerischer Tätigkeit, die Erlaubnis zu publizieren. Man war nicht bereit, dies zu bestätigen.

Dennoch, insgesamt: man bemühte sich um gütliche Einigung. Ja, man hielt Schiller sogar die Stelle frei, vorläufig. Der Herzog mußte bei all dem freilich sein Gesicht wahren, konnte sich schriftlich nicht allzusehr festlegen. Aber er schien bereit, pathetisch gesagt, den verlorenen Sohn wieder aufzunehmen.

Solches Entgegenkommen nennt man gern: eine ›goldene Brücke‹. Doch Schiller betrat sie nicht. Zwar fühlte er sich nicht direkt verfolgt, hatte aber das Gefühl, ihm drohe Verfolgung. So wird er in Briefen seine Spuren verwischen, wird falsche Aufenthaltsorte nennen. Bei solchen Täuschungsmanövern, solchem Versteckspiel wirkte offenbar auch mit: Angst vor Aktionen seiner Gläubiger. Zu denen gehörte sicherlich der Drucker seines ersten Stücks. Möglicherweise auch, und damit gefährlicher: Offiziere, bei denen er Spielschulden hatte, zumindest seit dem Aufenthalt in der Stuttgarter Hauptwache, in der er um Geld spielte. Sofern er nicht auf dem Hohenasperg eingesperrt wurde, konnte er in den »Schuldturm« kommen. Also winkte er ab.

Folgerichtig wurde in Stuttgart der Fall des »in der Welt herumirrenden, entlaufenen« Schiller zu den Akten gelegt. Der Medicus wurde aus der Regimentsliste gestrichen.

FRIEDRICH SCHILLER IM DAMALIGEN AUSLAND: er braucht dringend Geld. Seine große und vorerst einzige Hoffnung: daß man sein neues Stück, den »Fiesko«, in Mannheim zur Uraufführung annimmt und ihn dafür honoriert (indem man ihm Vorschuß zahlt oder die Einnahmen einer Aufführung in Aussicht stellt).

In einer Lesung stellt er Mitgliedern des Ensembles das republikanische Trauerspiel vor, allerdings in einer Rohfassung mit offenem Schluß. Aber nicht nur unter diesen Vorzeichen: Enttäuschung macht sich breit; Schauspieler setzen sich diskret ab; die Fortsetzung der Lesung gerät zur Peinlichkeit. Streicher muß sich vor Meyer rechtfertigen, in einem Nebenraum.

»Sagen Sie mir jetzt ganz aufrichtig: wissen Sie gewiß, daß es Schiller ist, der die Räuber geschrieben?«

»Zuverlässig! Wie können Sie daran zweifeln?«

»Wissen Sie gewiß, daß nicht ein anderer dieses Stück geschrieben und er es nur unter seinem Namen herausgegeben? Oder hat ihm jemand anderer daran geholfen?«

»Ich kenne Schillern schon im zweiten Jahre und will mit meinem Leben dafür bürgen, daß er die Räuber ganz allein geschrieben und ebenso auch für das Theater abgeändert hat. Aber warum fragen Sie mich das alles?«

»Weil der Fiesko das Allerschlechteste ist, was ich je in meinem Leben gehört, und weil es unmöglich ist, daß derselbe Schiller, der die Räuber geschrieben, etwas so Gemeines, Elendes sollte gemacht haben.«

Soweit, wörtlich, die Wiedergabe durch Streicher. Meyer liest in der folgenden Nacht das Manuskript und sieht am nächsten Morgen alles ganz anders. »Sie haben recht! Sie haben recht! Fiesko ist ein Meisterstück und weit besser gearbeitet als die Räuber. Aber wissen Sie auch, was schuld daran ist, daß ich und alle Zuhörer es für das elendste Machwerk hielten? Schillers schwäbische Aussprache und die verwünschte Art, wie er alles deklamiert!«

Daß man in heimischem Idiom sprach, moderat, war auch unter Gebildeten üblich. Selbst Goethe hörte man den Hessen an. Schiller aber scheint derart geschwäbelt zu haben, daß man schon in Mannheim Schwierigkeiten hatte, ihn zu verstehen. Es breitete so etwas wie eine schwäbische Klangschicht aus über dem Text.

Meyer will sich also nun doch für das Stück einsetzen. Nur hält sich der Intendant weiter in Stuttgart auf. Also wird in allernächster Zeit keine Entscheidung fallen. Auch unter diesem Aspekt empfiehlt es sich, für ein paar Wochen die räumliche Distanz zu Württemberg zu vergrößern – bis zweifelsfrei klar ist, daß der Herzog nicht vorhat, Maßnahmen gegen den Flüchtling einzuleiten.

ÜBERLEGUNG: soll ich einen Kollegen aus Schwaben bitten, eine kurze Sequenz aus dem »Fiesko« ins Schwäbische zu übertragen? Dies, um einen ungefähren Eindruck vom Mannheimer Debakel zu vermitteln, dies auch, um Schiller zu charakterisieren. Oder würde das parodistisch klingen?

Aus der kleinen Verlegenheit hilft mir ein Zufall. Ich lese, zwischendurch, die temperamentvolle Erzählung »Zwei Gefangene« von Karl Ferdinand Gutzkow. Ein autobiographischer Text, denn: Gutzkow wurde mit 26 Jahren vom Mannheimer (ausgerechnet vom Mannheimer!) Stadtgericht zu einem Monat Haft verurteilt. Der Grund: als anstößig interpretierte Stellen aus seinem Roman »Wally, die Zweiflerin«.

Mannheim, das Gefängnis. Ein zweiter Gefangener wird in die Zelle geschoben, ein Schauspieler. Der präsentiert sich als Selbstdarsteller höchsten Grades, fängt in seiner Suada dankenswerterweise auch zu schwäbeln an – bevor er, kurz darauf, überwechselt ins Pfälzische.

»Ich muoß Ihne saage, Herr Doktor, da Sie sich doch auch für die Konscht interessire, die dramat'sche, daß es hier in dieser Schtadt ›Mannem‹, die aus lauter Quadraate aufgebaut ischt, einen Kavalier gibt, der sich Graf von Lux-

burg nennt, einen nahen Ahnverwandten von dem Graf
Balken, dem in der Schachmaschine, wenn Sie das Stuck
v'leicht kenne sollte! Außerdem gibt's da – (jetzt sprang
der Sprecher in die pfälzische Mundart über) ä Comidé,
Deadercomidé, wisset Sie, wo wir doch hier in Mannem,
wir Peltzer, den Geschmack mit Löffle gfresse hawwe,
schon von dene Zeite her, vom Iffland dozumol und dem
Daalberg do, ei Sie kennet doch wohl unsern große Daalberg, wo dozumol der große Mäcän gewesen ist vor den
Schiller, daß der aach driwwe in Sachsehause bei Frankfort
hätt beinahe wolle üwer di Brick in de Main hinunner-
springe vor lauter Freide und Jammer üwwer die manne-
mer Konschtpflege – ?!«

DIE VERSCHWÖRUNG DES FIESKO ZU GENUA: Dieser
Mann seines Alters, der einen Herrscher, einen Potentaten
beseitigen wollte, um selbst zu herrschen – der beherrscht
auch ihn! Das Projekt begleitet ihn, gibt ihn nicht frei. Wieviel von dem, was er hier bereits geschrieben hat, muß er
neu schreiben?

Vor allem: Noch immer weiß er nicht, wie das Stück,
wie Fiesko enden soll. Je mehr er über ihn gelesen hat,
desto größer wurde die Enttäuschung. Was von der Überlieferung angeboten wird, ist für ihn als Theaterautor
kaum brauchbar: Giovanni Luigi de Fieschi, 1523 bis
1547, vertreibt den Potentanten Andrea Doria aus seinem
Amt, aus seiner Stadt; der designierte Nachfolger Gianetti-
no kommt um; Fieschi oder Fiesko erringt die Herrschaft
in Genua; kaum aber hat er seinen Amtssitz bezogen, will
(oder soll) er ein Schiff besichtigen, balanciert vom Quaie
hinüber auf einer Planke, rutscht ab, fällt ins Hafenwasser,
wird von seiner offenbar schweren Rüstung hinabgezo-
gen, ertrinkt. Das kann es doch nicht gewesen sein! Das

darf doch nicht alles sein! Eine Erhebung gegen den Potentaten im Stadtstaat und Fieschi – so jung an Jahren, so neu an der Macht – er plumpst ins Wasser, Blasen steigen auf und er ist weg von der Bildfläche…!

Das ist, wortwörtlich, ein Ausrutscher! Solch ein Ende kann er weder sich selbst noch Theaterleuten noch dem Publikum zumuten, also muß er hier, auch hier wieder einmal auf der Freiheit des Dichters bestehen im Umgang mit der Überlieferung.

UND WEITER, AUF DEM WEG nach Darmstadt! Allerdings nicht auf direktester Route, sondern über die Bergstraße. Übernachtung in Sandhofen.

In einem Nachtrag zu seinem Bericht über die gemeinsame Fluchtreise (innerhalb seiner Schiller-Biographie) berichtet Streicher über ein Zwischenspiel. Es wurde ihnen beim Aufbruch, wohl in Sandhofen, geraten, besser noch etwas zu warten, denn: auf der Landstraße war ein Raubüberfall verübt worden, in einem der Waldgebiete! Schon mehrere Überfälle auf dieser Straße, einmal sogar auf eine Postkutsche! Also: eine Räuberbande! Und damit: Schiller, Verfasser der »Räuber«, als potentielles Opfer von Räubern …?!

Trotz der Warnung: die Freunde marschierten los. Sie holten einen Mann ein, der sich als Fußbote erwies. Er trug eine scharf geladene Pistole »unter dem Rock«. (Nun wird auch klar, weshalb Schiller die beiden Pistolen mitgenommen hatte, in Stuttgart: Nicht, um den Weg in die Freiheit notfalls zu erzwingen mit drohend erhobener Pistole, womöglich mit einer Pistole in jeder Hand – auch so hätte er die Mannschaft einer Torwache oder einen Trupp Verfolger kaum hinreichend beeindrucken können. Die Pistolen sollten vielmehr der Abschreckung dienen bei einem eventuellen Überfall. Streicher berichtet allerdings nicht, daß Schiller die Pistolen nun aus dem Mantelsack gezogen hätte, er schreibt nur von Stöcken – das dürften aber eher Knüppel gewesen sein.)

Sie näherten sich der Stelle, an der sich kurz zuvor der Raubüberfall ereignet hatte. Schiller riet, langsam zu gehen, um rechtzeitig reagieren zu können. Selbstverständlich aber kam es nicht gleich wieder zu einem Überfall an derselben Stelle, an dem zuvor der Überfall stattgefunden hatte.

Freilich: die Räuber des jüngsten Überfalls waren noch nicht gefaßt, konnten so schnell auch nicht gefaßt worden sein. Dafür aber Räuber eines früheren Überfalls. Die hatte man, wie damals üblich, gleich dort gehängt, wo sie gestellt worden waren – ganz in der Nähe des neuen Tatorts. Der Bote: »Da, sehen die Herren, zwei von dieser Bande, die seit einigen Wochen am Galgen hängen.«

Der Anblick war »grauenvoll«: Räuberleichen, verfaulend. Doch immerhin: Leichen echter Räuber! Zu jener Zeit waren Räuber noch nicht zur Kinderbuchstaffage verharmlost, sie waren lebensgefährliche Realität. Und nun waren, wenn auch verfaulend, zwei von denen zu sehen.

Diese Konstellation fand Streicher, so würde man heute sagen: spannend. Er behielt Schiller im Blick: Wie würde der Verfasser des Räuberschauspiels auf den Anblick gehängter Räuber reagieren – der ersten Räuber, die ihm vor Augen kamen? Schiller reagierte erstaunlich gelassen: »Er sprach kein Wort darüber, sondern warf nur, im Vorübergehen, einige gleichgültige Blicke darauf hin.«

War diese Gelassenheit vorgetäuscht? Oder wirkten Erfahrungen nach? Etwa des Studierenden, der an (mindestens) einer Obduktion teilgenommen hatte? Etwa des

Militärarztes? Schwerkranke, Sterbende im Spital – er war wohl einiges gewohnt.

OFFENBAR waren die erhängten Räuber rasch wieder vergessen. Die Freunde marschierten weiter. Schiller zeigte dabei wenig Sinn für Landschaft, mußte auf Schönheiten hingewiesen werden. Seine Aufmerksamkeit wie nach innen gesogen: Fixierung auf Projekte. Eigentlich wäre es an der Zeit, das Stück über Luise Miller zu schreiben, aber vorher muß er den Fiesko abschließen. Und ihm ein »Obdach« im Theater sichern. Davor sind allerdings erhebliche Textprobleme zu lösen. Wann wird er wieder konsequent arbeiten können? Wo steht ein Schreibtisch für ihn bereit?

AH, ER WIRD – so könnte er Streicher ›verraten‹ – er wird mit den Fürsten abrechnen im neuen Stück! Hat die Szene schon vor Augen: Die Maitresse, die Favoritin des Fürsten erhält Besuch von dessen Kammerdiener. Er überreicht ihr ein wahrhaft fürstliches Geschenk, ein Diadem. Es sieht derart teuer aus, daß sie sofort fragt, was der Herzog für diese Steine gezahlt habe!

Der Kammerdiener, lakonisch: »Sie kosten ihn keinen Heller.« Denn für die Kosten kommen letztlich die siebentausend Landeskinder auf, die nach Amerika geschickt wurden – »die zahlen alles«.

Die Maitresse – die er, wahrscheinlich, Milford nennen wird, Lady Milford – diese langjährige, fast schon institutionalisierte Geliebte des Fürsten muß sich den Vorgang erklären lassen.

Der Kammerdiener wird erst allgemein bleiben. Es muß ja nun, so könnte er sagen, dafür gesorgt werden, daß gelegentlich ein Ausgleich erfolgt für die horrende Verschwen-

dung ... Irgendwoher muß das Geld kommen, das die im
Schloß mit vollen Händen ausgeben ... In diesem Fall nun,
auch in diesem Fall geschieht das durch Vermietung von
Landessöhnen an kriegsführende Länder.

Die Maitresse wird sich teilnehmend erkundigen, ob die
jungen Leute dazu gezwungen werden oder ob sie sich
freiwillig melden.

Der Kammerdiener kann da nur auflachen, verbittert:
Söhne von ihm sind mit dabei! Auch die sind verschachert
worden! Es gab den einen und andren unter ihnen, der vor-
laut die Frage stellte, wieviel der Fürst für das Dutzend
jeweils erhält. Darauf ließ der Landesherr die gesamte
Truppe auf dem Paradeplatz aufmarschieren »und die
Maulaffen niederschießen«. Dies aus nächster Nähe, man
sah Gehirn »auf das Pflaster spritzen«. Diese Lehre wurde
verstanden, die versammelte Truppe schrie gehorsamst:
»Juchhe, auf nach Amerika!« Als die Zuschauer, meist
abschiednehmende Eltern, laut zu beten begannen, ließ
man sämtliche Trommeln rühren; die übertönten alles.

Muß der Kammerdiener der Maitresse nun erläutern,
wie das Geschäft zustande kommt? Die Söhne des Landes werden vermietet; die Höhe der Miete wird im Sub-
sidienvertrag festgelegt: Kopfgeld; für jeden Verwundeten, erst recht für jeden Toten muß der Mieter eine
Abfindung zahlen; die müßte jeweils an die Familie des
Opfers weitergeleitet werden, wird aber, in der Regel,
vom Landesherrn eingestrichen. Carl Eugen – dessen
Name im Stück nicht genannt werden kann – der Herzog
von Württemberg hat insgesamt an die 12 000, sprich:
zwölf – tau – send junge Männer an Frankreich vermietet! Die meisten seiner Kollegen vermieten ihre Landeskinder an England, zum Einsatz gegen aufständische
Amerikaner. Man muß davon ausgehen, daß rund ein

Drittel nicht zurückkehrt. Entsprechend groß die Abfindungen, die ein Landesherr kassiert!

Ja, er wird mit den hohen Herren abrechnen, könnte Schiller nun schreien, die Wangen hektisch gerötet: Noch nie hat man auf einer deutschen Bühne gewagt, so etwas auszusprechen!

Umschreibungen eines Stücks

STICHWORT: Lady Milford, Stichwort: Juwelen. – Klaus Mann schrieb 1935 einen offenen Brief »An die Staatsschauspielerin Emmy Sonnemann-Göring«. Das Schreiben wurde veröffentlicht im »Pariser Tageblatt«, wurde nach Deutschland geschmuggelt als Tarnschrift. (Format und Gestaltung der Umschläge entsprachen vielfach den Reclam-Bändchen. Doch ganz anders die fingierten Titel: »Der Kanarienvogel, ein praktisches Handbuch ... Die gute ABC-Kleidung ... Wie wasche ich schnell und sparsam? ... Tausend Worte Esperanto ... Helios Klassiker ... Nieren- und Blasenkrankheiten ...« Hier nun war es der Scheintitel: »Deutsch für Deutsche«.)

Göring, preußischer Innenminister, Generalfeldmarschall, Schirmherr der Preußischen Staatstheater, Göring, der sich als ›Renaissancemensch‹, ja als ›Renaissancefürst‹ sah, Göring hatte die Schauspielerin im April geheiratet, hatte das Fest, seiner Mentalität entsprechend, zu einer pompösen Veranstaltung aufgedonnert. Dabei schenkte er Emmy ein Diadem, dessen Wert heute mehr als eine Viertelmillion Euro betragen dürfte. Darauf bezieht sich der Briefschreiber.

Zuvor rechnet er mit der Schauspielerin ab (die vor allem mit Gründgens auftrat, besonders gern in der Komödie »Das Konzert«, von Hermann Bahr). »Es war doch Ihr Beruf, Dichterworte zu sprechen«, betont Mann, »und belastet es Sie da nicht, daß ein Dichter wie Erich Mühsam ermordet wurde? Und ein Journalist wie Carl von Ossietzky? Gelingt es Ihren Gedanken – die erzogen sein sollten an den deutschen Klassikern, aber wohl schon verdorben sind durch eine neudeutsche Ethik – gelingt es Ihnen denn, sich fern zu halten von alldem? Spielen Ihre Finger so ganz unbekümmert mit den Juwelen, die der Märchengatte Ihnen geschenkt hat? Schmerzt Sie das Diadem für 40 000 RM nicht in der blonden Frisur? Lady Milford warf ihre Juwelen hin, als sie erkannte, womit sie bezahlt waren. Aber vielleicht war die Milford nicht Ihr Fach.«

KABALE UND LIEBE: zwischen 1933 und 1943 mehr als zweitausend Aufführungen! Man glaubte, auch aus diesem Stück propagandistisch verwertbare Quintessenz gewinnen zu können. (Ich verzichte hier auf ein Zitat von Fabricius.)

Es gab freilich auch Theatermacher, die sich für dieses Stück einsetzten mit subversiven Hintergedanken. Vor allem, als sich herumsprach, wieweit unter »Goldfasanen« Korruption und brutale Bereicherung üblich waren (nicht nur im Fall Göring!). Damit paßte das Stück nicht mehr ins Propaganda-Konzept der »Volksgemeinschaft«, sprich: der propagandistisch geforderten und terroristisch erzwungenen monolithischen Gefolgschaft Hitlers. Denn: dieses bürgerliche Trauerspiel vergegenwärtigt eine Gesellschaft, in der strenge Grenzen gezogen sind zwischen der Welt des herrschenden Fürsten und der Welt des Untertanen Miller. Können die Tochter des engstirnigen Stadtmusikus Miller und der Sohn des intriganten Präsidenten von Walter diese Grenze überwinden? Mit ihren Schwierigkeiten wird deutlich: Es besteht eine (unüberbrückbare) Kluft zwischen der Welt des kleinen Musikers und der Welt des hohen Fürsten.

Gerade dies muß ein Anreiz für Theatermacher gewesen sein: es konnte (versteckte) Kritik geübt werden an der unablässig gepredigten Volksgemeinschaft, die Herrschende und Beherrschte, »Goldfasane« und »Normalverbraucher« auf Konsens einschwören sollte, so, wie das der Staatsdichter, Senator, Intendant, SS-Gruppenführer Hanns Johst in einem seiner gereimten Machwerke formulierte, die er »Dem Führer« widmete: »Und Volk und Führer sind vermählt.«

DIE AUFFALLEND ZAHLREICHEN AUFFÜHRUNGEN dieses Stücks im Dritten Reich: dahinter steckte nicht bloß Taktik, unter welchem Vorzeichen auch immer – es ist ein verdammt gut geschriebenes Stück! Als ich es, nach langer Zeit wieder, auf der Bühne sah, hatte ich den Eindruck: Hier ist nachgearbeitet worden an den Dialogen, hier hat man aufgefrischt, modernisiert! Bei erneuter Lektüre aber (um ehrlich zu sein: erst nach Jahrzehnten wieder) großes Staunen: Was auf der Bühne gesprochen wurde, ist tatsächlich so überliefert!

Bühnenpräsenz von Figuren in nur wenigen Sätzen. Der Musiker Miller: »Nein! Gott verdamm mich. Gleich muß die Pastete auf den Herd, und dem Major – ja ja dem Major will ich weisen, wo Meister Zimmermann das Loch gemacht hat.«

Oder: Miller zum Sekretär, der um seine Tochter wirbt: »Ich rate meiner Tochter zu keinem – aber Sie mißrat ich meiner Tochter, Herr Sekretarius. Lassen mich ausreden. Einem Liebhaber, der den Vater zu Hilfe ruft, trau ich – erlauben Sie, – keine hohle Haselnuß zu.«

Oder: die grandiose siebte Szene zwischen dem Präsidenten und dem jungen Major, zwischen Vater und Sohn. Die Intrada: »Komm! Umarme mich, Ferdinand.«

»Sie sind heute sehr gnädig, mein Vater.« Das sitzt! Knapper und prägnanter läßt sich ein Verhältnis nicht vergegenwärtigen.

Weiter: der Sohn preist sich glücklich, nicht von Macht korrumpiert zu sein: »Mein Ideal von Glück zieht sich genügsamer in mich selbst zurück. In meinem *Herzen* liegen alle meine Wünsche begraben.«

Der Vater reagiert zynisch: »Meisterhaft! Unverbesserlich! Herrlich! Nach dreißig Jahren die erste Vorlesung wieder! – Schade nur, daß mein fünfzigjähriger Kopf zu zäh für das Lernen ist.«

Daß man allzusehr ins Schwärmen gerät, verhindert Schiller wiederholt durch Formulierungen, die allzugern aufgegriffen und in Umlauf gebracht wurden. So endet die grandiose Vater-Sohn-Szene peinlich: der Präsident will seinen Sohn, der nicht standesgemäß in eine Luise Miller verliebt ist, mit Lady Milford verheiraten.

Der junge Major daraufhin: »Umgürte dich mit dem ganzen Stolz deines Englands – Ich verwerfe dich – ein teutscher Jüngling!«

Das gab Sonderapplaus in wilhelminischer Zeit, es jubelten Chauvinisten. Und es gab Sonderapplaus in der Nazizeit, es jubelten Revanchisten.

Mit solchen Formulierungen (die man heute in Bühnenfassungen streicht) hat Schiller Vorleistungen erbracht für Mißbrauch. Dabei wiederholt sich freilich das Malheur, daß man die Äußerung einer Bühnenfigur ausgibt als Meinung des Autors. Schiller war, in diesem Fall, aber klug genug, das chauvinistische Vorurteil der Bühnenfigur in einer bald darauf folgenden, hochemotionalen Szene zu revidieren – Ferdinand ist nun plötzlich nah daran, in der vorschnell verworfenen Maitresse eine »bewundernswürdige Britin« zu sehen.

Jedoch: die (erste) Rollen-Äußerung wurde aus dem Stück gelöst, machte sich selbständig als ›geflügeltes Wort‹ – und das ließ sich kaum noch einfangen.

SCHILLER ALS MEISTER schlagender Formulierungen! Etliche von ihnen setzten sich frei und schlugen zurück. Schiller, im 19. Jahrhundert übermäßig gefeiert, fast als ungekrönter König eines zersplitterten Deutschland, er ist heute, zum Teil, in Mißkredit geraten.

Betrübt stehe ich in einer der großen Buchhandlungen von Weimar vor dem weitläufigen Klassiker-Regal. Goethe in laufenden Metern, und dies in mehreren Regal-Etagen – zusammengerechnet bestimmt fünfzehn oder zwanzig Meter Goethe-Editionen und Bücher über Goethe. Und nur dreißig bis fünfzig Zentimeter Regalanteil für Schiller.

Oder: ich stehe, ebenso betrübt, vor der Regalwand der Hörbücher in einer der Riesenbuchhandlungen und muß lange suchen, ehe ich Schiller finde, in der alphabetischen Reihenfolge. Anno 2004: ein CD-Mitschnitt, gekürzt, einer Theateraufführung der »Räuber« und eine ältere Aufnahme mit Balladen. Sonst nichts. Vergleiche mit anderen Autoren wage ich gar nicht erst anzustellen, mit Seitenblicken.

Was sich in solchen Regalen besonders kraß zeigt, findet Entsprechungen sogar in der Germanistik. In einem Forschungsbericht lese ich, daß man Schillers früher so enthusiastisch gefeierte Lyrik weithin umgeht. Was Ikarus Schiller offenbar zum Absturz brachte, waren Merksprüche,

»Kalendersprüche«, waren dubiose Sentenzen, waren vor allem patriotische Parolen, frei disponibel.

Wie kam es dazu? Salopp geschrieben: Schiller war ein Turbo-Autor. Er geriet schreibend in Phasen der Überhitzung. Dabei verdampfte Atmosphärisches, es blieben vielfach blanke Formulierungen, knochenhart und knochenbleich.

BEI DIESEN ANMERKUNGEN darf es hier nicht bleiben. Denn: Schillers hochtouriges Schreiben war wiederum die Stärke des Theaterautors. Allein schon die ersten gesprochenen Sätze seiner Stücke: er startete blitzschnell durch! Bereits im jeweils ersten Satz: höchste Präsenz, größte Prägnanz.

»Die Räuber«: »Aber ist Euch auch wohl, Vater? Ihr seht so blaß« (aus) …

»Die Verschwörung des Fiesko zu Genua«: »Nichts mehr. Kein Wort mehr.« …

»Kabale und Liebe«: »Ein für allemal. Der Handel wird ernsthaft. Meine Tochter kommt mit dem Baron ins Geschrei.« …

Und die lässig souveränen Openings späterer Stücke! Aber selbst hier: Formulierungen, die sich selbständig machen.

»Don Carlos«: »Die schönen Tage von Aranjuez sind nun vorbei.« … Das wird am Ende so mancher Gruppenreise melancholisch abschiednehmend dahingesprochen.

»Die Piccolomini«: »Spät kommt Ihr, doch Ihr kommt.« Eins der eher sanft geflügelten Worte, auch heute noch bei Begrüßungen einschwebend.

Schiller sucht einen Schreibtisch

SCHILLER UND STREICHER, alias Dr. Ritter und Dr. Wolf, sie übernachteten in Darmstadt. Noch immer war das Geld nicht eingetroffen, das Mutter Streicher schicken wollte. So konnten sich die Freunde Fahrten mit der Postkutsche nicht mehr leisten, also Fortsetzung der Wanderung. Nein, »Wanderung« darf ich nicht schreiben, das Wort suggeriert freiwillige Entscheidung und (Wander)Lust, man sprach damals von einer »Fußreise«. Zwischen Darmstadt und Frankfurt war sie auf sechs Stunden angesetzt.

»Es war ein sehr schöner, heiterer Morgen.« Die erste Rast schon nach einer Stunde – Abkühlung und Stärkung. »Zu Mittag kehrten sie wieder ein« – Schiller wollte sich ausruhen. Doch es war zu laut im Gasthaus, sie hielten es nur eine halbe Stunde aus, machten sich wieder auf den Weg. Schiller wurde immer langsamer, immer blasser. Ein Mittagsschlaf in einer Lichtung.

Streicher saß indes auf einem Baumstamm und versuchte, sich in den Freund hineinzudenken, hineinzuversetzen – eine Textsequenz, die Streicher (neben anderen, die ich zitiere) nicht in die Buchversion aufgenommen hat. »Fast alle Pläne waren gescheitert – die meisten Hoffnungen zerstört – keine tröstende Aussicht in die Zukunft – GeldVorrat nur noch für wenige Tage – der sein Vaterland fliehen – Eltern, Geschwister, Freunde, alles, was ihm teuer war, zurücklassen mußte, weil ihm sein hoher Geist zum Verbrechen angerechnet wurde – weil er gezwungen werden sollte, einem Sträfling gleich, keine andere als die vorgeschriebene Arbeit leisten zu dürfen – einer Zukunft in die Arme geworfen, die einer unförmlichen, grauenvollen Nebelwolke glich. – «

Streicher fragte sich, ob es nicht eventuell doch falsch gewesen war, den Freund zur Flucht zu ermuntern, ob er nicht letztlich schuld sei am Zusammenbruch: »*Ich* hätte durch mein voreiliges, freiwilliges Anerbieten, mit ihm zu gehen – durch meine Hilfe seine Flucht zu erleichtern, die ganze Schuld seines jetzigen und künftigen Unglückes zu tragen. (…) Vielleicht hätte sich in Kurzem alles ausgeglichen – er wäre an seinem Platze, in seinem Vaterland, bei seinen Eltern, seinen JugendFreunden geblieben, und wäre weder Kränkungen noch dem bitteren Mangel im Ausland ausgesetzt gewesen.«

In doppelter Hinsicht: eine kritische Situation. Doch Schiller erholte sich ein wenig: »Mir ist etwas besser, ich glaube, daß wir unsern Marsch wieder antreten können.«

BALD SCHON ZEIGTE SICH »das altertümlich gebaute, merkwürdige Frankfurt, in welches man auch, noch vor der Dämmerung, eintrat.«

Um eventuellen Verfolgern das Aufspüren zu erschweren, blieben die Freunde in Sachsenhausen, in einem Gasthof nah an der Mainbrücke. Mit dem Wirt wurden sofort die Zahlungskonditionen vereinbart, um besser disponieren zu können mit dem geschrumpften »GeldVorrat«.

Besichtigung der Stadt, doch es arbeitet in Schiller – Streicher muß wieder einmal auf Einzelheiten hinweisen. Rückkehr nach Sachsenhausen. Dort verstummt der Dichter. Innendruck scheint zu wachsen. Zeichen der Erregung: Rötungen im Gesicht, Hektik-Flecken. Schiller geht im gemeinsamen Zimmer auf und ab, stundenlang, notiert, schreibt. Auch in diesem – sicherlich kärglich eingerichteten – Gasthofzimmer wohl kaum ein Tisch. Also könnte Schiller, mit fester Unterlage, auf den Oberschenkeln Notizen machen zum bürgerlichen Trauerspiel.

Doch zum Weiterschreiben braucht er Geld! Endlich Post für »Dr. Ritter«. Hilfsangebote? Nein, Berichte von Freunden in Stuttgart »über das außerordentliche Aufsehen, das sein Verschwinden veranlaßt« hatte. Mahnungen zu »größter Vorsicht«, obwohl nichts geschehen, auch nichts verlautet war, »woraus sich feindselige Absichten des Herzogs hätten schließen lassen«. Kein Grund zur Panik also; in Sachsenhausen fühlen sie sich ohnehin weit ab vom Schuß, die Pseudonyme wollen sie aber noch nicht aufgeben.

Enttäuschend ein Brief von Meyer: Baron Dalberg leiste keinen Vorschuß, weil die vorliegende Fassung des Fiesko »für das Theater nicht brauchbar sei«. Erst nach einer Bearbeitung könne wieder verhandelt werden.

Und Schiller schreibt an Dalberg. »Sobald ich Ihnen sage, *ich bin auf der Flucht,* so bald habe ich mein ganzes Schicksal geschildert. Aber noch kommt das Schlimmste hinzu. Ich habe die nötigen Hilfsmittel nicht, die mich in den Stand setzen, meinem Mißgeschick Trotz zu bieten. (…) Ich ging leer hinweg, leer in Börse und Hoffnung. Es könnte mich schamrot machen, daß ich Ihnen solche Geständnisse tun muß, aber ich weiß, es erniedrigt mich nicht. Traurig genug, daß ich auch an mir die gehässige Wahrheit bestätigt sehen muß, die jedem freien Schwaben Wachstum und Vollendung abspricht.« Und er bittet um »gütigsten Vorschuß«. Sonst werde sein »Reisemagazin in acht Tagen erschöpft sein. Noch ist es mir gänzlich unmöglich, mit dem Geiste zu arbeiten. Ich habe also gegenwärtig auch in meinem Kopf keine Ressourcen. Wenn Euer Exzellenz (da ich doch einmal alles gesagt habe) mir auch hiezu hundert Gulden vorstrecken würden, so wäre mir gänzlich geholfen.«

Der Bittsteller stilisiert hier ein wenig – selbst in der

angespannten Situation ist es ihm möglich, geistig zu arbeiten. Auch in Sachsenhausen: die Umgebung wird phasenweise nicht nur ausgeblendet, sondern weithin gelöscht in der Fixierung auf das Theaterprojekt.

In einem weiteren Brief fragt er bei Meyer an, wo man in der Mannheimer Umgebung preiswert und sicher unterkommen kann – ein Ort, zu dem so rasch keine Spitzel, keine Gläubiger kommen dürften. In Mannheim könnte man ihn zu leicht aufspüren: weiterhin die Sorge vor einer Entführung oder einer Auslieferung auf offiziellen Antrag.

Warten auf Antwort. Die kleine finanzielle Reserve schrumpft: »bei jedem Griff in den Beutel war schon sein Boden erreicht«. Schiller wandert über die Mainbrücke nach Frankfurt, versucht einem Buchhändler ein neues Gedicht zu verkaufen – als »Loseblatt-Publikation«, würden wir heute sagen. Er fordert 25 Gulden; dem Buchhändler ist das verständlicherweise zu viel, er bietet immerhin 18 Gulden an. Zum Vergleich: Der Monatssold des Regimentsarztes lag bei 23 Gulden. Immerhin also: drei Viertel eines Monatsgehalts für ein Gedicht! Und doch geht Schiller auf dieses Angebot nicht ein, er hat seine Prinzipien. Ob es bei diesem Gedicht berechtigt war, derart hoch zu pokern, weiß ich nicht, es ist verschollen, Streicher erinnert sich nur an die Doppelzeile: »Süßer Amor, verweile / Im melodischen Flug.« Kein ökonomischer Höhenflug mit Amor, eher eine harte Landung, fast eine Bruchlandung.

Aber das Reisegeld, von Streichers Mutter auf den Weg geschickt, es trifft endlich ein: dreißig Gulden. Die Reise kann fortgesetzt werden. Sie können sich sogar eine Fahrt auf einem Marktschiff nach Mainz leisten. Besichtigung von Dom und Altstadt. Übernachtung.

MIT LEICHTEM GEPÄCK (dem »Mantelsack«) geht es am nächsten Tag weiter – Koffer und Instrument bleiben vorerst in Mannheim. Neun Stunden Marsch auf der Heerstraße nach Worms.

Dort erwartet sie, poste restante, ein Brief von Meyer: er schlägt Oggersheim (bei Ludwigshafen) vor als Treffpunkt. Und hier: das Gasthaus »Zum Viehhof«. So marschieren sie wieder los. Pappelalleen, Pappelalleen, die Gegend »flach, kahl, sandig«.

Das verabredete Treffen. Meyer rät dem Jungdramatiker, eine Weile in Oggersheim zu bleiben; in Mannheim wäre es noch zu riskant. Das Dorf sei ja auch »nur eine kleine Stunde von Mannheim entfernt, er könne, so oft er das nötig finde, des Abends in die Stadt kommen und wäre in der Nähe seiner Bekannten und Freunde wenigstens nicht ganz ohne Hilfe, wenn sich etwas Widriges ereignen sollte.« Einem Auslieferungsbegehren könnte die Kurpfalz eventuell Folge leisten. Allerdings, man weiß nicht, was der Herzog vorhat. Offenbar ist die Verfolgungsmaschinerie noch nicht in Gang gesetzt – zeigt Carl Eugen Nachsicht mit einem seiner ehemaligen Lieblingsschüler (den er gern zu Festreden herangezogen hatte)? Jedoch, cholerischer Entschluß und Befehl bleiben jederzeit möglich. Der Flüchtige soll sich deshalb eine neue Identität zulegen: aus Dr. Ritter wird Dr. Schmidt. Die Koffer, das Instrument werden nach Oggersheim verfrachtet ...

Sie richten es sich ein im Gasthof. Feuchtes, trübes Oktoberwetter, sie halten sich viel im gemeinsamen Zimmer auf. Streicher spielt auf dem kleinen Tasteninstrument; Schiller ist die Musik sehr willkommen, er fragt wiederholt: »Werden Sie nicht heute abend wieder Klavier spielen?« Und Streicher spielt. Schiller geht dabei auf und ab, zuweilen fremde Laute ausstoßend: es arbeitet in ihm.

FUSSNOTE, HOCHGERÜCKT: Schiller und die Musik. Dazu Streicher, lakonisch: »Musik hörte Schiller sehr gerne, ohne jedoch die geringste Kenntnis davon zu haben, oder der Entwicklung ihrer Sätze folgen zu können.« Er hörte also nicht strukturell. Musik war für ihn Stimulans – wobei Instrumentalmusik stärker einwirkte als Vokalmusik.

Auch später ließ er sich schon mal »bei seinen Arbeiten vorspielen« – beispielsweise vom Freund Christian Gottfried Körner in Dresden. Dort war es eine Glasharmonika: auf eine rotierende Achse gereihte, befeuchtete Glasglokken, denen der Herr Konsistorialrat mit den Zeigefingerspitzen ätherische Klänge, Schwebeklänge entlockte ...

SCHILLER IN OGGERSHEIM (ein Ortsname, der sich heute eher mit dem Namen des Bundeskanzlers a. D. Helmut Kohl verbindet): keine Anregungen im Ort, im Haus?

Schillers Enkel weist darauf hin, »daß in Oggersheim ein seltsamer Literatur- und Kunstfreund lebte, der allzu gern die Bekanntschaft der Fremden machen« wollte – was ihm auch gelang. Jacob Derain, »der den Kaufladen in Oggersheim hielt«; ein großer Freund von Büchern, »Philosoph. Er beschäftigte sich weit mehr mit Politik, Literatur, besonders aber mit Aufklärung des Landvolks, als mit dem Verkauf seiner Waren. Seinen Eifer trieb er so weit, daß er den Kunden oft recht dringend vorstellte, wie schädlich ihnen Zucker, Kaffee, Gewürz und andere entbehrliche Sachen wären und daß sie weit klüger handelten, hielten sie sich an die Erträgnisse von Feld, Garten und Stall.« Diese früh-ökologischen Ratschläge wirkten für die Kundschaft eher abschreckend. »Aber Herr Derain, als ein vermögender lediger Mann, zwischen vierzig und fünfzig Jahren, liebte nicht, daß seine Ladentür allzu oft ging und daß ihn sein Geschäft bei philosophischen Betrachtungen oder beim Lesen störe.«

Er lud Schiller ein. Gespräche »an den langen Winterabenden. Dieser Umgang bot auch sonst manche Annehmlichkeit, und wenn das Treiben im Viehhof zu laut wurde, soll der Dichter im abgelegenen Gartenhaus Derains gearbeitet haben.«

WIEDERHOLT zog der Dichter zu Fuß nach Mannheim, im Namen Fieskos. Schiller/Schmidt brach jeweils in der Abenddämmerung auf, blieb über Nacht bei den Meyers, kehrte frühmorgens nach Oggersheim zurück. Streicher hatte es entschieden leichter, er konnte tagsüber in die Stadt wandern, konnte Bekanntschaften schließen.

Große Aufregung bei einem der Besuche im Hause Meyer: eine Stunde zuvor war ein württembergischer Offizier erschienen und hatte sich »angelegentlich nach Schiller erkundigt«. Weil Meyer befürchtete, der Offizier wolle Schiller verhaften, hatte er behauptet, er wisse nicht, wo der junge Mann sich aufhalte. Noch während Meyer dies berichtete, klingelte es wieder. Schiller und Streicher wurden durch eine Tapetentür in ein Kabinett geschickt.

Ein Besucher, aufgeregt: Der Offizier hat sich auch im Kaffeehaus »sehr sorgfältig« nach Schiller erkundigt. Man hat ihm gesagt, der sei bereits vor zwei Monaten nach Sachsen abgereist.

Es kamen weitere, alarmierte Besucher. Schiller befragte sie nach den Uniformaufschlägen, nach dem Aussehn des Offiziers; aus den Angaben ließen sich aber keine Rückschlüsse ziehen. Auf jeden Fall schien es zu riskant, daß

Schiller bei den Meyers übernachtete: die Besucher rieten, »sich so verborgen als möglich zu halten«.

Gemeinsames Abendessen, in Alarmbereitschaft: »Wenn sich jetzt der Offizier zeigen sollte, zu den Fenstern hinaus zu springen, indem die Wohnung des Herrn Meyer zu ebener Erde sich befand.«

Ein Nachtmarsch nach Oggersheim schien in dieser Lage ebenfalls riskant. Eine gute Bekannte half aus: sie brachte die Freunde im Palais des Prinzen von Baden unter, der sich in einer anderen Residenz aufhielt. Luxuriöse Unterkunft, zur Abwechslung. Gleich am nächsten Morgen setzte sich Meyer mit dem Sekretär eines Ministers in Verbindung. Entwarnung: der Offizier war abgereist. (Später wird sich herausstellen, daß er ein ehemaliger Mitschüler war, der Schiller privat sehen wollte.)

Die Aufregung war also umsonst, doch sie hatte Auswirkungen: Schiller wollte die räumliche Distanz zu Württemberg entschieden vergrößern, wollte sich endlich mal sicher fühlen.

ER KAM ZURÜCK AUF EIN ANGEBOT der Mutter eines seiner Schulfreunde. Als er in Stuttgart seinen Arrest verbüßen mußte in der Hauptwache, hatte ihm Henriette von Wolzogen Hilfe für den Notfall zugesichert. Die Witwe eines verstorbenen Legationsrates, vierzehn Jahre älter als Schiller, sie bot ihm an: Falls er (so würden wir heute sagen:) untertauchen müsse, so könne sie ihm dafür ihr Haus in Bauerbach, Thüringen, zur Verfügung stellen – ein Gutshof, den sie zu jener Zeit nicht bewohnte, weil sie es vorzog, in Stuttgart zu leben, in der Nähe ihrer Söhne, die allesamt Karlsschüler waren. Das machte Frau von Wolzogen erpressbar; deshalb ihre Bitte, Schiller solle auch in Bauerbach das Pseudonym wahren.

VOR DEM AUFBRUCH: konspiratives Treffen mit seiner Mutter und der Schwester Christophine. Einen heimlichen Besuch in Stuttgart, so die Schwester, wollte Schiller nicht riskieren, »wegen dem Herzog, der zwar alles mit Stillschweigen behandelte, aber man durfte (ihm) doch nicht trauen, besonders wenn man die Geschichte von seinem ehemaligen *Liebling*, dem Obrist von Rieger wußte, daher schlug uns mein Bruder eine Zusammenkunft in Bretten, einem württemberg. Grenzort, vor, und es wurde beraten, daß meine Mutter und ich dahin reisen sollte. Der Vater selbst wagte es nicht, weil, wie Sie noch wissen werden, es immer Spione genug gab, die dem Herzog alles rapportierten.«

Ankunft im verabredeten Gasthof ... warten ... wachsende Besorgnis. Erst gegen Mitternacht »hörten wir, daß ein Reiter dem Gasthof zusprengte: Er wird es sein, riefen wir, und sobald er ins Haus trat und den Kellner fragte, ob nicht zwei Damen angekommen wären? erkannten wir sogleich seine Stimme und stürzten ihm entgegen. Es versteht sich, unter *FreudenTränen*.« Man saß bis zum Morgen beisammen. Und noch entschieden länger: »Wir genossen 3 volle Tage das Glück, uns auszusprechen, bis die Urlaubszeit ihn zur Rückreise mahnte. Indessen stieg die Kälte so heftig, daß wir Sorge für ihn trugen, da er auch sehr leicht bekleidet war, aber zu unsrer Beruhigung versicherte er uns, daß er dies alles gewohnt wäre.«

SCHILLER AUF DER SUCHE nach einem sicheren Ort, nach einer Behausung mit Schreibtisch: ihn begleitet Angst vor Verfolgung, Entführung, Einkerkerung. Hinzukommen die Strapazen weiter Fußmärsche, langer Fahrten, und dies bei zunehmender Kälte, unzureichender Kleidung. Dennoch: es arbeitete in Schiller ein Kraftzentrum, das nicht zur Ruhe kam, das er nicht zur Ruhe kommen lassen wollte. Es zwang ihm schriftliche Fixierung auf, hier gab es kein Ausweichen, kein Aufschieben: er mußte konzipieren, mußte konkretisieren. Ja, dieser spannende Prozeß: Etwas schwebt einem vor ... vage Absicht ... erster Plan ... Ungegliedertes gliedert sich, Amorphes strukturiert sich ... Figuren gewinnen Umrisse, beginnen, sich zu artikulieren ...

Und nun – etwa (auch?) in dieser Phase – nahmen Figuren des »bürgerlichen Trauerspiels« deutlichere Konturen an, und fast zeitgleich schwebte ihm etwas vor: ein Theaterstück über Don Carlos.

Darauf war er nicht von selbst gekommen, er wurde hingewiesen auf den Infanten von Spanien: Dalberg empfahl ihm beim Gespräch im Juli, die Schrift des Abbé Saint-Réal zu lesen, in der vom Schicksal des Sohnes von Philipp II. berichtet wird. Schiller besorgte sich das Buch, oder es wurde ihm geliehen, und rasch seine Reaktion: »Die Geschichte des Spaniers Dom Karlos verdient allerdings den Pinsel eines Dramatikers« ... Ja, der Gewaltherrscher Philipp II., seine Unterdrückung auch des Thronfolgers, seines Sohnes Carlos ... dessen Versuche, dennoch ein eigenes Leben zu führen ... möglicherweise eine Annäherung an die Frau des Übervaters: Familiendrama mit düsterem politischem Hintergrund ... Nicht direkt ein Auftrag des Mannheimer Nationaltheaters, doch Dalberg hatte eine Anregung vermittelt, die volle Resonanz fand.

Es läßt sich bei Schiller nicht gleichsetzen: eine bestimmte Lebensphase und eine zeitlich ebenso klar abgegrenzte Phase der Arbeit an *einem* Schauspiel. Vielmehr: es schob sich ein Projekt zeitweise in den Vordergrund ... ein anderes Projekt wurde zurückgestellt ... ein weiteres Projekt erhielt wieder Vorrang ... Es arbeitete wahrhaftig: polyphon in ihm – noch immer Fiesko … längst schon Luise Miller … nun auch, ansatzweise, Don Carlos … Und von anderen Texten jener Zeit war in diesem Buch noch gar nicht die Rede …

DIE REISE NACH BAUERBACH begann sicherheitshalber nicht in Mannheim: Nachstellung sollte erschwert, sollte verhindert werden. Mittlerweile geübt in konspirativen Techniken, bot Meyer an, den jungen Freund in Oggersheim abzuholen und mit ihm nach Worms zu wandern; von dort aus sollte Schiller mit der Post nach Thüringen reisen. Der Wintermarsch nach Worms wurde für den (wahrlich engagierten!) Theaterdramaturgen und seinen Autor strapaziös: große Kälte, tiefer Schnee.

In Worms: gemeinsames Abschiedsessen, im Posthaus. Hier auch ein Gastspiel eines Wandertheaters: Ariadne auf Naxos …

Abschied von Meyer. Abschied von Streicher: »Kein Wort kam über ihre Lippen – keine Umarmung wurde gewechselt; aber ein starker, lang dauernder Händedruck war bedeutender als alles, was sie hätten aussprechen können!«

Ein Verstummen nicht nur für den ergreifenden Moment, ein Verstummen über diesen Zeitpunkt hinaus. Dabei wäre eigentlich zu erwarten, daß die gemeinsamen Monate der Fluchtreise zu intensiver Verbindung auf Dauer geführt hätten. Doch die Verbindung bricht recht bald schon ab.

Streicher bietet eine (mögliche) Erklärung an: Es wurde eine Abmachung eingehalten. Schiller sah in jener Situation keine Möglichkeit für Gegenwart und Zukunft, mit Texten seinen Lebensunterhalt verdienen zu können. Er dachte ernsthaft daran, das seinerzeit abgebrochene Studi-

um der Rechtswissenschaft fortzusetzen und abzuschlie-
ßen. Mit welchem Ziel? Er wollte eine hohe Position errin-
gen, an einem der Fürstenhöfe in Sachsen, wollte Minister
werden. So gaben sich die beiden Freunde wechselseitig
das Versprechen: »*So lange keiner an den andern schreiben
zu wollen, bis Er Minister oder der andere Kapellmeister
sein würde.*« Das wird von Streicher im Druckbild hervorgehoben. Schiller sah sich also, potentiell, in der Rolle
jemandes, der Macht übernimmt, Macht ausübt.

Streicher und Freunde waren hier allerdings skeptisch.
Sie meinten, daß die Schwierigkeiten, »auf die er treffen
müsse, um bei irgend einem Sächsischen Hofe in Zivil-
Dienste treten zu können, sich bei ihm verdoppeln mußten, da er ein Ausländer und noch überdies ein Schwabe
war, gegen welche, der Sprache wegen, die grellsten Vor-
urteile damals in Sachsen herrschten«.

Freilich, Schillers Lebenspläne waren oft kurzfristig.
Wenig später überlegte er, ebenso ernsthaft, ob er nicht lieber auf Medizin setzen sollte, um doch mal eine Arztpra-
xis zu eröffnen.

DIE WINTERFAHRT von Worms über Frankfurt nach Meiningen. Der Fußmarsch sodann auf der gewundenen Landstraße nach Bauerbach: Waldhügel rechts, Waldhügel
links. Ankunft im Finstern. Doch er war avisiert: der
Schulleiter und Gutsverwalter führte ihn zum Haus, das
heute Museum ist. (»Die drei folgenden Räume überließ
die Hausherrin dem damals dreiundzwanzigjährigen
Dichter zum Wohnen und Arbeiten ...«)

Schiller berichtet Freund Streicher: »Das Haus meiner
Wolzogen ist ein recht hübsches und artiges Gebäude, wo
ich die Stadt gar nicht vermisse. Ich habe alle Bequemlichkeit, Kost, Bedienung, Wäsche, Feuerung, und alle diese

Sachen werden von den Leuten des Dorfes auf das vollkommenste und willigste besorgt. Ich kam abends hieher – Sie müssen wissen, daß es von Frankfurt aus fünfundvierzig Stunden hieher war –, zeigte meine Briefe auf und wurde feierlich in die Wohnung der Herrschaft abgeholt, wo man alles aufgeputzt, eingeheizt und schon Betten hergeschafft hatte. Gegenwärtig kann und will ich keine Bekanntschaften machen, weil ich entsetzlich viel zu arbeiten habe.«

Ja, die fortgesetzte Bearbeitung des »Fiesko«, die Arbeit an »Kabale und Liebe« und an »Don Carlos«. Und schon erste Entwürfe zu »Maria Stuart«! Schiller an einem Schreibtisch! Aber der ist nur geliehen.

SIEBEN MONATE wird Schiller in Bauerbach bleiben, im größten Haus des kleinen Dorfs in weiter Senke. Er lebt dort weiterhin als Dr. Schmidt. Seine Identität kaschierend ist Schiller zur Vorsicht gezwungen im Umgang mit Dorfbewohnern. Er bleibt weithin isoliert.

Wilhelm Reinwald, Bibliothekar zu Meiningen, der Schiller mit Büchern versorgte, Reinwald, der spätere Schwager, er geht davon aus, daß der Schriftsteller ein eher belebendes Ambiente braucht. Denn dies ist eine Legende, die nur selten Realitätskontakt hat: Daß es einem Schriftsteller und seinem Werk am besten bekommt, wenn er ganz, ganz zurückgezogen lebt und sich bitteschön völlig auf seine Arbeit konzentriert. Hier wird ignoriert, daß man Anregungen braucht, Kommunikation, Austausch. Gerade für Schiller war Kommunikation ein Stimulans – das hat er selbst oft genug betont. Er brauchte freilich eher Zuhörer als Partner, er neigte zum Monologisieren. Streicher: »Die Gabe der lang dauernden, fließenden Rede war ihm angeboren, und er überließ sich dem Genusse, über

wichtige Materien recht umständlich, recht viel zu sprechen ...«

Reinwald war sicher, daß es für Schiller stimulierender
sein mußte, in einer Stadt zu leben, vor allem: in einer
Stadt mit einem guten Theater, also in Berlin oder Weimar.
»Ich hatte die Idee, ihn nach Pfingsten mit nach Gotha
und Weimar zu nehmen, wo ich Freunde und Verwandte
habe, zu denen ich eine GesundheitsReise tun werde, ich
wollte ihn den dasigen (also: dortigen) zum Teil wichtigen
Gelehrten präsentieren, ich wollte ihn wieder an die offne
Welt und an die Gesellschaft der Menschen gewöhnen, die
er beinah scheut.« Und Streicher, der diesen Brief in seiner
Biographie wiedergibt: »Hätte Herr Reinwald den jungen
Dichter dazu vermocht, mit ihm nach *Weimar* und *Gotha*
zu reisen, so würde er in erstem Orte *Goethe* und Wieland
kennen gelernt haben, die ihm, aller Wahrscheinlichkeit
nach, einen neuen Lebensplan vorgezeichnet.«

Wieland wäre wohl der erste wichtige Ansprechpartner,
Vermittler, Helfer für Schiller geworden. Bei Goethe wäre
es, drei Jahre vor dessen fluchtartiger Reise nach Italien,
erheblich schwieriger gewesen, der war Schiller gegenüber
reichlich ›zugeknöpft‹ – es wird später Jahre dauern, ehe
sie eine gemeinsame Sprache finden. Aber es gab ja noch
einen Herder in jener Kleinstadt. Und einen Herzog, der
sich eventuell zu freundlicher Unterstützung bewegen
ließ.

Ja, eine etwas andere Stimmungslage bei Schiller in Bauerbach, und es hätte sich ein Abkürzungsweg, biographisch, nach Weimar ergeben – statt des jahrelangen ›Um-
wegs‹ über Mannheim, Dresden, Jena.

NS-Propagandisten feiern Schiller

DIE NEUEN MACHTHABER feierten sich selbst mit festlichen Aufführungen vor allem des »Wilhelm Tell«. Der »Völkische Beobachter« zu einer Inszenierung des Deutschen Theaters, Berlin: »Was die festliche Theatergemeinde dieses 5. Mai 1933 in andachtsvollem Schweigen Szene um Szene erlebte, das war kein Theater mehr, war Bekenntnis und Zusammenschluß geistiger Kräfte zu jener Naturwahrheit der Kunst, die allein Rettung bringen kann aus dem Chaos seelischer Verwirrung und Bedrückung. (...) Das adlige Bekenntnis des vergehenden Attinghausen zu Blut und Erbe, zu Rasse und Volk, zu Arbeit und Bauerntum, das heitere Spiel der Lebenskreise Tells – das alles gewann in dieser Form neue äußere Gestalt und tiefere innere Beseelung. (...) Unter den Zuschauern sah man Reichsminister Dr. Goebbels, Reichsminister Dr. Frick und Staatskommissar Hinkel.«

Aufführungen des »Tell« wurden favorisiert, in Theatern wie auf Freiluftbühnen. Besonders gefeiert wurde der ›Kernspruch‹ des alten Freiherrn von Attinghausen:

Ans Vaterland, ans teure, schließ dich an,
Das halte fest mit deinem ganzen Herzen.

Auszüge aus dem Schauspiel in zahlreichen Lesebüchern. Meist wurde die Szene des Schwurs auf dem Rütli nachgedruckt. Sie wurde bei politischen Festakten auch separat aufgeführt oder rezitiert. Und es erhoben sich vielfach die Zuschauer und sangen das Deutschlandlied.

MIT DER ENTWICKLUNG DES TONFILMS eine zweite Welle der Verfilmungen von Werken der Bühnenliteratur – nach mehreren Schiller-Stummfilmen (!) der Zwanziger Jahre. Auch der »Tell« wurde neu verfilmt, 1934. Als

Drehbuchautor der führende Funktionär und Repräsentant der NS-Literatur, Hanns Johst.

In diesem Film sollte »die Revolution von 1933 ihren klassischen Ausdruck finden«. Zentral auch hier der Rütli-Schwur. Symbolisch sollte damit das Publikum auf die idealisierte deutsche »Volksgemeinschaft« eingeschworen werden: »Wir wollen sein ein einig Volk von Brüdern.« Hier hatte man das Zitat zurechtgemodelt, indem man *einen* Buchstaben aus dem überlieferten Text wegließ: dort hieß es »einzig Volk« statt »einig Volk«.

Dennoch, selbst der Verfasser einer Popular-Filmgeschichte von 1935 (»Vom Werden deutscher Filmkunst«) war mit der Verfilmung nicht recht zufrieden: »Es hat die meisterhafte Dynamik von Schiller gefehlt.« Doch letztendlich: ein »Heldenlied von Heimat und Vaterland. Dieses Filmepos ist schon eine kulturelle Tat.«

Nebenbei: »Tells Frau ist die schöne Emmy Sonnemann, von der immer Mütterlichkeit und verstehendes Frauentum ausstrahlen.« So viel zur späteren Gemahlin von Hermann Göring.

DER 175. GEBURTSTAG VON SCHILLER wurde 1934 »reichsweit« gefeiert. So berichtete der »Völkische Beobachter« unter der Schlagzeile »Der Führer ehrt Friedrich Schiller« vom »großen feierlichen Staatsakt der Reichsregierung und der Thüringischen Landesregierung im Deutschen Nationaltheater, mit dem Adolf Hitler Friedrich von Schiller ehrte, in dem der deutsche Genius des 20. Jahrhunderts sich beugt vor dem Genius des 18. Jahrhunderts.«

Auszüge aus der Festrede von Propagandaminister Goebbels: »Hätte Schiller in dieser Zeit gelebt, er wäre zweifellos der große dichterische Vorkämpfer unserer

Revolution geworden. Er hatte den Charakter, der ... besaß das künstlerische Genie, das nötig ist, um ... war einer der Unseren, Blut von unserem Blut und Fleisch von ... der große Atem revolutionärer Umwälzungen die Menschheit durchwehen wird ... sein Name mit Ehrfurcht und Dankbarkeit genannt ... das große Pathos einer heroisch gestimmten Seele ... Trommelwirbel, durch den eine neue Zeit ... künstlerische Leidenschaft, die Leidenschaft gestaltet und dadurch wieder ... Dichter einer Revolution gehört nicht nur Genie, sondern auch Charakter. Beides war in ihm in seltener ...«

Bei diesem Festakt verkündete Goebbels, die Universität Jena werde umbenannt in »Friedrich-Schiller-Universität Jena«. (Gauleiter Sauckel, zwei Jahre später: »Ich betrachte es als meine vom Führer gebilligte Aufgabe, die Universität Jena zu einer wirklich nationalsozialistischen Hochschule auszugestalten.« Und es wurde die Parole ausgegeben: »Die Universität Jena soll SS-Universität werden.« Alles im Namen Schillers!)

NACHSPIEL ZUM FESTAKT: »Der Führer besuchte am Sonntagvormittag mit Dr. Goebbels und seiner näheren Umgebung das Schillerhaus. Er weilte längere Zeit allein im Arbeits- und Sterbezimmer des Dichters, wo er auf dem Bett einen Strauß roter Rosen mit roter Schleife und der Aufschrift: Adolf Hitler niederlegte.«

Im Führerhauptquartier Wolfsschanze wird Hitler im Februar 1942, auf den Weimar-Besuch zurückblickend, monologisieren, sinngemäß: »Im Goethehaus hat man den Eindruck einer maßlos toten Sache, im Todeszimmer wundert man sich gar nicht, daß Goethe da gesagt hat: Mehr Licht! Vom Schiller-Haus ist man der Dürftigkeit seiner Verhältnisse wegen noch menschlich gerührt.«

Im gleichen Februar wird auch die Überführung des Sterbebetts von Schiller in das Konzentrationslager Weimar-Buchenwald vorbereitet.

FUSSNOTE, HOCHGERÜCKT. Es sollte hier und soll im Folgenden nicht der Eindruck erweckt werden, Hitler (und auch Goebbels) hätten besonders gern über Goethe und Schiller gesprochen. War nicht der Fall. Entschieden lieber hat sich Hitler beispielsweise über Karl May geäußert – auch am selben Abend in der Wolfsschanze. »Ich habe heute einen reizenden Artikel über Karl May gelesen, der mich innerlich sehr gefreut hat. Ich würde den Karl May wieder erscheinen lassen, meine ersten geographischen Kenntnisse gehen darauf zurück! Ich habe ihn bei Kerzenlicht gelesen und mit einer großen Lupe bei Mondlicht!«

ES WAR bei jenen Festivitäten wiederholt von einer »Zurückeroberung Schillers« die Rede: »Der heroische Schiller darf wieder zu uns reden.« Zum »heroischen« Schiller kam bald auch der »soldatische«, der »nordische« Schiller.
In welcher Form jener Schiller »dem deutschen Volk wiedergegeben« wurde, zeigte sich, ebenfalls 1934, exemplarisch bei der »Schillerhuldigung der deutschen Jugend in Marbach a.N.«, vom Funk übertragen in der Reichssendung »Stunde der Nation«.
Von fünf Orten an den Grenzen des damaligen Reichsgebiets wurden Staffetten auf den Weg geschickt: insgesamt waren etwa 30 000 Hitlerjungen beteiligt. In den fünf Staffelhölzern eingerollte Botschaften aus den jeweiligen Reichsprovinzen. Auf dem Plan der Laufstrecken, im Begleittext: »Dein Geist, Schiller, schwebt über unserem neuen Deutschland. Tausend und abertausend frische

blonde und braune Jungen laufen über Weg und Straßen, Fluß, Berg und Strom, durch nachtstille Gassen vieler hundert Dörfer und helle Häuserwände großer Städte. Alle kennen das Ziel: die Stätte deiner Geburt – Marbach am Neckar.«

Die Staffettentexte wurden vor der uniformreichen Festversammlung am Schillerdenkmal verlesen. In der Botschaft aus Ostpreußen wurde natürlich »preußische Pflichterfüllung« gefeiert und der »unbezwingliche Drang nach Ehre und Freiheit«. Es folgte Schillers »heldisches Geleitwort«: »Und setzet ihr nicht das Leben ein, / Nie wird euch das Leben gewonnen sein.« Ein Satz im Sinne derer, die bereits den Zweiten Weltkrieg planten.

Das Unternehmen war denn auch generalstabsmäßig organisiert. »Standortbefehl an Sturm 14/248, Trupp Marbach, Motorsturm 13/ M. 55, SAR 14/R 121, Reitersturm 5, Schar Marbach, Spielmannszug, Fliegersturm Marbach. Sämtliche Einheiten treten geschlossen ...« Und so weiter.

In der deutschen, längst gleichgeschalteten Presse wurde die Schiller-Ehrung hymnisch gefeiert. Hinweise auf Ehrengäste. Auszüge aus Festreden, Festschriften. Ministerpräsident Mergenthaler: »Die nationalsozialistische deutsche Revolution hat uns Schiller neu geschenkt und wieder lebendig gemacht. Bewußt oder unbewußt lebte und lebt in den Kämpfern für das Dritte Reich der Geist des großen Schwabensohnes. Sie waren erfüllt von der Mahnung:

Nichtswürdig ist die Nation,
Die nicht ihr alles freudig setzt an ihre Ehre.

Die Kämpfer im braunen Ehrenkleid Adolf Hitlers, die im Kampf für Deutschlands Freiheit ihr Leben ließen, erfüllten durch die Tat das Vermächtnis Schillers in seinem wunderbaren Reiterlied:

Und setzet ihr nicht das Leben ein,
Nie wird euch das Leben gewonnen sein.«

KEINE ERWÄHNUNG fand in der Presse ein Zwischenfall: in einer kurzen Unterbrechung der Veranstaltung trat ein Unbekannter in Zivil an das Mikrophon der Rednertribüne und rezitierte (oder verlas) eine eigene Hymne »An den Genius Schillers«. Zitat:

Hilf! Daß der Wahnsinn, der nazistische Wahnsinn
aus den Hirnen schwindet!

Der Unbekannte, später als Oberleutnant Hans Burrer identifiziert, ließ seine hymnische Strophe »An Deutschland« folgen:

Nun bricht der Tag des Todes an
mit Paukenschlag und Trommelklang
die Fahnen wehn voran!

Der unerbetne Teilnehmer wurde sofort festgenommen, wurde vor ein Sondergericht gestellt, überlebte jedoch das NS-Regime.

SELBSTVERSTÄNDLICH WURDE SCHILLER nicht nur in Marbach gefeiert. Zur Schillerfeier in Stuttgart marschierten 6 000 schwäbische Sänger zum Schillerplatz, »von verschiedenen SA-Stürmern mit Fackeln begleitet«, und sangen Passendes. Und auf der Solitude wurde ein Schillerfest veranstaltet vom Verkehrsverein Stuttgart, von der NS-Gemeinschaft »Kraft durch Freude«, vom Kampfbund für deutsche Kultur, von der Fachschaft Gymnastik und Tanz des Nationalsozialistischen Lehrerbundes, von der Hitlerjugend, die einen Sprechchor stellte.

»Mit dem Abbrennen eines großartigen Feuerwerks, das zum Schluß den Umriß Friedrich Schillers in einem herrlichen Feuerspiel zeigte, mit dem Rütlischwur, in die

herniedersinkende Nacht hinaus von jungen Knabenstim-
men gesprochen und mit dem Gesang des Horst-Wessel-
und des Deutschland-Liedes wurde diese machtvolle
Kundgebung für unseren lebendigen Schiller beendet.«

AUCH DEUTSCHE JUDEN wollten Schiller feiern. Im Lese-
kanon literarisch interessierter Juden stand Schiller ganz
oben. Gershon Scholem: »Die deutsche Romantik hat vielen Juden etwas bedeutet, Schiller allen. Er war ein Faktor
im Glauben der Juden an die Menschheit. Schiller war der
sichtbarste, eindrucksvollste und tönendste Anlaß zu den
idealistischen Selbsttäuschungen, zu denen die Beziehung
der Juden zu den Deutschen geführt hat. Hier war das Programm, das dem neuen Juden, der seine Selbstsicherheit
als Jude verloren hatte, alles zu verheißen schien, was er
suchte, und so fand er keine falschen Töne darin, weil das
die Musik war, die ihn in der Tiefe ansprach.« Doch die
Beschäftigung mit Schiller, die Aufführung von Schiller-
Dramen (allen voran »Kabale und Liebe«!) wurde jüdischen Deutschen untersagt.

Schon am 1. Oktober 1933 wurde das Berliner Theater
des »Jüdischen Kulturbundes« eröffnet (auf die Gründung
des Bundes hatten NS-Behörden gedrängt, um die Ghet-
toisierung einzuleiten). Selbstverständlich wurde als erstes
Werk »Nathan der Weise« gespielt. Die Hauptrolle übernahm Kurt Katsch (der noch rechzeitig emigrieren und in
Hollywood-Produktionen – als Jude! – vor allem schnei-
dig-fiese SS-Offiziere darstellen wird).

Jedes Schauspiel, das der Kulturbund aufführen wollte,
mußte genehmigt werden vom »Sonderbeauftragten
Reichskulturwart« Hans Hinkel, »Betr. Überwachung der
geistig und kulturell tätigen Juden im Reichsgebiet«. Hinkel, mit Sitz im Propagandaministerium, verbot dem Kul-

turbund bereits 1934, Werke von Schiller aufzuführen. Erst zwei Jahre später wurde das Aufführungsverbot ausgedehnt auf Werke Goethes. Und bald darauf durften generell weder »deutsche« Theaterstücke noch »deutsche« Kompositionen aufgeführt werden, nur noch Werke von Juden waren gestattet in den Veranstaltungen von Juden für Juden.

Mit dem frühen Verbot von Schauspielen Schillers zeigt sich erneut: In der NS-Kulturpolitik galt Schillers Erbe als das Deutscheste vom Deutschen. In jeder Hinsicht stand Schiller vornean.

WIE RASCH die mentale Infektion um sich griff, zeigt ein besonders beschämendes Beispiel. Ernst Beutler, Direktor des Frankfurter Hochstifts und des Goethemuseums, leistete (sich) ebenfalls einen Beitrag zum Jubiläumsjahr 1934. Hier finden sich folgende Sequenzen.

»Kampfbereitschaft, das ist Schillers große Forderung. Wer nicht kämpfen will, (...) über den rollt das Rad der Fortuna hinweg; denn das Schicksal meistern die Handelnden und nicht die Zaudernden.

Opferbereitschaft, das ist jenes andere große Thema von Schillers Dichtung. (...) Alle für einen und einer für alle.(...)

Wir lieben Schiller, gerade heute wieder mehr denn je, weil er als die eigentliche Aufgabe des Dichters gefordert hat: ›den Mann zum Helden zu erziehen, zu Taten ihn aufzurufen und zu allem, was er sein soll, mit Stärke auszurüsten.‹«

EIN RÜCKBLICK – vergleichend, nicht gleichsetzend. In seiner »Geschichte des Abfalls der vereinigten Niederlande« schrieb Schiller über »einen Geist der Verfolgung, wel-

cher bald in einen politischen Fanatismus überging. Dieses
Gift verbreitete sich bald durch alle Adern der Regierung.
Wer sich unterstand zu denken, wurde hinweggeschafft,
was nur den Geist der Untersuchung atmete, verdächtig
gemacht und gebrandmarkt. (...) Ein finstrer und grau-
samer Aberglauben verschlang das Licht der Vernunft.«

VON DER PROPAGANDA wurden die meisten Stücke Schillers verschlungen. Auch »Die Jungfrau von Orleans«.
Mundgerecht waren hier vor allem die Zeilen:
> Was ist unschuldig, heilig, menschlich gut,
> Wenn es der Kampf nicht ist fürs Vaterland!

Hermann Schneider zitiert diese Parole in seinem Schil-
lerbuch von 1934 und fügt hinzu: »Es wird einst so sein
müssen, daß deutsche Jugend dieser Johanna die französische Fahne aus der Hand nimmt und sie zu ihrer Führerin
macht.«

Die Doppelzeile gehörte allerdings nicht zu den per-
manent reproduzierten Zitaten. Zum Standardprogramm
zählte eher der Spruch des alten, des sterbenden Attinghausen. Selbst in einer Rede, die auf einer Schiller-Ge-
dächtnisfeier der deutschen Kolonie Puebla in Mexiko 34
gehalten, wiederholte man Wiederholtes:
> Nichtswürdig ist die Nation,
> Die nicht ihr Alles freudig setzt an ihre Ehre.

Und im nächsten Atemzug:
> Ans Vaterland, ans teure, schließ dich an,
> Das halte fest mit deinem ganzen Herzen.

Ja, ja, ja: Ans Vaterland ans teure, ans Vaterland, ans teure, schließ dich an, das halte fest, das halte, halte fest, ans
Vaterland, ans teure, schließ dich an, das halte fest, schließ
dich, halt es, halt dich, schließ es, ans Vaterland, ans Vaterland, ans Vaterland, mit deinem ganzen, mit deinem gan-

zen Herzen, schließ dich an, halte fest, das halte fest, das halte fest ans Vaterland mit ganzem Herzen ans Vaterland ans teure halte fest schließ dich an mit deinem ganzen Herzen schließ dich an halte fest schließ –

SCHILLERTEXTE AUCH ALS EXPORTARTIKEL einer expansiven NS-Kulturpolitik, im Gefolge der aggressiven Außenpolitik der NS-Regierung. So wurde selbst in China der Geburtstag Schillers unter dem Zeichen des Hakenkreuzes gefeiert, in einer »Deutsch-chinesischen Festgabe zum 10. November 1934, Herausgegeben von der Abteilung für deutsche Literatur an der Pekinger Reichsuniversität unter Mitwirkung des Deutschland-Instituts in Peiping.« Hier wurde, mit Ausführungen, hingewiesen auf das Gedichtfragment »Deutsche Größe« (ein redaktioneller Titel von 1904). Dieser Entwurf wurde »nach den hinterlassenen Ansätzen und Notizen ergänzt«! Letzte Strophe:

Jedem Volke der Geschichte
Strahlt sein Tag im hellsten Lichte,
Wenn sein Schicksalskreis sich füllt.
Und des Deutschen Tag wird scheinen,
Wenn die Strahlen sich vereinen
in der Menschheit schönes Bild.

Dieser Versuch der Komplettierung eines Fragments, angedeutet im Marbacher Katalog, macht mich aufmerksam auf ein Gedichtprojekt, das heute dubios erscheint.

Der Inhalt steht hier, auch hier, für Schiller im Vordergrund. Das heißt, es wird erst mal wieder in Prosa entwickelt, was ein Gedicht werden soll. Der geplante Anfang: »Darf der Deutsche in diesem Augenblicke, wo er ruhmlos aus seinem tränenvollen Krieg geht, wo zwei übermütige Völker ihren Fuß auf seinen Nacken setzen und der Sieger sein Geschick bestimmt – darf er sich fühlen? Darf er sich seines Namens rühmen und freuen? Darf er sein Haupt erheben und mit Selbstgefühl auftreten in der Völker Reihe?«

In Metrum und Reime gebracht, sollte der Text ungefähr so aussehen:

Wo der Franke, wo der Brite
Mit dem stolzen Siegerschritte
Herrschend sein Geschick bestimmt?
Über seinen Nacken tritt!

Ein Gedichtentwurf, eine Gedichtskizze aus dem Jahre 1797: nach dem Friedensschluß von Campoformio und dem erzwungenen Verzicht auf das linke Rheinufer? Oder aus dem Jahre 1801, nach dem Friedensschluß von Lunéville und dem erneuten Verzicht auf die linke Rheinprovinz? Aus welchem Jahr auch immer: es wird überdeutlich, wie leicht sich oft Schillertexte adaptieren ließen. Denn in der geplanten ersten Strophe könnte auch die Situation nach dem Friedensschluß, dem »Schandfrieden« von Versailles, vorwegnehmend artikuliert sein.

In diesem Kontext ließen sich auch folgende Zeilen des Entwurfs patriotisch auslegen, mit einem dreifachen Hipphipphurra!

Stürzte auch in Kriegesflammen
Deutschlands Kaiserreich zusammen,
Deutsche Größe bleibt bestehn.

Für die projektierte vierte Strophe dann folgende Generalaussage. »Wenn anders die Welt einen Plan, wenn des Menschen Leben irgend nur Bedeutung hat, endlich muß die Sitte und die Vernunft siegen, die rohe Gewalt der Form erliegen.« Schillers Credo, vielfältig belegt!

Dieses Credo findet sein Echo in einem weiteren Strophenentwurf: Der Deutsche »ist erwählt von dem Weltgeist, während des Zeitkampfs an dem ew'gen Bau der Menschenbildung zu arbeiten«. Hier ist er also wieder, der schöne, allzu schöne Gedanke von der »Veredelung der moralischen Gesinnungen«.

Es sollte ein umfangreiches Gedicht werden. Die Zentralperspektive: Deutschland ist der tragende Stamm, ist »der Kern der Menschheit«; andere Länder wie Frankreich und England »sind die Blüte und das Blatt«. Und: »Jedes Volk hat seinen Tag in der Geschichte, doch der Tag des Deutschen ist die Ernte der ganzen Zeit.« Das ist Nationalismus, Chauvinismus pur – selbst wenn sich das irgendwie aus der damaligen Zeit- und Geistesgeschichte heraus erklären ließe.

Auch diese Textproben zeigen: Schiller hat einige Vorgaben geleistet zu späterer Adaptierung.

Die Stadt und das Lager

DAS ALLERERSTE »Schutzhaftlager« auf deutschem Boden wurde März 1933 in der Nachbarschaft der Stadt Weimar improvisiert: in Nohra, wenige Kilometer Luftlinie westlich.

Auf dem Gelände des früheren Flugplatzes ein Gebäude der Heimatschule Mitteldeutschland. Hier wurden, im Obergeschoß, »Schutzhäftlinge« interniert. Schüler und Hilfspolizisten bewachten sie. Als im Herbst 33 der Flugbetrieb wieder aufgenommen werden sollte, schob man die Häftlinge ab ins Lager Bad Sulza.

GAULEITER SAUCKEL hatte früh schon vorgeschlagen, »in Weimar Abteilungen der Waffen-SS in Garnison zu legen«, war deshalb auch an der Errichtung eines Lagers

»interessiert«. Das wurde bereitwillig aufgegriffen. In einem Brief an Fritz Sauckel schrieb der »Inspekteur der Konz.-Lager u. Führer der SS-Totenkopfverbände« Theodor Eicke, »daß ein K.-Lager Thüringen nicht nur im A-Falle, sondern aus Gründen der Staatssicherheit unumgänglich ist, da das Land Thüringen als Herz Deutschlands im Falle eines Kriegs von staatsfeindlichen Elementen besonders heimgesucht werden wird«.

Der Fall A hieß: Krieg. Aus einem weiteren Schreiben des SS-Gruppenführers an den »Herrn Staatssekretär und Leiter des Thür. Ministerium des Innern« zu Weimar, Oktober 36: »Eine solche Einrichtung dient nicht nur im Frieden, sondern muß den Bedürfnissen eines Krieges in erhöhtem Maße Rechnung tragen.« Noch einmal: dies steht in einem Brief des Jahres 1936! Und, weiter: »Es haben sich bereits mehrere deutsche Städte um die Verlegung und Zuweisung dieses Lagers bemüht und Mittel hierfür in Aussicht gestellt. Die Verlegung des Lagers muß bis Frühjahr 1937 durchgeführt sein. Aus diesem Grunde bitte ich um Mitteilung, ob Thüringen an der Neueinrichtung eines Konz.-Lagers weiterhin festhält.«

Was folgt, ist ein Zitat aus einem Bericht des Oberregierungsrats und Leiters der Polizeiabteilung im Thüringischen Ministerium des Innern. »Die Landesbauernschaft in Thüringen hat, wie sie mir mitteilt, vom Reichsnährstand eine Zuschrift erhalten, nach der ihr im Rahmen des Vierjahresplanes Schutzhäftlinge für landwirtschaftliche Arbeiten zur Verfügung gestellt werden sollen. In einer gemeinsamen Besprechung hat mir die Landesbauernschaft die Erklärung abgegeben, daß die Errichtung des Lagers an dem von mir vorgeschlagenen Platze ihre vollste Zustimmung findet und sie dringend darum bittet, den Plan so schnell wie möglich zu verwirklichen. Abgesehen

davon, daß in der Nähe des Lagers abbaufähige Lehm-
schichten vorhanden sind, liegt das Lager insofern günstig,
als von dort aus die in nächster Nähe (nordwestlich und
westlich) liegenden Hauptrübenfelder – etwa 5000 ha – zu
erreichen sind.«

DAS NEUE LAGER sollte erst »K.L. Ettersberg« heißen.
Dagegen protestierten Weimarer Kulturhonoratioren, im
Namen Goethes. Denn: Wie eng sind der Name des Weimarer ›Hausberges‹ und der Name des Dichters miteinander verbunden! Exkursionen, wohl hoch zu Roß, in jungen Jahren, meist zum Schloß Ettersburg auf Ettersberg ...
Ausgelassene Feste dort, unter der huldvollen Herzogin-
mutter Anna Amalia ... Die Aufführung, ja die wiederholten Aufführungen der (frühen Prosafassung von) »Iphigenie auf Tauris«, unter persönlicher Mitwirkung des
Dichters in der Laienspielgruppe ... Ja, und »Wanderers
Nachtlied«, verfaßt »am Hang des Ettersbergs« ... Und
Kutschfahrten hinaus und hinauf mit Frau von Stein ...
Und Fahrten (mittlerweile wohl nicht mehr Ritte) mit
dem Dauerassistenten Eckermann. Und im Picknick-
Korb die kleine, dünnwandig güldene Schale, aus der Goethe seinen Wein zu trinken pflegte bei einem Zwischen-
imbiß mit Weißbrot und gebratenen Rebhühnchen ...
Und der Blick, dieser begeisternde Blick hinunter und hinaus ins Thüringer Land ... Äußerungen, gewichtige Äußerungen über Vergangenes, Gegenwärtiges, Künftiges, und
Eckermann hing an Goethes Lippen ...
    Dies, ungefähr, hatten Weimarer Kulturhonoratioren
im Kopf, zumindest im Hinterkopf, und nun wollte man
dort auf dem Ettersberg, ausgerechnet auf dem vom Dichter gleichsam geweihten Ettersberg ein Lager errichten für
Personen, die Goethe bestimmt nicht gern gesehen hätte,

nicht wahr, also wurde eine Petition eingereicht bei der hohen SS-Behörde, betr. Änderung des Lagernamens. Ein Lager: nunja, geht in Ordnung, auch auf dem Ettersberg, aber dies bitte mit einem Namen, der ein wenig Distanz schafft. Dem Antrag der Honoratioren wurde stattgegeben.

Und man probierte weitere Namen aus. Erwogen wurde »K.L. Hottelstedt«. Das hätte für SS-Männer der Totenkopfverbände freilich bedeutet, daß der Wohnungsgeldzuschuß nach dem Schlüssel des Dorfes Hottelstedt bemessen worden wäre – da hielt man sich doch lieber an die Sätze der Stadt Weimar.

Der Inspekteur der Konzentrationslager schlug dem Reichsführer SS daraufhin »K.L.Hochwald« vor, drang mit dem Vorschlag aber nicht durch. Man einigte sich schließlich auf »K.L.Buchenwald«. So erhielt das geplante Konzentrationslager als einziges im Lande einen synthetischen Namen, angeregt durch das buchenreiche Hangbiotop.

WEIMARER AKZEPTANZ für ein Konzentrationslager auf dem ›Hausberg‹ wurde gefordert, gefördert, wurde letztlich vorausgesetzt von Fritz Sauckel, dem ehrgeizigen Gauleiter und Reichsstatthalter in Thüringen. (Später wird er übrigens, als »Generalbevollmächtigter für den Arbeitseinsatz«, die Deportation von fünf Millionen Zwangsarbeitern aus den besetzten Gebieten im Osten organisieren, wird im Nürnberger Prozeß vom amerikanischen Hauptankläger als »größter und grausamster Sklavenhalter seit den ägyptischen Pharaonen« bezeichnet, wird gehängt.)

Es liegt allerdings ein Dokument vor, das Sauckels Suggestion einer problemlosen Symbiose von Stadt und Lager zwar nicht aufhebt, aber relativiert.

Ein hoher Jurist, im November 37: »Interessant ist, daß die Weimarer Bevölkerung über den Bau des Lagers gar nicht erfreut ist und daß die Gewerbetreibenden keine Lust haben, mit ihm Geschäfte zu machen. Man freut sich, wenns(!) einmal einem Häftling gelingt, auszureißen.«

Man wird so gedacht haben: Schon ein Gefängnis in einem Ort oder Stadtteil verdüstert das Ambiente; erst recht nun ein Lager mit Tausenden von Häftlingen – denen man zumindest reserviert, distanziert gegenübersteht, ja die man überwiegend ablehnt.

EIN OBERREGIERUNGSRAT vor allem war es, der darauf hinarbeitete, daß die SS-Siedlung und das Lager Buchenwald von der Stadt Weimar eingemeindet wurden. »Nach der Errichtung des K-Lagers am Ettersberg hat sich die Notwendigkeit herausgestellt, das K-Lager einem Gemeindebezirk zuzuteilen. Aus Zweckmäßigkeitsgründen und mit Rücksicht darauf, daß das Lager in seiner gesamten Verwaltung engstens mit der Stadt Weimar und den in Weimar ansässigen Dienststellen und Behörden verbunden ist, wird der Antrag gestellt, das Lager dem Stadtkreis Weimar einzugliedern.«

Stadtrat und Bürgermeister fürchteten allerdings finanzielle und administrative Belastungen. Doch als SS-Offiziere die Bedenken ausräumten, war man zur Eingemeindung bereit – auch in der Hoffnung auf zusätzliche Steuereinnahmen. Die Sitzung, in der Weimarer Ratsherren die Eingemeindung des Lagergeländes beschlossen, war nicht-öffentlich. Denn es bestanden weiterhin Bedenken: In welchem Ausmaß wäre man für die Wasserversorgung zuständig? Für die Aufbereitung der Abwässer? Müßten weitere Waldgebiete abgetreten werden …? Letztlich aber wollte man sich dem entschiedenen

Votum des Gauleiters und Reichsstatthalters nicht wider-
setzen.

Jens Schley: »Mit Wirkung vom 1. April 1938 wurde
Buchenwald in den Stadtkreis Weimar eingemeindet.
Gleichzeitig wurden die Standesamtsbezirke der Stadt ent-
sprechend erweitert.«

DIE ENGE BEZIEHUNG zwischen Lager und Stadt wurde
auch mit Bau-Zeichen zum Ausdruck gebracht. Karina
Loos: »An höchster Stelle des Ettersbergs und an der kli-
matisch günstigen Südseite konzipierte Riedl die SS-Ka-
serne, die Hauptgebäude in der städtebaulich prägnanten
Form eines nach Weimar hin offenen Halbkreises – eine
deutliche Orientierung auf die Stadt Weimar.«

POSTALISCH sind heute die Stadt Weimar und das ehemalige Lager, die »Gedenkstätte Buchenwald«, noch immer
miteinander verbunden: Weimar-Buchenwald. Für die
Öffentlichkeit gibt es freilich nur die *Gedenkstätte
Buchenwald* und nicht eine »Gedenkstätte Weimar-Buchenwald«. Honoratioren in Weimar (der Oberbürgermeister, der Dechant, der Superintendent, der Direktor der
Weimarer Kulturstätten) haben sich nach dem Krieg
erfolgreich dafür eingesetzt, daß die »alte Kulturstadt«
nicht mit einem »Makel« behaftet wurde, »den sie nicht
verdient hat«. Der Name der Stadt sollte wieder abgekop-
pelt werden vom Lagernamen, die Stadt sollte künftig wieder primär mit berühmten Dichtern und Komponisten in
Verbindung gebracht werden, mit großen Werken und
nicht mit großen Verbrechen.

Doch Schreiben an die Stiftung Gedenkstätten, an die
Gedenkstätte Buchenwald sind zu adressieren an: 99427
Weimar-Buchenwald.

DIE STADT WEIMAR mit dem Schillerhaus, dem Goethehaus, dem Bach-Haus, dem Liszt-Haus – und das Lager
am ›Hausberg‹: sie waren nicht nur postalisch und admini-
strativ verbunden, die Lagerwelt reichte in die Stadt herein.

»Gefangenensammeltransporte« trafen »fahrplanmä-
ßig« vormittags und nachmittags am Bahnhof ein – und
nicht nachts (das hätte die Organisation der Abläufe
erschwert). Die »Schutzhäftlinge« wurden in Lastwagen
vom Bahnhof zum Lager transportiert (in damaliger
Amtssprache: »regelmäßiger Gefangenentransportwagen-
verkehr«). Zuweilen mußten sie auch zu Fuß ins Lager ziehen, auf der neu gebauten Verbindungsstraße, der »Blut-
straße«.

Ich lese schon mal, die Gefangenen seien vom Bahnhof
aus »durch die Stadt getrieben« worden. Wer sich in Weimar auch nur ein wenig auskennt oder wer, ersatzweise,
einen Stadtplan heranzieht, wird wissen, wird sehen: der
Bahnhof liegt am Nordrand der Stadt, und von dort aus
wurden die Kolonnen auf kürzestem Weg zur Ettersburger Straße eskortiert. Falls man nicht im Norden der
Stadt wohnte (damals noch nicht so dicht bebaut), mußte
man zum Hauptbahnhof gehen oder fahren, um Augenzeuge der fast regelmäßigen Gefangenentransporte zu
werden.

Einwohner Weimars, im Rückblick. »Wir saßen in der
Gaststätte Kulmbach in der Röhrstraße. Da kam ein
Bekannter und flüsterte mir zu: Auf dem Bahnhof kommt
um 11.00 ein Judentransport an, kommt mit, wenn ihr was
sehen wollt. Wir gingen, ein Zug brachte die Juden. Vor
dem Banhof standen 2 bis 3 Lastwagen. Beim Großher-
zog-Eingang wurden die Juden herausgeprügelt, manche
hatten Schalkragenmäntel an. Sie wurden auf die Lastwa-

gen gejagt. Sie kamen von überall her. Wir standen bis früh um 3.00 Uhr und konnten es nicht verstehen.«

Aber selbst, wenn man nicht rechtzeitig zum Bahnhof kam – auf der Landstraße ergaben sich Gelegenheiten, die Marschkolonnen zu beobachten. Die Straße führte schließlich nicht durch ein Sperrgebiet, auf dem halben Dutzend Kilometern waren Begegnungen möglich: »Land- und forstwirtschaftlicher Verkehr«, und vor allem: Händler, die Lebensmittel zur Küche des SS-Kasinos brachten, Bäcker, Metzger und so weiter. Sie alle, die am Lager verdienten, hatten in der Stadt ihre ›Multiplikatoren‹ – selbst, wenn man zurückhaltend war, vorsichtig blieb in seinen Mitteilungen: es konnte sich viel herumsprechen. Offensichtlich hatte die SS aber auch nicht die Sorge, man könnte durch brutale Behandlung von »Schutzhäftlingen« Kritik auslösen in der Öffentlichkeit, im Gegenteil: eingeplant, erwünscht war abschreckende Wirkung.

Dazu ein Bericht eines der Juden, die 1939 aus Wien nach Buchenwald gebracht wurden. »Am 2. Oktober 6 Uhr morgens trafen wir in Weimar ein. Wir mußten die Waggons verlassen und formierten uns zum Marsch in das Lager. Unter starker SS-Begleitung wurden wir vom Bahnhof Weimar zu dem 7 km entfernten Lager getrieben. Die SS drückte scharf auf das Tempo. Es regnete und der Weg ging bergauf. Viele alterschwache durch den Transport in Viehwaggons entkäftete Menschen, welche vier Tage ohne Nahrung und ohne Wasser geblieben waren, hielten das Tempo nicht durch. 20 bis 25 Kameraden blieben von starken Kolbenschlägen getroffen, am Wege liegen und wurden von der SS in den Straßengraben geworfen. Bei strömendem Regen wurden wir von der rasend gewordenen SS in das Lager gejagt.«

ES KAM AUCH POST vom Lager in die Stadt, offen, als Postkarte. Auf der Adressier-Seite links oben der Absender, gedruckt: »Konzentrationslager Weimar-Buchenwald«. Darunter: »Auszug aus der Lagerordnung«. Hier ging es um Modalitäten des Schriftverkehrs. Des weiteren die ebenfalls ausgedruckte Mitteilung: »Der Tag der Entlassung kann noch nicht angegeben werden. Besuche im Lager sind verboten. Anfragen sind zwecklos. Der Lagerkommandant.« Schließlich der Hinweis: »Sendung ohne Nummer und Block nicht zustellbar.«

Auf solch einer Formkarte schrieb beispielsweise »Schutzhäftling« Otto Eisenbruch aus Weimar-Buchenwald an Sohn Heinz Gert in Weimar/Th.

VOM LAGER WURDEN auch »Arbeitskommandos« unter Bewachung in die Stadt geschickt, zu Privatfirmen, Handwerksbetrieben. Auch forderten Bürgermeister und Polizei »Häftlinge zum Arbeitseinsatz« an. Womöglich wurden KZ-Häftlinge auch über den Frauenplan eskortiert, vorbei am Goethehaus, oder durch die Schillerstraße, vorbei am Schillerhaus.

Die wiederholt gestellte Frage, was »die Bevölkerung« über Konzentrationslager wissen konnte während der Nazizeit, sie muß hier fokussiert werden: Was konnte, was mußte man in *Weimar* über das Lager *Buchenwald* erfahren haben? Diese Frage läßt sich nach der Studie von Jens Schley klar beantworten.

Was im Lager vorging, das wurde vor allem im Städtischen Krankenhaus erkennbar. Bevor nämlich, im Sommer 38, das Spital im Lager fertiggestellt war, wurden schwere Fälle nach Weimar gebracht. Und dort sah man: Schußwunden und Verletzungen durch grobe Einwirkung – um das neutral zu formulieren. Solche Symptome, solche Fakten konnten über Ärzte, Pfleger, Krankenschwestern im Ort bekannt werden.

Im Städtischen Krankenhaus wurden, im Auftrag der SS, auch Sterilisationen durchgeführt bei »geistig minderwertigen Menschen« – dies sogar *nach* der Errichtung des Lagerspitals! Insgesamt wurden mehr als zweihundert Häftlinge in Weimar sterilisiert!

Weiter: die Registrierung der Toten, die Benachrichtigung der Verwandten ersten Grades erfolgte (nicht bloß in der Anfangszeit!) über das Standesamt Weimar. Diese ›Abwicklung‹ wurde erstaunlicherweise nicht von der Lagerverwaltung übernommen.

Selbst in Österreich wußte man, 1940, daß man sich bei Todesfällen nicht an die Lagerführung wenden mußte, sondern an die Stadtverwaltung. So wurden Anfragen, Bitten um Urnen »an die Städtische Friedhofverwaltung Weimar« gerichtet, »an das verehrliche Bürgermeisteramt Weimar-Buchenwald«, an »Hochwohlgeboren Herrn Oberbürgermeister in Weimar«. Ein Brief aus Wien:

»Ich gestatte mir folgende ergebene Bitte: Mein Mann Leizar Jone Ginsberg starb in Buchenwalde und war Schutzhäftling Nr. 7104 Block 22.

Da ich in den nächsten Tagen auswandern muss, möchte ich sehr gerne meinen toten Gatten vorher noch begraben lassen und beim Begräbnis anwesend sein.

Ich gestatte mir daher die ganz ergebene Bitte, mir zu ermöglichen, dass die Urne des Verstorbenen ehestens hierhergesendet wird.

Vielen Dank für Ihre Güte.«

Die Angehörigen der Verstorbenen und der Ermordeten wurden vom Standesamt Weimar offiziell informiert. Also fanden Beerdigungen statt. Vorher wurden Todesanzeigen aufgegeben. Wie waren die eigentlich formuliert?

Tod im Konzentrationslager – das durfte nicht in Druck gegeben werden. Wieder ein Beispiel aus Wien.

Eine Frau, Jüdin, die sich als »einzige« Hinterbliebene der Familie bezeichnet (diese einleitende Formulierung verrät Schlimmstes!) teilt »allen Freunden« mit, daß ihre Nichte »nach heldenhaftem Ringen im 34. Lebensjahr fern der Heimat gestorben ist. Die Beisetzung der Urne erfolgt am ...« So wurde Realität verschleiert, so mußte Realität verschleiert werden. Oder gab es hier verschlüsselte Mitteilungen, in der Tarnsprache der Unterdrückten? Heldenhaftes Ringen = Widerstand? Fern der Heimat = Konzentrationslager?

DIE ANFRAGEN NAHMEN ZU, die Mitarbeiter des Standesamts Weimar gerieten erheblich unter Druck, konnten die Arbeit bald nicht mehr bewältigen, es bildeten sich »Rückstände«. Das Standesamt forderte Helfer an, vor allem ab 1943. Zusätzliche Mitarbeiter ließen sich aus der Zivilbevölkerung nicht mehr rekrutieren – wer nicht »uk« war, also »unabkömmlich«, war längst eingezogen. So wurden erst einmal zwei Häftlinge zum Standesamt abkommandiert; als auch sie mit der »Aufarbeitung der Rückstände« nicht durchkamen, wurden drei weitere Häftlinge auf den Weg geschickt, werktags, unter Bewachung.

Und: Leichen aus dem Lager wurden im Krematorium des städtischen Friedhofs eingeäschert! Die Bereitschaft der Stadtverwaltung auch zu dieser Form der Kooperation wurde früh schon dokumentiert: Anordnung des Oberbürgermeisters von Weimar, betr. Krematorium auf dem Hauptfriedhof. »In Erledigung des Schreibens 29.7.1937 erkläre ich mich mit dem Antrage der Kommandantur des Konzentrationslagers, die Einäscherung der in Frage kommenden Leichen gegen Zahlung eines Pauschalbetrages von 20.- RM vorzunehmen, einverstanden. Ich bitte, der Lagerkommandantur hiervorn Kenntnis zu geben und sie darauf hinzuweisen, daß die gemäß § 3 Zif. 2 des Reichsgesetzes über die Feuerbestattung erforderlichen Bescheinigungen bei Überführung der Leiche mit eingereicht werden. Eine Anzahl Formulare füge ich der Einfachheit halber bei. Die Abholung der Aschereste zur Beisetzung kann durch Beamte des Konzentrationslagers gegen Empfangsbescheinigung beim Friedhofsverwalter erfolgen.«

Das städtische Friedhofsamt war bald total überlastet, personell und technisch. Im Dezember 38 mußte der Verbrennungsofen generalüberholt werden. Die SS-Kommandantur hatte zu dieser Zeit bereits die Installation eigener Verbrennungsöfen beantragt. Doch war die Erfurter Spezialfirma, die Krematoriumsöfen herstellte, mit der Ausstattung verschiedener Konzentrationslager (wie Sachsenhausen und Mauthausen) überlastet und so konnten im Lager Buchenwald erst 1940 zwei der drei Ofenanlagen der Firma Topf & Söhne in Betrieb genommen werden. Bis dahin fanden sämtliche Einäscherungen in Weimar statt! Die Gründe für die wachsenden Zahlen wurden hinter einer exemplarisch allgemein gehaltenen Formulierung versteckt: »Die hohe Feuerbestattungsziffer bei Männern erklärt sich aus besonders ergangenen Maßnahmen.«

Die Leichen aus dem KZ wurden durch die Stadt transportiert, von Norden nach Süden. Die Anfahrt erfolgte über die Ettersburger Straße, setzte sich fort über Goetheplatz und Theaterplatz (also vorbei an Rietschels Doppeldenkmal von Goethe und Schiller) zur großen Kreuzung Wielandplatz, mit dem Wieland-Denkmal.

Dort kam es zu einem Zwischenfall. Überliefert ist er in verschiedenen Versionen. Eine von ihnen: »Als die vier nackten Leichen auf dem Wielandplatz lagen, herausgefallen aus einem Lastwagen, der mit Leichen aus dem KZ vollbeladen war, und die Weimarer sahen die da liegen, da hätten die doch merken müssen, da stimmt was nicht in diesem Lager.«

Leichen aus dem Lager auf dem Wielandplatz – falls dies wirklich so geschehen ist, hätte das bedeutet: die Leichen waren dem Wieland in Bronze gleichsam vor den Sockel gekippt. (Als Wieland noch lebte und wirkte, konnten noch solche Sätze geschrieben und gedruckt werden, in der »Geschichte des Agathon«: »Nie hab ich inniger empfunden als in diesem Augenblick, daß unverwandte und unabsichtliche Anhänglichkeit an das, was ewig wahr und recht und gut ist, das einzige Bedürfnis und Interesse meines edleren unsichtbaren Ichs ist.«)

Vom Wielandplatz aus fuhren die Leichentransporter durch die Amalienstraße, dann am Historischen Friedhof entlang in die Berkaer Straße, zur Einfahrt Neuer Friedhof.

Das waren keine gelegentlichen Überführungen, dies waren routinemäßige Transporte: im Krematorium des Städtischen Friedhofsamts wurden rund 2 000 (zweitausend!) Leichen aus dem KZ verbrannt. Und das war noch keine Hightech-Feuerbestattung mit extrem hohen Temperaturen, es ging damals noch relativ urtümlich zu bei dieser Anlage – die für solch eine Dauerbelastung gar nicht ausgelegt war. Das heißt: Anwohner mußten die häufigen Leichenverbrennungen wahrgenommen haben: dichter schwarzer Rauch, und, je nach Windströmung, der süßliche Gestank von verbranntem Menschenfleisch.

Dieser Gestank konnte sich ausbreiten bis hin zur Fürstengruft mit den Sarkophagen von Goethe und Schiller! Denn an den Historischen Friedhof grenzt im Süden der

Neue Friedhof, und hier steht das Krematorium – nur ein paar hundert Meter von der Fürstengruft entfernt.

Das Mausoleum (erbaut für das Weimarer Fürstenhaus, mit Gästen) und das Krematorium (dienstverpflichtet für das Konzentrationslager): Bauzeichen zweier unüberbrückbar weit voneinander entfernter Welten, in der neuen Zwangskonstellation jedoch nah aneinander herangerückt – für das Bewußtsein.

UND DOCH: diese extremen Konstellationen führten, zumindest offiziell, nicht zu Irritationen, zu Konfrontationen! Dafür sorgten auch kulturelle ›Brückenschläge‹. So gab das Deutsche Nationaltheater Weimar nicht nur Gastspiele »für verwundete Kriegsteilnehmer«, für den NSD Studentenbund, für NSG »Kraft durch Freude«, für Hitler-Jugend und Fahnenjunker, es gastierte auch, in »geschlossenen Veranstaltungen«, im SS-Führerkasino des Konzentrationslagers Weimar-Buchenwald. Womöglich wurde dort auch mal ein Stück von Schiller aufgeführt.

Schiller arbeitet am Schreibtisch

UNTER DIESER ÜBERSCHRIFT beginnt mein zweites Schiller-Kapitel, ebenfalls in Fortsetzungen. Ich berichte von einem Schiller, der seßhaft geworden ist: noch in Jena, bald darauf in Weimar.

Zwei Arbeitsphasen habe ich ausgewählt. Als erste: Schiller schreibt das Trauerspiel »Maria Stuart«. Als zweite: Schiller arbeitet an einem Stück, das Fragment bleiben wird – »Demetrius«. Keine Zufallswahl: Stück und Projekt sind mir, als Leser, besonders wichtig.

Dieser biographische Bericht wird freilich nicht mehr von einer zwingenden Folge der Ereignisse bestimmt wie in der Zeitphase der Suche nach einem sicheren Ort mit Schreibtisch, es ist zu erzählen von einer Lebensphase, in der sich Abenteuer am Schreibtisch ereignen. Ich versuche, zu vergegenwärtigen, mit welcher Intensität Schiller auch am neuen Stück arbeitete. Und: welche anderen Arbeiten sich dazwischenschoben. Und: was die Arbeit am Schreibtisch wiederholt bedrohte, behinderte, blokkierte – die Krankheit(en). Und: was generell zur Bedrohung für die Arbeit werden konnte, zeitgeschichtlich. Und dies alles in einer äußerst schwierigen Konstellation: Schiller als einer der ersten (als der erste?) Schriftsteller unseres Sprachbereichs, der ausschließlich von den Einkünften seiner Texte lebte.

Im Folgenden also: Bericht über die Lebensphase, in der Schiller das Stück über Maria Stuart schrieb, im zweiten Halbjahr 1799, im ersten Halbjahr 1800. Was zwischen Bauerbach und Jena geschah, muß kühn übersprungen werden. Nichts weiter also über die Zeit in Mannheim, über den ›poet in residence‹ des Nationaltheaters, nichts weiter über die erste Lebensphase in Weimar, ab 1787, nichts weiter über die Zeit bei Freund Körner in Dresden, nichts weiter über den erneuten Ortswechsel: Schiller in Jena. Und damit die Phase, in der sich Schiller und Goethe (nach erstem, vorsichtigem Wahren von Distanz) entschieden näherkommen.

Wiederholte Absichtserklärung: Nachdem ich berichtet habe, wie Schiller einen Schreibtisch suchte und (Schreibtische) fand, berichte ich nun, wie Schiller am Schreibtisch arbeitet. Das Objekt Schreibtisch, im Mittelpunkt dieses Buchs, darf nicht nur benannt, es muß virtuell aufgeladen werden mit den Energien, die Schiller beim Dichten neuer

Werke entwickelte, die sich in den neuen Werken mani-
festierten. Damit bildet sich Aura, wird das Objekt zum
Symbol.

MARIA STUART: Schiller arbeitete nicht zielstrebig auf dieses Projekt hin, es herrschte keine werkbiographische
Teleologie, keine Entwicklung ohne Alternativen, es gab
verschiedene Optionen.

Schiller in Jena an Goethe in Weimar, März 1799: Über-
legungen zu einem künftigen Projekt. Der »Wallenstein«
abgeschlossen; nach der intensiven und extensiven Arbeit
erst mal ein Vakuum (»als wenn ich bestimmungslos im
luftleeren Raum hinge«). Ein neues Werk muß möglichst
bald begonnen werden, doch welches? »Ich werde Ihnen,
wenn Sie hier sind, einige tragische Stoffe, von freier Erfindung, vorlegen, um nicht in der ersten Instanz, in dem
Gegenstande, einen Mißgriff zu tun.« Es werden Pläne
erörtert: »Die Kinder des Hauses« ... »Die Braut von Messina«...

Doch bereits Ende April fällt das entscheidende Stichwort. »Indessen habe ich mich an eine Regierungs-
geschichte der Königin Elisabeth gemacht und den Prozeß
der Maria Stuart zu studieren angefangen. Ein paar tragische Hauptmomente haben sich mir gleich dargeboten
und mir den großen Glauben an diesen Stoff gegeben, der
unstreitig sehr viele dankbare Seiten hat.« Das hatten auch
andere Autoren so gesehen: zwei, drei Dutzend Dramati-
sierungen lagen in Europa bereits vor. Doch Schiller, wie
nicht anders zu erwarten, ging das Projekt auf entschieden
neue Weise an.

Er bittet Goethe um Übermittlung von Werken aus der
Weimarer Bibliothek. Bücher von Archenholz und Cam-
den ... Druckfrisch eine Publikation, die eventuell ein-

wirkte auf Schillers Entscheidung: Viewegs Taschenbuch, Jahrgang 1799, mit dem Beitrag »Maria Stuart, Königin von Schottland, historisches Gemälde«. Aktivierend oder nur reaktivierend? Bereits 1783, im Jahr nach der Flucht, hatte Schiller einem Verlag ein Stück über Maria Stuart angeboten, voreilig. Siebzehn Jahre Annäherung und nun war das Stichwort gegeben – durch diesen »Gentzischen Historischen Kalender« aus der Sammlung des Herzogs?

AM DRITTEN DEZEMBER 1799 zog das Ehepaar Schiller von der Universitätsstadt Jena in die Residenzstadt Weimar. Eine kurze Übergangsphase, und Schiller setzte die Arbeit am Trauerspiel fort. Doch schon Mitte Februar eine längere Unterbrechung. »Zum Unglück überfiel mich eine schwere Krankheit, die mich nun schon vier Wochen in die völligste Untätigkeit versetzt und von der ich mich noch nicht erholt habe. Es war eine Art von Nervenfieber, das sich zugleich mir auf die Brust warf und mich einige Tage in große Gefahr brachte.«

Und er berichtete dem Verleger Cotta, am 24. März: »Ich kann endlich wieder einmal die Feder ergreifen, teurer Freund, um Ihnen für Ihren herzlichen Anteil an meiner Krankheit zu danken und die Nachricht von meiner Besserung selbst zu geben. Es geht zwar sehr langsam mit der Erholung, ich kann nur mit Mühe die Treppen steigen, und der Husten dauert noch anhaltend fort; leider war ich sehr hart angegriffen.«

Am selben Tag ein Brief an Körner, den Freund: »Meine Krankheit muß sehr hart gewesen sein, denn jetzt in der sechsten Woche fühle ich noch immer die schweren Folgen, die Kräfte sind noch sehr weit zurück, daß ich mit Mühe die Treppen steige und noch mit zitternder Hand schreibe. Auch hält der Husten noch immer an, und ich werfe viel Schleim aus.« Abschließend: »Leider ist auch dieses Stück sehr zurückgesetzt worden.«

WAS DIE ARBEIT AM SCHREIBTISCH immer wieder belastete, einschränkte, ja verhinderte: schwere und schwerste Erkrankungen.

Dies seit der gravierenden Zäsur von 1791: »Eine hitzige Brustkrankheit, die mich dem Tode nahegeführt hat ... Schmerz auf einer bestimmten Stelle auf meiner Brust ... Es machte meine Krankheit gefährlicher, daß sie Rezidiv war ... spie ich Blut ... der blutige Auswurf ... wurden meine Umstände sehr bedenklich, daß mir der Mut ganz entfiel ...«

Von da an war sein Leben bestimmt durch Wiederholungen von Krankheitsschüben, durch Chronifizierung seiner Lungen- und Herzprobleme. Dies muß, dies müßte eine Form der Textrepräsentanz finden, die der Gegenwärtigkeit von Krankheit in Schillers Leben zumindest modellhaft entspricht: Wiederholungen auch im Text – zumindest in Hinweisen auf die jeweils akute Phase der Krankengeschichte des »multimorbiden« Schiller?

Es wäre ebenso plausibel wie korrekt, die jeweils dominierende Krankheitsform bloß zu benennen. Der Erzähler in mir möchte es jedoch genauer wissen, genauer beschreiben. Denn: nur wenn hier detailliert berichtet wird, kann die ungeheure Arbeitsleistung ablesbar werden, wenigstens ansatzweise. Brecht notierte 1952 im »Arbeitsjournal«: »Ich habe meiner Erinnerung nach niemals eine Zeile geschrieben, wenn ich mich nicht wohl befand, körperlich. Allein dieses Wohlbefinden verleiht die Souveränität, die zum Schreiben notwendig ist.« Bei Schiller war das völlig anders, zumindest in den letzten vierzehn Jahren: Er hat grandiose Zeilen, große Texte geschrieben bei miserabler körperlicher Verfassung. Er spürte, daß seine Lebenskraft bald erschöpft, seine Lebenszeit bald beendet sein würde, aber das hat nicht zu Resignation oder Depression geführt, sondern zur Intensivierung.

SELBSTVERSTÄNDLICH gibt es Publikationen über Schillers Krankheiten. Ich könnte es mir also leicht machen und dies und jenes heranzitieren. Aber auch hier suche ich direkte Information. Ein Arztfreund vermittelt Kontakt mit einem Pathologen; das (überlieferte) Obduktionsprotokoll Schiller wird ihm zugestellt. (Zwei Zitate. »Die rechte Lunge mit der Pleura von hinten nach vorne und selbst mit dem Herzbeutel ligamentartig so verwachsen, daß es kaum mit dem Messer gut zu trennen war. Die Lunge war faul und brandig, breiartig und ganz desorganisiert.« Und: »Das Herz stellte einen leeren Beutel vor und hatte sehr viel Runzeln, war häutig, ohne Muskelsubstanz. Diesen häutigen Sack konnte man in kleine Stücke verflokken.«)

Es findet ein Gespräch statt im Chefzimmer der Pathologie des Dürener Krankenhauses: zentral das Mikroskop, an dem, überwiegend, die Arbeit eines heutigen Pathologen stattfindet; Obduktionen haben inzwischen fast Seltenheitswert, nehmen nur etwa fünf bis drei Prozent der Arbeitszeit in Anspruch. Die Hauptarbeit des Pathologen besteht in der Untersuchung von Gewebeproben – unter dem Mikroskop bei Mikroschnitten, im Labor bei Makroschnitten …

Und ich darf erst einmal zuschauen bei der Analyse von Makroschnitten: Es liege in der Regel auch eine Blinddarm-Resektion vor; das könnte für mich interessant sein mit Blick auf Schiller, der ja nun eine heftige, ja lebensgefährliche Blinddarmentzündung überstanden hatte.

Wie sieht so ein Wurmfortsatz aus, der sein Leben noch früher hätte beenden können?

Ein Raum im Bereich, in dem Zutritt verboten ist. Auf einem Abstelltisch mindestens ein Dutzend Plastikbehälter (im Format halbierter, zugedeckter Yoghurt-Becher); Gewebeproben in rötlicher Flüssigkeit: Formalin. Der Arbeitstisch; Absaugvorrichtung. Der Pathologe mit einem Mikrophon am Kopfbügel; über einen Fußschalter wird jeweils die Aufzeichnung der Detailangaben und Diagnosen gestartet. Links von ihm die Assistentin, die mit der Pinzette die abgetrennten Segmente der Gewebeproben auf briefmarkengroßen Plättchen deponiert. Dann legt sie jeweils eine Plastikkappe auf, mit Beschriftung.

Ich sitze zwischen dem Pathologen und seiner Mitarbeiterin – ein wenig abgerückt, um die Arbeitsabläufe nicht zu behindern. Ja, ein Blinddarm, gleich als erstes, kleinfingerlang, mit stark geröteter Durchäderung: Appendicitis, höchst akut. So hat es also auch im Körper von Friedrich Schiller ausgesehen. Anschnitt, Querschnitt, Diagnose … Und gleich darauf: eine Schilddrüsenwucherung, groß wie eine Paranuß. Wird gewogen, gemessen, angeschnitten … Prostatagewebe, mit Zyste, knotig. Wieder ein Blinddarm, eher grau – demnach nicht mehr ganz frisch. In dicken Flocken angelagertes Fettgewebe läßt rückschließen auf die körperliche Erscheinung des Patienten. Anschnitt, Querschnitt, Diagnose … Eine »bursa«: amorphe Gewebemasse, fast schwammartig, die sich hinter einem Kniegelenk angelagert hatte. Wieder eine Schilddrüsenwucherung, etwa babyfaustgroß – da läßt sich vorstellen, wie sehr das auf den Atemweg gedrückt hat … Eine Geschwulst von einem Oberschenkel – knochenhart, dagegen kommt das Spezialmesser nicht an, hier muß von einem Kollegen gesägt werden, später, also: ein besonde-

rer Behälter. Schließlich: ein Fötus, Halbzeit, abgegangen
oder abgesaugt: amorphe Gewebemasse, aber darin winzige Arme, winzige Beine. Dennoch: Finger und Zehen sind
schon erstaunlich deutlich markiert.

WÄHREND DES ANSCHLIESSENDEN GESPRÄCHS schaue
ich zuweilen auf einen Bildschirm: vergrößerte Gewebe-
probe aus dem Dickdarm eines Patienten, der eine beruhi-
gende Diagnose erhalten wird. In der Ecke ein Skelett mit
Schärpe und Doktorhut.

Einleitend betont Professor Peter Röttger, daß die
Obduktion von Schillers Leiche nicht von einem Pathologen durchgeführt wurde, sondern von einem Allgemein-
mediziner, einem praktizierenden Arzt. Ein Arzt war
damals noch ›Generalist‹ – für alles zuständig bis auf
Gynäkologisches. So hat ein Hausarzt *auch* obduziert.
Dies prägte die Darstellung, die Wiedergabe der Ergeb-
nisse.

Weiter: einige Details, die beim Lesen des Obduktions-
berichts gruselig klingen, lassen nicht unbedingt Rückschlüsse zu auf den Zustand von Organen, hier hat bereits
(war es damals ein warmer Maibeginn?!) Leichenfäulnis
eingesetzt. Besonders früh beginnt sie bei den Nieren, bei
der Leber. Hier zeigt sich also nicht akute Entzündung
vor dem Exitus, sondern beginnende Auflösung.

Ich stelle meine Fragen nur unter diesem Aspekt: Wie
hat der Zustand des Körpers die Arbeit von Schiller beein-
flußt? Wie haben sich Symptome ausgewirkt?

Verwachsungen im Unterleib zeigen an: eine Blinddarmentzündung, die sich ausweitete zu einer Bauchfell-
entzündung. Die blieb freilich lokalisiert, wurde gleichsam abgedeckt – sonst wäre der Patient gestorben. Die
Verwachsungen, charakteristische Folgeerscheinungen,

sie könnten allerdings den Dickdarm eingeengt haben – wurden so die wiederholten Koliken ausgelöst? Zu den Verwachsungssträngen dürften Obstipationen gekommen sein – Schiller hat viel gesessen, hat oft tagelang das Haus nicht verlassen. Wie auch immer: die Koliken lassen auf gestörte Darmfunktionen schließen. Schmerzhaft aber nicht tödlich.

Was Schiller hingegen nicht überlebt hat, war die Lungenentzündung: als Indikatoren die marmorierenden »Eiterpunkte« im linken Lungenflügel. Bereits vorliegende Schlußfolgerungen werden bestätigt: »akute Pneumonie«. Auch diese schwere Erkrankung kann überlebt werden – heute mit größerer Aussicht als früher. Verbunden aber mit der »vorbestehenden Belastung«, der chronischen Lungenerkrankung, wurde die Pneumonie zum dramatischen Schlußpunkt der Entwicklung.

Was Schiller am meisten, am längsten leiden ließ, was seine Arbeitskraft erheblich einschränkte, war primär der Zustand von Lunge und Herz. Eine akute Tuberkulose (»tuberkulöser Schub«) leitete den Verfall ein – höchstwahrscheinlich 1791. Es entwickelte sich eine Rippenfellentzündung. Auch die überstand Schiller, wenn auch mit erheblichen Einbußen: in der rechten Lunge bildete sich ein »Narbengewebe«, eine »Bindegewebsplatte«, eine »Verschwielung«, ja »Verschwartung« – etwa *daumendick* war schließlich diese Schwarte! Die panzerte seine rechte Lunge von innen her: sie war nicht mehr funktionsfähig. Diese »Pleura-Schwarte« war derart fest, daß der Arzt damals mit dem Messer kaum durchkam.

Die Verschwielung, Verschwartung griff über auf den Herzbeutel. Der wurde von einem Schwartenpanzer umschlossen. Das pulsende Herz konnte sich nicht mehr genügend ausdehnen, der Herzbeutel gab nicht mehr elastisch nach. Damit war die »Herzmuskeltätigkeit« drastisch eingeschränkt. Konkrete Auswirkungen: beim Treppensteigen mußte Schiller alle paar Stufen einhalten, kurzatmig; schnell und flach der Herzschlag; jede Anstrengung: doppelt und dreifach belastend; Erholungsphasen wurden immer länger.

Hinzukam: der erheblich geschwächte Organismus war besonders anfällig für Infektionen. Wiederholt klagte Schiller über schweren und hartnäckigen »Katarrh«, verbunden mit oft hohem Fieber. Die zeitlichen Abstände zwischen diesen akuten Erkrankungen (während seiner chronischen Krankheit), sie hätten allerdings noch kürzer sein können, wäre da nicht die Arbeit am Schreibtisch gewesen!

Ein Aspekt, der sich während des Gesprächs mit dem Pathologen herauskristallisiert: Die Arbeit am Schreibtisch hat Schillers knappe Lebenszeit wahrscheinlich (ein wenig) verlängert. Denn: in einem Beruf, der ihn täglich mit Menschen zusammengeführt hätte, wäre die (statistische) Wahrscheinlichkeit von Infektionen der Atemwege noch größer gewesen! Sein körperlicher Zustand, seine ›Heimarbeit‹ aber führten zur Einschränkung, zur Eingrenzung sozialer Kontakte: er war zu häuslichem Leben gezwungen, zu weithin isolierter und isolierender Arbeit. Die Arbeit am Schreibtisch als Lebensform, die am ehesten noch Zukunft offenhielt. Alles relativ, höchst relativ, aber: ein Arzt oder Jurist Schiller wäre möglicherweise nicht einmal 46 Jahre alt geworden.

Schiller am Schreibtisch, in Weimar: er belastete sich aufs äußerste, verlangte sich Extremes ab, zugleich aber schützte, vorerst, die Arbeit am Schreibtisch seine Lebensform. Das Geschick dieses Schriftstellers blieb mit dem Objekt Schreibtisch sehr direkt verbunden. Am Schreib-

tisch fand er so etwas wie Schutz vor Infektionen. Dieser
›Cordon sanitaire‹ konnte allerdings leicht durchbrochen
werden.

KONTINUIERLICH, auch während der Arbeit am neuen
Stück: Korrespondenz und Gespräch mit Goethe. Meist
wurde Schiller in das Haus am Frauenplan eingeladen
(phasenweise fast täglich), aber Goethe erschien zuweilen
auch in der Wohnung Schillers in der Windischengasse
(auf das Haus an der ruhigen Esplanade wird er noch etwa
zwei Jahre warten müssen.)
  Hier nun: Entwurf einer Modellsituation, nach überlieferten Vorlagen. Goethe erscheint an einem Nachmittag,
gegen vier. Kurze Begrüßung, die beiden Großmeister
sind noch nicht recht zu einem Gespräch aufgelegt. Schiller macht Notizen oder Exzerpte, Goethe liest oder zeich-
net. Eins der Kinder, wahrscheinlich der Karl, rempelt
beim Herumlaufen den Gast, aus Versehen, wird eingefan-
gen, wird scherzhaft bedroht: Goethe will den Kindskopf
mal als Kegelkugel werfen …
  Nun ist Bewegung in die Szene gekommen. Zusätzliche
Belebung durch Tee oder Punsch. Das Gespräch setzt ein,
der Diskurs: Fragen der Dramaturgie, Fragen der Ästhe-
tik, Fragen der Rezeption, kritische Anmerkungen zur
Literaturszene. Goethe sitzt in aufrechter Haltung, Schiller kann nicht sitzen, da würden die Schmerzen zu groß,
Krämpfe könnten leichter einsetzen, er geht auf und ab.
Doch so rasch er dabei auch werden mag, so intensiv er
auch spricht, in schwäbischer, sehr schwäbischer Intonati-
on auch bei abstraktesten Themen – Schmerzen holen ihn
ein. Er geht kurz hinaus, schluckt ein sedierendes, eventuell sogar schmerzlinderndes Mittel, kommt zurück, setzt
das Gespräch fort – es kann sich über Stunden hinziehen.

In besonders intensiven Phasen hat der Schmerz keine Realität mehr für ihn.

NUN DARF HIER NICHT die Suggestion erweckt werden, ein gesunder Goethe (der »Olympier«) sei zu Besuch beim »multimorbiden« Schiller. Die sich zeitweise fast täglich besuchten, die sich beinah täglich schrieben, sie waren beide von labiler Konstitution. Nicht nur wiederholte Nierenkoliken bei Goethe, die Lungenentzündung etcetera: auch chronische Probleme mit dem Rücken. Als man im zwanzigsten Jahrhundert seinen (luftdicht eingeschlossenen) Leichnam von Resten weichen Gewebes befreite (Mazeration), untersuchte man das Skelett und stellte fest, daß sieben Wirbel des Rückgrats ohne abfedernde Bandscheiben miteinander verwachsen waren. (Muß so aussehen, als wäre Rohzuckerguß über die Wirbelsequenz gegossen worden und dann erstarrt!) In den (schätzungsweise) vier Jahrzehnten, in denen die Versteifung zunahm: mit Sicherheit erhebliche Rückenprobleme, Rückenschmerzen. Goethes Dauerproblem wurde lange Zeit fehlgedeutet: seine steife Körperhaltung als Ausdruck eines Hangs zum Majestätischen. Das war aber keine Pose, das war schmerzhaft aufgezwungen.

Zum Diskurs der Dichterfreunde gehörten denn auch wiederholte Bekundungen des Bedauerns, des Mitleids, der Hoffnung, bald wieder ›gesund‹ zu sein. Und so sehe ich bei der Modell-Beschreibung eines der vielen Besuche Goethes im Hause Schiller nicht einen relativ gedrungenen, gesund wirkenden Goethe und einen hageren, sichtlich angeschlagenen Schiller (der Goethe um Haupteslänge überragt), ich sehe hier zwei Dichter, die weithin Patienten waren.

So muß das Bild der beiden Dichter in Schillers Wohnung präzisiert werden: ein schwer angeschlagener Schiller und ein Goethe, der sichtlich eingeschränkt ist in seinen Bewegungen, eventuell auch noch geschwächt von akuter Erkrankung.

So verbindet auch dies die Freunde: der Wille, sich von (chronifizierter) Krankheit nicht unterwerfen, nicht besiegen zu lassen, vielmehr: Dem Prozeß der physischen Einschränkung Werke entgegenzusetzen, die an Qualität und Intensität nicht verlieren.

ZWISCHENFRAGE: Warum will ich so genau wissen, unter welchen physischen Belastungen Schiller geschrieben, gedichtet hat? Eine Antwort: Ich will mir bewußt machen werden, wie weit der innere ›Frequenzbereich‹ dieses Dichters war zwischen dem, was er passiv erlitt und aktiv gestaltete. Physische Begleitumstände der kreativen Tätigkeit erkennend, wird meine Bewunderung nur umso größer für alles, was dennoch geleistet, dennoch vollbracht wurde.

Außerdem, im Kontext dieser Schrift: Das rekonstruierte Bild der Person wird der aufgeschönten Figur zweckbestimmter Rezeption entgegengesetzt. (Damit, als Variante zu einem Veranstaltungs-Untertitel: eine *Schillerbild-Störung*.) Auch so läßt sich das propagandistisch idealisierte Bild vom soldatisch aufrechten, vom heroischen Schiller konterkarieren. (Schiller war in der Tat heroisch – aber in einem ganz anderen Sinn als von NS-Kulturverwaltern propagiert!)

DIE BEIDEN DICHTER wären in diesem Kapitel also schon mal zusammengeführt. Könnte hier nicht gleich auch eins ihrer Gespräche skizziert werden? Doch mit welchem ihrer vielen Themen? Naheliegend in diesem Buch: Nachdenken über Geschichte. Dies, wie bei Schiller recht häufig: im Monolog.

Der kann hier freilich nur angedeutet werden im Aufreihen einiger Zitate aus einem Aufsatz, dessen Titel solch ein Thema kaum vermuten ließe: »Über das Erhabene«. Schiller, durch kollektive Erfahrungen (die Zeit des Großen Terrors in der Endphase der Französischen Revolution!) bei seinen erst sehr optimistischen, ja überschwenglich positiven Deutungsmustern der Geschichte zu Revisionen gezwungen, hat kein System einer Geschichtsphilosophie entwickelt, es blieb bei Ansätzen – bleibt das also auch in dieser Sequenz.

»In der bedenklichen Anarchie der moralischen Welt … Haushaltung der Natur mit der dürftigen Fackel des *Verstandes* beleuchtet und immer nur darauf ausgeht, ihre kühne Unordnung in Harmonie aufzulösen, der kann sich in einer Welt nicht gefallen, wo mehr der tolle Zufall als ein weiser Plan zu regieren scheint … Wenn er es hingegen gutwillig aufgibt, dieses gesetzlose Chaos von Erscheinungen unter eine Einheit der Erkenntnis bringen zu wollen … Gerade dieser gänzliche Mangel einer Zweckverbindung unter diesem Gedränge von Erscheinungen … Nähert man sich nur der Geschichte mit großen Erwartungen von Licht und Erkenntnis – wie sehr findet man sich da getäuscht! … Werden durch die Aussagen von Erfahrungen widerlegt … Wie ganz anders, wenn man darauf resigniert, sie zu *erklären*, und diese ihre Unbegreiflichkeit selbst zum Standpunkt der Beurteilung macht!«

Eine Formulierung, die in ihrer Skepsis modern erscheint: Unbegreiflichkeit zum Standpunkt der Beurteilung machen …

Konzentrationslager Weimar-Buchenwald

DAS KONZEPT (auch) dieses Kapitels habe ich mehrfach verändert. Ich hatte Textstellen gesammelt aus Berichten ehemaliger Häftlinge in Buchenwald, hatte sie arrangiert unter Stichworten wie »Einlieferung« oder »Steinbruch«. Aber das wirkte zusammengestoppelt. Und: wie akkumuliert für maximal niederschmetternde Wirkung. Nach einigem Umstellen, Kürzen, Erweitern habe ich mich denn entschlossen, in diesem Kapitel einem einzigen Zeugen zu folgen: einem Schriftsteller, der in das Lager Buchenwald eingewiesen wurde – und es wieder verlassen konnte.

Es ist allerdings ein Schriftsteller, gegen dessen literarisches Werk ich erhebliche Vorbehalte habe: Ernst Wiechert. Nun werde ich aber nicht damit anfangen, fragwürdige Formulierungen zu sammeln, das ist nicht mehr notwendig bei diesem fast völlig vergessenen Werk, ich will nur von einer Leseerfahrung berichten: Wiecherts Bericht »Der Totenwald«. Auf einer meiner Reisen in die DDR hatte ich dieses Buch (in edlem, hellgrauem Leinen) gekauft, Printed in the German Democratic Republic, »Nur zum Vertrieb in der DDR und im sozialistischen Ausland«: eine Sonderausgabe des neunten Bandes der zehnbändigen Werkedition – Wiechert wurde als »Antifaschist« gefeiert, so kam es zu dieser aufwendigen Lizenzausgabe.

Stirnrunzelnd begann ich die Lektüre: der Anfang schien alle Befürchtungen zu bestätigen. Doch nach wenigen Seiten: Staunen über unerwartete Prägnanz. Das Lager, in dem Schillers Schreibtisch anderthalb Jahre lang abgestellt sein wird, es gewinnt einen hohen Grad an Präsenz in Wiecherts Bericht.

Vorweg aber muß erst einmal skizziert werden, wie aus-

gerechnet der ultrakonservative Schriftsteller Wiechert ins
KZ kam. Dieser ehemalige Lehrer aus Ostpreußen bewies,
was (auch) meine Mutter, eine seiner Leserinnen, »Zivilcourage« nannte – die Haupttugend, die sie uns Söhnen
predigte und in unerschrocknem Umgang mit Beamten
und Uniformierten auch demonstrierte. Befreundet mit
der Frau eines Schriftstellers, könnte sie durchaus von
Wiecherts Geschichte gehört haben, und so bewunderte
sie wohl nicht nur den Autor von Romanen, deren blaß
getönte Leinenumschläge ich noch vor mir sehe, sondern
auch den Mann mit Zivilcourage.

IN HITLERS DEUTSCHLAND sah Wiechert ein »Reich der
Halbbildung, der Gewalt und der Lüge«. Er folgte nicht
den Verlockungen der NS-Kulturbehörden; er ließ sich
zwar Lesereisen organisieren, blieb aber resistent und reni-
tent.

Nach einigen Absagen, etwa zu einer Großveranstaltung der Hitlerjugend, hielt Wiechert am 16. April 1935
im überfüllten Auditorium Maximum der Universität
München eine »Rede an die deutsche Jugend«. Sie begann
mit einem stark akzentuierenden Satz: »Wir hatten einmal
ein Vaterland, das hieß Deutschland.«

Was folgte, ist weithin eher Predigt als Rede. Vieles
bleibt wolkig. Zuweilen aber reißt das Gewölk auf, etwa
mit dem Hinweis, »daß wir in deutschen Landen bereits
ein Dichterschulungslager besitzen, in dem Herr Roman
Hoppenheit, und kein Geringerer als dieser, die künftigen
Barden aus dem individualistischen Kunstgetriebe einer
restständigen Kunstprominenz zu einer anonymen
Gemeinschaftskunst heranzüchtet«.

Wer war Roman Hoppenheit? Ich finde nur zwei Hinweise, aber die genügen in diesem Zusammenhang. Hop-

penheit als »rechtskonservativer Autor«; er gehörte zu denen, die gegen Remarques Roman »Im Westen nichts Neues« polemisierten. Und, was dazu paßt: er gab, »neu bearbeitet«, zwei Bücher heraus, die das Soldatenleben durch sogenannte lustige oder witzige Darstellung verharmlosten. Eins von ihnen: »Liebe und Trompetenblasen«. Der Untertitel (auch der zweiten Textsammlung): »Heiteres aus dem Soldatenleben«. Dieser Schreiber wurde im Dritten Reich offenbar rasch zu einem Kulturverwalter, zu einem der Vermittler von »Weltanschauung«.

Damit wieder zum Vortrag, zur Rede. Nach etwa vier Druckseiten die Sequenz, die sich als Zitat bald selbständig machte. »Ja, es kann wohl sein, daß ein Volk aufhört, Recht und Unrecht zu unterscheiden und daß jeder Kampf ein ›Recht‹ ist. Aber dieses Volk steht schon auf einer jäh sich neigenden Ebene und das Gesetz seines Untergangs ist ihm schon geschrieben. Es kann auch sein, daß es sich einen Gladiatorenruhm gewinne und im Kampf ein Ethos aufrichtet, das wir ein Boxerethos nennen wollen. Aber die Waage ist schon aufgehoben worden über diesem Volk, und an jeder Wand wird die Hand erscheinen, die die Buchstaben mit Feuer schreibt.«

Und Wiechert schloß mit dem Appell: »So bitte und beschwöre ich Sie heute, sich nicht verführen zu lassen und zu schweigen, wenn das Gewissen Ihnen zu reden befiehlt.«

Die Rede sollte ursprünglich gedruckt werden, das wurde aber nicht mehr riskiert. Doch sprach sich herum, was Wiechert vorzutragen gewagt hatte. Wie im Samizdat wurden auch maschinenschriftliche Kopien in Umlauf gebracht. Mindestens eine dieser Abschriften gelangte in die Schweiz.

In Zürich wurde Thomas Mann von Franz W. Beidler

besucht, Enkel von Richard Wagner, Schriftsteller mit dem thematischen Schwerpunkt Wagner. Thomas Mann im Tagebuch: »Er gab aus einer Abschrift größere Partieen aus einer verbotenen Rede des Dichters Ernst Wiechert an Münchener Studenten zum Besten, die ein sehr würdiges Dokument darzustellen scheint, aus tiefem Leiden stammend. Eine moralische Blüte dieser Schandepoche in Deutschland, ergreifend und Gedenkens wert.«

Diese Rede hatte für Wiechert noch keine unmittelbaren Konsequenzen. Auch nichtöffentliche Lesungen aus einer Novelle, die sein Verlag (Langen-Müller) »aus politischen Gründen« nicht veröffentlichen wollte: »Der weiße Büffel oder Von der großen Gerechtigkeit«. Ein Bauernjunge erhebt sich gegen einen tyrannischen Landesherrn ... Textprobe: »Am nächsten Morgen nahm Vasudeva Abschied von seiner Mutter und seinem Dorf und machte sich zur Königsstadt auf, um an den Stufen des Thrones um Recht zu bitten. Einen weißen Büffel mit vergoldeten Hörnern werde er wiederbringen, sagte er lächelnd zu dem Geschädigten, und zwischen den Hörnern werde eine goldene Tafel hängen, auf der geschrieben sein werde, daß Recht ein Geschenk der Götter und Könige an die Armen sei.« Solche Sätze konnten damals schon Sprengsätze sein...!

Noch 1937 wurde versucht, Wiechert für die NS-Literatur zu verpflichten. Aus dem Nachwort zu einer seiner Erzählungen: »Trotz aller Wandlungen ist aber das Wesenhafte Ernst Wiecherts unverändert geblieben ... das deutsch-nordische Stirb und Werde ... in der masurischen Wildnis wurzelnde Eigenwüchsigkeit ... den Passionsweg seiner Selbstschau ging ... offenbarte er deutsche Wesenheit. In seinen Schöpfungen wetterleuchtet die uralte unzerstörbare Kraft der germanischen Welt.«

Im Jahr dieser Publikation die Affaire Niemöller: der ehemalige U-Boot-Fahrer, dann Gemeindpfarrer, war in Berlin von der Gestapo verhaftet worden; vorgeworfen wurden ihm »Hetzreden« und Aufforderungen »zur Auflehnung gegen staatliche Gesetze und Verordnungen«. Sieben Monate saß er in Untersuchungshaft. Endlich der Prozeß. Niemöller wurde zu einer Geldstrafe verurteilt und zu sieben Monaten Haft. Die wurden mit der Untersuchungshaft verrechnet und Niemöller war frei, nominell. Doch er wurde – noch im Gebäude des Landgerichts – von Mitarbeitern der Gestapo verhaftet und in das KZ Sachsenhausen überführt.

Wiechert erfuhr davon. Als sehr gut verdienender Autor wurde er regelmäßig zu Spenden für das Winterhilfswerk genötigt, auch für die Nationalsozialistische Volkswohlfahrt. Doch nun verweigerte er Spenden – und dokumentierte das schriftlich! Ein Bericht der Polizeistelle München bestätigt das. Und: ein Schreiben des Reichsführers SS; Himmler zitiert hier Wiecherts Absage an die NSV Wolfratshausen. »Ich kündige daraufhin mit sofortiger Wirkung meine Beiträge zur Volkswohlfahrt und zum Winterhilfswerk, mit dem Bemerken, daß ich die entsprechenden Beträge so lange Frau Niemöller und ihren acht Kindern zukommen lassen werde, bis Pfarrer Niemöller aus dem Lager entlassen wird und das Wort der letzten Reichstagsrede auch für ihn Anwendung gefunden haben wird: Recht muß Recht sein, auch für Deutsche!«

Eine Kampfansage! Wiechert bereitete sich in seinem Hof am Starnberger See auf die Verhaftung vor. Die erfolgte auch bald. Eingeleitet wurde sie durch eine Haussuchung. Gefahndet wurde vor allem nach Briefen von Niemöller. Ein Briefwechsel mit ihm hatte aber nicht stattgefunden. So wurde die Durchsuchung ausgeweitet auf private Briefe und Tagebücher.

Vor dem ersten Zitat aus seinem Bericht eine Anmerkung: Wiechert schrieb hier nicht in der Ich-Form, er führte eine Erzählfigur ein, die er Johannes nannte (wie eine seiner Dramenfiguren). »Es half Johannes nichts, daß er ihnen ein kürzlich ergangenes Reichsgerichtsurteil vorhielt, nach dem Tagebücher den Charakter von Selbstgesprächen besäßen und als Anklagematerial nicht zu verwenden seien. Man ging über diesen rechtlichen und also verpflichtenden Einwand ebenso schweigend hinweg wie über seinen empörten Widerspruch, als man Briefe seiner Frau an ihn zu lesen begann.«

Er wurde nach München gebracht. Untersuchungshaft. Ein erstes von mehreren Verhören – es dauerte fast sieben Stunden. »Es gab keine Verständigung zwischen diesen beiden Welten. Sie schlossen einander aus.«

Was er sich vorgenommen hatte, das erfüllte er offenbar auch: Haltung zu bewahren, auch bei den späteren Verhören. »Haltung war das einzige, was der Gewalt entgegengesetzt werden konnte.« Und: »Es war ihm, als seien die Augen aller seiner Leser auf ihn gerichtet, und er nickte ihnen beruhigend zu.«

Die Männer, die ihn verhörten, »trugen schwarze Uniformen. Beide waren sehr wohlgenährt, und beiden war eigentümlich, daß sie die Hände in die Hüften stützten und nur von der Seite her ihre Fragen stellten, als wäre es verächtlich für sie, einem Gefangenen gegenüberzustehen. Sie machten Johannes den Eindruck von Konkursverwaltern, die eine kümmerliche ›Masse‹ betrachteten.«

Der Schiller-Festredner Dr. Joseph Goebbels notierte bald darauf in seinem Tagebuch: »Vernehmungsprotokoll von dem sogen. Dichter Wiechert gelesen. So ein Stück

Dreck will sich gegen den Staat erheben. 3 Monate Konzentrationslager. Dann werde ich ihn mir persönlich kaufen.«

(Am selben Tag notiert: »Richtfest am Bau der neuen Reichskanzlei. Ein Meisterwerk Speers.« Und: »Jüdischen Ärzten Approbation entzogen. Das Judentum wird planmäßig zurückgetrieben.«)

EIN RÜCKBLICK – vergleichend, nicht gleichsetzend. In (der Ausgabe von 1788) seiner Geschichte der spanischen Niederlande schrieb Schiller zur Inquisition unter Philipp II., was über das 16. Jahrhundert hinausweist. »Die Freiheit des Geists durch eine tote Einförmigkeit zu zerstören, war das Ziel, worauf dieses Institut hinarbeitete; seine Werkzeuge dazu waren *Schrecken* und *Schande.* Bis ins Gebiet der geheimsten Gedanken dehnte es seine unnatürliche Gerichtsbarkeit aus.«

WIECHERT, 51, wurde in das Konzentrationslager Buchenwald eingewiesen. Langwieriger Transport. Die Gefangenen mußten in Hof umsteigen. Gefesselt wurden sie über einen Bahnsteig geführt. Und nun eine der irrwitzigen Konstellationen jener Zeit: auf einem anderen Bahnsteig zwei Damen, die ihn erkannten. Tränen. Kleines Winkzeichen seiner linken Hand.

In einem Gefangenen-Waggon der Reichsbahn von Hof nach Weimar. »Unzählige Polizisten mit dem Karabiner unter dem Arm nahmen sie in Empfang. Der Unterlagerführer in SS-Uniform gab ihnen die ersten Anweisungen, derart etwa, daß sie bei einem Fluchtversuch oder der geringsten Widersetzlichkeit sofort ›abgeschossen‹ würden, daß sie ihre ›Schnauzen‹ gerade aus zu nehmen hätten, daß man diesen ›Schweinen‹ schon Schliff beibringen würde.«

In Polizeifahrzeugen der Transport ins Konzentrationslager. Aufstellen auf dem Appellplatz. Erste Beobachtungen. Einer der frühesten und nachhaltigsten Eindrücke: die »Klagemauer« am langgestreckten Eingangsgebäude mit dem charakteristischen Turm. Vor dem Trakt mit den Arrestzellen, »Bunker« genannt, mußten Häftlinge wegen geringer und geringster ›Vergehen‹ zwölf Stunden lang stehen, von morgens fünf bis nachmittags fünf, »bewegungslos wie Pfähle oder leise schwankend wie Betrunkene. Da sie nicht austreten durften, standen sie dort in ihrem eigenen Unrat, einer erbarmungslosen Sonne preisgegeben, die den halben Tag von der weißen Mauer zurückstrahlte, manche in der Gebärde des ›Sachsengrußes‹, wie der bittere Humor des Lagers die im Nacken gefalteten Hände nannte. Eine Marter, die nur gelegentlich unterbrochen wurde, wenn einer der vorübergehenden Uniformträger sie mit dem Kopf gegen die Wand stieß oder sie ins Gesicht schlug.« So war offenbar die schmiedeeiserne, nach innen gerichtete Parole am Lagertor zu verstehen: »Jedem das Seine«.

Weniger Erschrecken und Verstörung beim neu eingelieferten »Schutzhäftling« als das Gefühl »einer dumpfen Betäubtheit«. Sein Leben, seine Welt: nun gesehen wie durch »eine blinde Eisdecke«. »Lautlos und unwirklich die Gestalten seines bisherigen Daseins, seine geliebten Menschen, seine Bücher, seine Hoffnungen und Entwürfe.«

Stundenlanges Stehen im Gang vor der Schreibstube, in der Personalien aufgenommen wurden. Einige der älteren Gefangenen brachen zusammen; sie wurden angebrüllt und getreten, bis sie sich wieder aufrichteten. »Von Zeit zu Zeit kam einer der SS-Männer den Gang entlang, ging langsam die Reihe hinunter und starrte in jedes Gesicht,

als suche er sich sein Opfer schon heraus. Da war ein über
siebzigjähriger Jude mit einem bekannten Namen, der sich
eben von der Erde wieder aufgerichtet hatte und der die
Blicke der Vorübergehenden besonders auf sich zog. Fast
jeder versprach, ehe er weiterging, ›mit dieser alten Juden-
sau schon Schlitten zu fahren‹. Und ehe sie den Raum wieder verließen, war das alte Gesicht schon von Faustschlä-
gen geschwollen.

Johannes nahm alles wie in einem Spiegel in sich auf. Er
wollte nichts übersehen und nichts vergessen. Es war ihm,
als sei er hierhergekommen, um einmal Zeugnis abzulegen
vor einem Gericht, das er noch nicht kannte.«

VERNICHTUNG DURCH ARBEIT: eine der Parolen der
Lagerführung der Waffen-SS. Besonders brutal wurde die
Parole verwirklicht im Steinbruch. Hier muß ich, in diesem Kontext, Details aussparen – die sind ja auch hinreichend dokumentiert!

Wiechert nun berichtet aus der Zeit, in der die »Blutstra-
ße« gebaut wurde zwischen Stadt und Lager. Vom Steinbruch mußten schwere Brocken zur Fundamentierung
(»Packlager«) der Straße geschleppt werden – dabei wurde
auch Wiechert eingesetzt, als einer der Zwangsarbeiter des
SS-Imperiums.

Eine Hitzewelle: bis zu 35 Grad im Schatten. Es war
»bei Prügelstrafe verboten, vor oder während oder nach
der Arbeit einen Tropfen Wasser zu trinken«. Man durfte
sich nicht einmal aufrichten, um zu verschnaufen. Zu Mittag nichts als ein »halber Becher einer lauwarmen Brühe,
indes der Körper in jeder Minute Ströme von Schweiß verlor«.

Und er lernte eine neue Lagerlogik kennen. Brach ein
alter Mann unter der Last zusammen, wurde er wieder auf

die Beine gestellt und die Steinlast wurde ihm aufgehuckt. »Wenn er dreimal zusammenbrach, so wurde sie ihm viermal aufgelegt, und wenn er liegenblieb, so ›meuterte‹ er eben, und auf Meuterei stand die Todesstrafe.«

Bei einer kurzen Rast sah Johannes »den langen Zug der Verdammten« aus der Senke des Steinbruchs heraufsteigen, »mit Lasten, die für die Schultern von Athleten gedacht waren«, sah »Skelette mit gespenstischen Armen und Beinen, von Wunden bedeckt«, sah Augen »verstört … erloschen … wie leere Linsen …« Sah, wie ein Mann, »verkrümmt und mit weißem Haar, geschlagen wurde.« Erst vom Kapo, dann vom Scharführer: als das Opfer, halb bewußtlos, die Arme nicht mehr vors Gesicht halten konnte, schlug der SS-Mann »mit einem fingerstarken Stock zu, auf die Wangen, auf die Ohren, die Schläfen.« Dann wurde »der Taumelnde« auf den Weg gedrängt, der in den Wald führte und damit zur äußeren Postenkette (die überwiegend aus sehr jungen SS-Männern bestand, zwischen 19 und 16!). Kurz darauf »fast gleichzeitig zwei Schüsse, die dem Ganzen ein Ende machten. Johannes sah dies alles, während das leere, eiskalte Gefühl in seinem Innern wuchs und wuchs.« Es wuchs auch Empörung: »Wenn Gottes Erbarmen geringer war als menschliches Erbarmen, dann war dies alles ein Trugbild, auf einen Kinderhimmel gemalt, und wo der Kinderhimmel zerbrach, zerbrach auch das Trugbild.«

NICHT NUR UNIFORMIERTE drangsalierten, maltraitierten, ›liquidierten‹ Gefangene, auch einer der Blockältesten unter den Häftlingen setzte die vorherrschende, ja vorgeschriebene Menschenverachtung brutal um. »Er schlug in die jungen und alten Gesichter hinein wie in einen Haufen Spreu, von oben, mit flacher Hand.« In ein Gesicht schlagen wie in eine Anhäufung Spreu: radikaler Vergleich!

Einer der älteren Männer, »Vater Hermann«, überlebte nicht einmal die erste Woche. Erschöpft von der Arbeit im Holzhof war er eingeschlafen, hatte den Rückmarsch seines Arbeitskommandos verpaßt, galt damit als Flüchtling, wurde gesucht und rasch gefunden, wurde mit dreißig Stockhieben bestraft, auf dem »Bock«. Anschließend wurde er in einen Verschlag gezwängt, in dem zuvor ein Schwein angeliefert worden war, man half mit Stiefelabsätzen nach, »dann nagelte man die Latten über ihm wieder zu und ließ ihn die ganze Nacht so auf dem Hof«. Am nächsten Morgen mußte Vater Hermann wieder auf den »Bock«, wurde noch mal ausgepeitscht. Anschließend »zwangen sie ihn, den schweren Bock fortzutragen. Der alte Mann brach zusammen, und sie stießen ihn vor sich her. Auf Händen und Füßen kroch er über die Erde, die schwere Last auf seinem geschändeten Körper. (...) Vater Hermann starb in der nächsten Nacht.«

Wo Johannes W. auch hinschaute: Spuren der Gewalt. »Er hatte niemals Körper gesehen, die so bis auf das Skelett verwüstet waren, niemals Wunden von zwei Spannen Länge, in denen der Eiter alle Knochen bloßgelegt hatte.« Und die Reaktionen der Uniformierten? »Man machte sich beim Appell mitunter den Scherz, alle vortreten zu lassen, die ein körperliches Leiden hätten. Waren ihre Nummern notiert – wie viele Nummern! – so entzog man ihnen für den ganzen Tag das Essen, mit der Begründung, Kranke dürften keine Nahrung zu sich nehmen.«

Von brutalem Zynismus auch der Lagerarzt. Juden wollte er prinzipiell nicht sehen – sie mußten, auch vor dem Häftlings-Krankenbau, in Deckung gehn, sich verstecken, sobald der Herr auftauchte. Erschien ihm die Zahl der war-

tenden Kranken zu groß, trieb er sie »mit Steinwürfen aus-
einander. Als der Platz leer war, säuberte er seine Hand-
schuhe, sagte ›Feiges Gesindel!‹ und trat in die Baracke
ein.«

Wenn der Lagerarzt (Dr. Werner Kirchert) wartende
Patienten nicht mit Steinwürfen vertrieb, »ging er zwischen ihnen hindurch wie zwischen einem Haufen von
Mülleimern«. Härter und präziser könnte das kaum artikuliert werden! Und: »Hier konnte jedermann seinen
Spaß treiben, wenn er eine Uniform trug. Achttausend
Gesichter luden ihn dazu ein, und wer achttausend Kegel
auf einem Felde aufgestellt sieht, sollte den nicht die Lust
anwandeln, einmal seine Kugel unter sie rollen zu lassen?«
Diese »kalte Verächtlichkeit« sah Johannes W. bei »fast
allen Lenkern dieses Lagers. Es war, als gingen sie durch
die sieben- oder achttausend Opfer, die man hier zusam-
mengeschleppt hatte, wie durch stinkenden Unrat.«

NACHSPIEL. Berlin, Wilhelm-Straße, RMfVP, Reichsmini-
sterium für Volksaufklärung und Propaganda. 30. August 1938. Joseph Goebbels, im Tagebuch: »Ich lasse mir
den Schriftsteller Wiechert aus dem K.Z. vorführen und
halte ihm eine Philippica die sich gewaschen hat. Ich dulde
auf dem von mir betreuten Gebiet keine Bekenntnisfront.
Ich bin in bester Form und steche ihn geistig ab. Eine letzte Warnung! Darüber lasse ich auch keinen Zweifel. Der
Delinquent ist am Schluß ganz klein und erklärt, seine
Haft habe ihn zum Nachdenken und zur Erkenntnis
gebracht. Das ist sehr gut so. Hinter einem neuen Vergehen steht nur die physische Vernichtung. Das wissen
wir nun beide.«

Das hätte Goebbels gern so gesehn: einen Ex-Häftling,
den man ›kleingekriegt‹ hatte. Aber Wiechert war so leicht

nicht einzuschüchtern. Mehr als einmal besuchte er bei Berlinreisen Walter Husemann, mit der er sich befreundet hatte, und der einige Wochen nach ihm aus Buchenwald entlassen worden war.

Observation oder Denunziation ließen sich bei solchen Begegnungen nicht ausschließen: Walter Husemann gehörte zu einer losen Gruppierung von Widerstandsgruppen, vor allem unter Harro Schulze-Boysen und Arvid Harnack, die von der Gestapo zusammengefaßt wurden unter der Sammelbezeichnung »Rote Kapelle«. Wiechert soll über Husemann sogar einen (heimlich aufgenommenen) Schmalfilm von einer der Massenerschießungen von Juden im Osten gesehen haben. Das wäre denn über Libertas Schulze-Boysen geschehen: sie war Referentin in der Kulturfilm-Zentrale des Propagandaministeriums, nutzte ihre Verbindungen und Beziehungen, um nebenher Dokumentationen von NS-Verbrechen im Osten zu sammeln.

Walter Husemann wurde 1943 in Berlin-Plötzensee mit dem Fallbeil getötet.

Veredelung des Menschen?

DEN SCHLAMM DER GESCHICHTE DURCHWATEN: eine Formulierung, wie ich sie von Andreas Streicher kaum erwartet hätte. Sie eröffnet einen Satz, den ich nun vollständig zitiere: »Den Schlamm der Geschichte durchwaten und sich recht ernstlich mit einem Gegenstande beschäftigen, welcher der Einbildungskraft ganz entgegen ist.«

Ja, bei der Arbeit am Kapitel Buchenwald habe ich, wieder einmal, das Gefühl, ich müßte durch Schlamm waten, und dieser Schlamm würde bis zum Kinn aufsteigen, bis an die Lippen. Denn der Bericht des Kronzeugen Wiechert läßt sich weiterführen – und damit die Erkenntnis dessen, was menschenmöglich ist.

Im Herbst 39 wurden über vierhundert Wiener Juden nach Weimar transportiert. Die Baracken des Lagers waren überfüllt, so wurde ein Teil des Appellplatzes mit einem Stacheldrahtzaun umgeben, eine Baracke und vier Mannschafts-Zelte wurden aufgestellt: das »Kleine Lager«. Einer der wenigen Überlebenden: »Die Einrichtung der Zelte bestand aus nackten Holzpritschen, welche in drei Etagen übereinandergeschichtet waren. Strohsäcke oder Decken gab es keine. Waschgelegenheit war ebenfalls nicht vorhanden, zur Verrichtung der Notdurft diente eine rasch ausgehobene Grube.«

In diesem Sonderlager innerhalb des Konzentrationslagers brach nach kurzer Zeit eine Ruhrepidemie aus. Medizinische Versorgung fand nicht statt. Schon wenige Tage nach der Einlieferung waren rund zwei Drittel der Sonderhäftlinge gestorben.

Walter Poller, politischer Gefangener und Arztschreiber, begleitet nach dem Abklingen des intendierten Massensterbens einen SS-Arzt in die »Sonderzone«. »Als ich das Lager betrete, sind bereits etwa 400 Hälftlinge gestorben, trotzdem liegen die übrigen Häftlinge in den Zelten, die sie nur zum Essenholen und Austreten verlassen dürfen, noch buchstäblich übereinander. Die Lebenden bei den Sterbenden, die Gesunden bei den Todkranken, die Greise bei den Kindern, die Ängstlichen bei den Fatalisten. Unglaublicher Pesthauch, unbeschreiblicher Schmutz, Menschen, die am lebendigen Leibe verfaulen, Irre und Wahnsinnige, in Krämpfen sich windend, im Koma – eine Apokalypse, wie sie kein Hirn auszudenken und keine Feder zu beschreiben vermag.«

Bereits drei Jahre, bevor in diesem Konzentrationslager Schillers Schreibtisch, Sterbebett und Fortepiano deponiert wurden, hatte man es vorsätzlich so weit kommen lassen in der Entwicklung der Lagerrealität!

LASSEN SICH HIER NOCH Stichworte, Formulierungen einbringen aus Schillers Programm der »ästhetischen Erziehung des Menschen«, der »Veredelung der moralischen Gesinnungen«? Oder sollen wir, womöglich hohnlachend, als Traum abtun, »daß es das Schöne sei, was den rohen Sohn der Natur verfeinert und den bloß sensualen Menschen zu einem rationalen erziehen hilft«? Hochherziges, hochfliegendes Erziehungsprogramm – konzipiert in der Zeit *vor* der »Grande Terreur« der Französischen Revolution ...

Als nach und nach bekannt wurde, was in jener Zeit geschehen war, rückte Schiller von seiner früheren, optimistischen Geschichtsdeutung ab. Kein Wunschbild mehr von einer universalen (heute würden wir sagen: globalen) Entwicklung zur aufgeklärten Menschheit, einem »verborgenen Plan der Natur« folgend, kein Wunschbild mehr von einer (versteckt) zielstrebigen »Verbesserung« und »Veredelung«, vielmehr die Feststellung, daß Terror und Barbarei hereingebrochen sind in die (also doch aufgeschönte) Denkwelt. Nach dem Aufsteigen in einer intellektuellen Thermik der Absturz. Das Denkmodell zertrümmert, die Bruchstücke ließen sich nicht mehr zusammensetzen. Alles gleichsam erdrückt, erstickt unter der Leichenlawine »Grande Terreur«.

Und doch: der Gedanke der verbessernden Einwirkung auf Menschen durch Kunst taucht gelegentlich wieder auf. Unter der Überlast von vergangenen Erfahrungen jedoch und von Nachrichten, die uns begleiten: dürfen, ja müssen

wir dieses Programm der »Erziehung des Menschengeschlechts« als völlig gescheitert betrachten? Resignation
oder Zynismus als einzige Reaktionen, die das 20. Jahrhundert der menschgemachten Katastrophen (und deren Fortsetzung zu Beginn des 21. Jahrhunderts) noch zulassen?
Das Dauerprojekt Humanisierung achselzuckend aufgeben? Oder, moderater formuliert: den Prozeß der Diffe-
renzierung, Sensibilisierung vorzeitig beenden?

Um hier nicht pathetisch oder larmoyant zu werden,
schicke ich einen Schriftsteller vor, den Schiller recht gut
kannte: Johann Gottfried Herder. Denn: mit seinem
Humanisierungs-Konzept war und blieb Schiller nicht
allein, er wurde auch von Herder begleitet – den er schon
bei einem der frühen Aufenthalte in Weimar kennenge-
lernt hatte. So berichtet Schiller in einem Brief vom Juli
1787, daß er mit Herder über Politik und Philosophie
gesprochen habe, auch »über Weimar und seine Menschen, über Schubart und den Herzog von Württemberg,
über meine Geschichte mit diesem. Er haßt ihn mit Tyran-
nenhaß.« Etwa fünf Jahre nach diesem Gespräch begann
Herder mit der (fortlaufenden) Publikation seiner »Briefe
zu Beförderung der Humanität«.

Nur ein paar Stichworte hier. Herder schlug vor, einen
»*Bund der Humanität*« zu gründen, als Zusammenschluß
der »Mitarbeiter an *einem* Bau der Humanität«. Verbin-
dend das Ziel, den Menschen zu »humanisieren«, das
heißt, »den Unmenschen oder Halbmenschen zu Menschen zu machen«. Sogar den Unmenschen…!

Herder, Pädagoge und Prediger, setzte vor allem auf Vorbilder, beispielsweise auf Benjamin Franklin, vorzugsweise
auf Immanuel Kant, »der mir ein wahrer *Lehrer der Humanität* war«. Beschäftigung mit Lebensführung und Werk der
Vorbilder sollte humanisierende Wirkung zeitigen.

»*Briefe zu Beförderung der Brutalität*« hingegen brauchten nicht geschrieben zu werden, auch nicht 1797, »jetzt im unseligsten Kriege«. Und Herder präsentierte ein Friedensmodell: wie sich Delaware-Indianer, Cherokesen und Irokesen verständigen könnten … Zur Notwendigkeit solcher Konzepte: auch Herder sah, daß »unsinnige Kriege« geführt wurden, geführt werden – »triefen nicht alle Weltteile vom Blut«?

Folgt die Frage, vor der auch wir stehen: »Wäre endlich die ganze Idee einer fortgehenden, jetzt fortschreitenden Vervollkommnung des Menschengeschlechts nicht ein bloßer Traum, eine schmeichelnd-täuschende Idee, mit der wir spielen?«

Was Herder dennoch schrieb, läßt sich unterschreiben. »Gerne geben wir Ihnen, mein Freund, den größten Teil Ihrer Klagen über die Zeit zu; aber was folgt daraus? Sollen wir nur klagen, die Hände in den Schoß legen, verzweifeln? Oder sollen wir behutsam ans Steuer, mutig ans Ruder greifen?«

Schiller arbeitet am Schreibtisch

EINS DER ARBEITSPROJEKTE, das die beiden großen Dichter verband: Goethe hatte Voltaires »Mahomet« übersetzt, wollte das Stück im Hoftheater aufführen lassen, bat Schiller um einen Prolog. Der Freund entwarf im Januar 1800 gleich die »Anlage dazu«, erarbeitete zehn Stanzen, »damit wir das Publikum mit geladender Flinte bei dem ›Mahomet‹ erwarten können«.

Doch wieder einmal nutzt Schiller die Gelegenheit, wahre deutsche Dichtkunst zu rühmen und französische Literatur zu schmälern. Wobei Schiller, im folgenden

Zitat, weniger eine Person als ein Phänomen in Frage stellen will.

> Nicht Muster zwar darf uns der Franke werden,
> Aus seiner Kunst spricht kein lebend'ger Geist,
> Des falschen Anstands prunkende Gebärden
> Verschmäht der Sinn, der nur das Wahre preist,
> Ein Führer nur zum Bessern soll er werden ...

Das Wahre, das Bessere: offenbar nur zu vermitteln durch deutschsprachige Texte ... Ein Jahr später wird Schiller, paradigmatisch, in einem Gedichttitel »Voltaires Pucelle und die Jungfrau von Orleans« einander gegenüberstellen. Voltaires Absicht soll es sein, »das edle Bild der Menschheit zu verhöhnen« und damit den »wilden Markt« zu unterhalten, während Schiller sich offenbar zu den »schönen Herzen« zählt, die noch fähig sind zur Idealisierung: »Ein edler Sinn lebt edlere Gestalten.«

So wird wiederholt die »deutsche Muse« ins Feld geführt gegen rational-kalte französische Poeterei, der sich die Musen letztlich verweigern, denn:

> Der allein besitzt die Musen,
> Der sie trägt im warmen Busen.

(Ein Zitat, versehentlich, von Wilhelm Busch?! Nein, nein, von Schiller!)

SCHILLER AM SCHREIBTISCH, fast an den Schreibtisch gefesselt. Doch zuweilen riß er sich los, um wieder Kraft zu finden für die Fortsetzung der Arbeit. In solchen Zwischenphasen spielte er vorzugsweise Schach. Schreiben und Schachspielen – beides gehört zusammen, nicht nur biographisch. Denn: daß Schriftsteller Schach spielten, wurde Zeiterscheinung.

Doch hohe Erwartungen müssen hier gleich enttäuscht werden. Ein Schachhistoriker wird 1857 in seinen »Erinnerungen aus dem früheren Berliner Schachleben« betonen, »daß die Kombinationen damals von einem sehr beschränkten methodischen und schwerfälligen Geist beherrscht wurden«.

Ein halbes Jahrhundert zuvor wiederum hieß es in einem Zeitschriftenbeitrag: »Der Hang, Schach zu spielen, hat unter den Schriftstellern Berlins seit ein paar Jahren sehr zugenommen.« Nicht nur in Berlin! Immer mehr Personen in Deutschland, die »ebenso sehr an dem wechselseitigen Umgang als an dem geistvollen Spiel Behagen fanden«. Dies bezogen auf das Jahr 1803. Da spielte Schiller noch regelmäßig Schach.

Ebenfalls aus jenem Jahr: »Anastasia und das Schachspiel. Briefe aus Italien vom Verfasser des Ardinghello.« Der Autor, Wilhelm Heinse, war bekannt – und berüchtigt – durch seinen Italien-Roman, auf den der Untertitel des neuen Buchs werbend hinweist: pikante Liebesabenteuer der ›Renaissance‹...

Mit Blick auf Schiller als passioniertem Schachspieler zwei Zitate aus Heinses Monographie im Muster eines »Gesprächsspiels«. »Mich dünkt, das Schachspiel ist ein reizendes Bild des ganzen menschlichen Lebens. Man kann sich dabei alles vorstellen, wo Kampf und Überwindung sein muß.« Und: »Die Figuren im Schachspiel sind weiter nichts als Elemente, Hieroglyphen, Buchstaben, woraus sich Jeder Sinn und Bild nach Belieben machen kann.« Variationen der Hohen Kunst der Kombinatorik...

UND WIEDER FIEBER, die Arbeit behindernd, ja verhindernd. Fieber, wie es in zahlreichen Phasen den Patienten beherrscht, es war für den jungen Schiller Thema des lateinischen Dissertationsversuchs, in dem Unterschiede herausgearbeitet wurden zwischen »entzündlichem Fieber« (etwa bei einer Lungenentzündung) und »fauligem Fieber« (bei Malaria oder Typhus).

Übersetzt lesen sich seine Ausführungen zum »fauligen Fieber« wie folgt: »Unter diesem Begriff versteht man anhaltende und wiederkehrende Fieber, die sich unter der Maske katarrhalischer Erkrankungen einnisten, mit höchstgradigem Kräfteverfall, umherziehenden Schmerzschauern, Schwindel, Übelsein, Erbrechen, Durchfällen, Schmerzen im Zwerchfell, auf der Brust, im Kopf und auf dem Rücken, flüchtigen Schmerzen in Lenden und Gliedern, sehr kleinem ungleichmäßigen Puls, verschiedenen Verwirrungen des Verstandes, krampfartigen Bewegungen und anderem einhergehen.«

Der Medizinstudent weiter: »Nicht wenn ich hundert Zungen hätte und hundert eiserne Münder, könnte ich alle Formen der Krankheit zusammenstellen und alle Namen der Krämpfe durchlaufen.« Das wird, leider, auf ihn selbst zutreffen – zwei Jahrzehnte, nur zwei Jahrzehnte nach der Niederschrift der lateinischen Version dieses Zitats.

ZUSÄTZLICH ZUR KRANKHEIT: weitere Bedrohungen der Arbeit am Schreibtisch? Ja, Napoleon Bonaparte ist mit kleinem Trupp aus Ägypten zurückgekehrt! Seine Armee hält dort weiterhin Landstriche am Nil besetzt.

Neunter Oktober 1799: Landung bei Fréjus. Jubel der dortigen Bevölkerung ... Jubel in Lyon ... Jubel schließlich in Paris. Auch unter Deutschen dort: »Himmel und Erde! Er ist da! – Da? – Ja, wahrlich bei allen Göttern Walhallas und des Olymp; es läßt sich nicht bezweifeln, Er ist da. Er ist da, in eigener Gestalt und Person, der Deus ex machina, der Löwe in der Fabel! Mit einem Worte, Bonaparte ist da! Er wird unsere Wunden zu heilen verstehen, der Einzige Mann!«

Wie reagierte Schiller auf diese Meldung? Und erst recht auf die Nachricht vom Militärputsch des 18. Brumaire? Napoleon Bonaparte als Erster Konsul! Einschneidendes Ereignis, das Folgen haben wird für Europa: wieder Krieg!

ABER AUCH SEINE ARBEIT war geschützt durch die Friedenspolitik des Herzogs Carl August von Sachsen-Weimar-Eisenach.

Der Herzog war nicht nur gelegentlicher Gesprächspartner von Schiller, er wirkte indirekt ein auf dessen Leben, damit auf die Entwicklung seines Werks zu jener Zeit: Der vom Herzog geschaffene Status des Sonderfriedens, der die Kriegsfurie fernhielt, die, angeführt von Napoleon, erneut durch Europa zog.

Preußen hatte bereits 1795 einen Sonderfrieden mit Frankreich geschlossen, in Basel; diesem Vertrag wollte der Herzog sich anschließen. Das setzte Geschick und Zähigkeit voraus: Weimar war mit Preußen liiert und mit Kursachsen verbündet. Goethe zur Konstellation: »Preußen machte Frieden, Österreich setzte den Krieg fort, und nun fühlten wir uns in neuer Sorge befangen: denn Kursachsen verweigerte den Beitritt zu einem besonderen Frieden.« Doch Carl August ließ nicht locker, schrieb dem Kurfürsten, warb für einen Friedensschluß, »der in vollkommener Neutralität das Kriegstheater fernhalten« würde.

Das Ziel wurde erreicht: Dezember 1796 die »förmliche Anerkennung des Beitritts Kursachsens und seiner Verbündeten zu dem neuen preußisch-französischen Abkommen«. Auf diese Weise hatte Carl August, als einziger unter den Herren Thüringens, für ein Jahrzehnt den Frieden gesichert und damit die wichtigste Vorbedingung geschaffen zur Entfaltung der Weimarer Klassik.

FORTGESETZT diverse Aktivitäten neben der Hauptarbeit: der erheblich angeschlagene Schiller expandiert mächtig! Ein Wirbel von Aktivität! Er arbeitet ja nicht nur an literarischen Texten, er schreibt Briefe, Briefe, Briefe – an Körner, an Goethe, an Körner, an Goethe, konzentrierte Briefe an Goethe. Und verfolgt weiterhin seine Karriere – einer der ersten Autoren, wie gesagt, die von ihren Einnahmen leben, ohne Ressourcen im Hintergrund, wie bei Goethe, ohne einen Nebenberuf, etwa als Jurist – dies besonders häufig bei Autoren vor allem des 19. Jahrhunderts. Schiller *muß* Erfolg haben, auch finanziell, für sich, für seine Frau, für seine zwei Söhne, seine beiden Töchter.

UND VERPFLICHTUNGEN, ALS FREUND. So liest er noch einmal kritisch Goethes »Iphigenie auf Tauris«, bevor er das Stück bearbeitet, für die Weimarer Erstaufführung der Vers-Fassung.

Schiller, als erfahrener Bühnenautor, sieht in diesem Stück ein Grundproblem: Es gibt viel zu hören, wenig zu sehen. Sittlichkeit soll gefördert werden, Sinnlichkeit des Bühnengeschehens hingegen ist nicht gefragt. Dominierend das humane Programm der Iphigenie, die sich lieber selbst opfert, statt andere zu opfern. Goethe, in einem Ansatz von Selbstkritik, bezeichnete sein »gräzisierendes Schauspiel« als »ganz verteufelt human«.

Schiller gibt sich einerseits konziliant: »Das, was Sie das Humane darin nennen, wird diese Probe besonders gut aushalten, und davon rate ich nichts weg zu nehmen.«

Andererseits: »Ein paar Gemeinsprüche würde ich dem dramatischen Interesse aufzuopfern raten.« Und, noch einmal: »Da überhaupt in der Handlung selbst zu viel moralische Kasuistik herrscht, so wird es wohlgetan sein, die sittlichen Sprüche selbst und dergleichen Wechselreden etwas einzuschränken.«

UND NEUE HERAUSFORDERUNGEN! Schiller bereitet die Weimarer Aufführung des »Macbeth« von Shakespeare vor, als Regisseur.

Schon in der Stuttgarter Zeit: Begeisterung für das Stück! Dem Musikerfreund trug er den gesamten »Macbeth« vor – in Übersetzung. Streicher: »Er las oder vielmehr: *deklamierte* ihn, im Zimmer auf und ab gehend, mit so erhobener, lauter Stimme, daß ich ihn einigemale, bei geöffneten Fenstern, auf die Straße herab hörte.« Und nun, fast zwei Jahrzehnte später, übersetzt er das Stück neu und bearbeitet es: « Macbeth ein Trauerspiel von Shakespear (!) zur Vorstellung auf dem Hoftheater zu Weimar eingerichtet von Schiller.« So in der Ausgabe von Cotta, Tübingen 1801. Gedruckt wird der Band allerdings in Weimar.

Verwunderlich das Arbeitsverfahren: seine Vers-Version erarbeitet er nach der Prosa-Übersetzung von Wieland, bevor er sich schließlich doch mal dem Original zuwendet – mit freilich geringen Kenntnissen der englischen Sprache!

Erstaunlich die Freiheiten, die Schiller sich nimmt – dies gleich in der ersten Szene, dem Auftritt der Hexen. Aus bärtigen Weibern werden relativ gesittete Erscheinungen; der Hexensud ihrer Äußerungen wird gefiltert; Kommentierendes macht sich breit. So werden aus den elf Zeilen der Szene nun bei Schiller deren achtundzwanzig! Dorothea Tieck (die in ihrer 1833 erschienenen Übertragung das erste halbe Dutzend Zeilen fast wörtlich von ihm übernimmt), sie hält sich an diese Zahl. Und bleibt beim Ton: die Hexen reden auch in ihrer Übertragung lakonisch, rätselhaft.

Schön ist häßlich, häßlich schön:
Schwebt durch Dunst und Nebelhöhn!

Bei Schiller hingegen werden Absichten offengelegt, wird informiert, wird aufgeklärt.

Aber die Meisterin wird uns schelten,
Wenn wir mit trüglichem Schicksalswort
Ins Verderben führen den edeln Helden,
Ihn verlocken zu Sünd und Mord.

Macbeth als »edler Held« – hier wird erheblich umformuliert! Und nicht nur hier. Beim zweiten Auftritt der Hexen sind schon die ersten beiden Zeilen charakteristisch für Schillers Verfahren.

»Wo warst du, Schwester?« fragt die erste.

Die zweite antwortet: »Schweine gewürgt.«

Bei Schiller lautet die Frage: »Schwester, was hast du geschafft? Laß hören.«

Die Antwort: »Schiffe trieb ich um auf den Meeren.« So werden die Hexen domestiziert, purgiert.

Die wenigen Prosasequenzen des Stücks werden von Schiller denn auch hochstilisierend in Verse gefaßt. Dabei verliert der Bearbeiter zuweilen den Sichtkontakt mit der Vorlage. Besonders deutlich in der Szene mit dem Pförtner, der auf hartnäckiges Pochen ausweichend reagiert. Bei Shakespeare mit Witz und Zote, bei Schiller wie folgt: »Den Pförtner laßt sein Morgenlied vollenden.«

Besonders krasser Unterschied! Der ist aber nicht insgesamt charakteristisch für Schillers Bearbeitung: meist hält er sich eher an die Vorlage. Doch er filtert das englische Sprachsubstrat, engt das Artikulations-Spektrum ein.

Schiller gefeiert, Stücke verboten

IM KRIEGSJAHR 1940 wurde, vom Propagandaministerium gefördert, ein aufwendiges Filmprojekt realisiert: »Friedrich Schiller. Der Triumph eines Genies.« Regie führte Herbert Maisch, der bereits Schiller-Dramen inszeniert und einige Unterhaltungsfilme gedreht hatte. Hochrangig die Besetzung: Eugen Klöpfer als Schubart, Heinrich George als Herzog, Lil Dagover als seine Favoritin, Horst Caspar als Schiller.

Diese Besetzung der Hauptfigur stand für Maisch früh schon fest – er hatte den »jugendlichen Helden« auf einer Bühne gesehen, und alles schien stimmig. »Die hohe, asketisch wirkende Figur. Der edle Kopf mit der freien Stirn auf einem fast zu langen Hals. Der kühne ganz in eine andere Welt gerichtete Blick. Der weite ausladende Gang mit den oft linkischen Armbewegungen. Das keusche, leicht scheue Wesen. Seine flammende Sprache, die ohne die geringsten Anstrengungen alles Widerstrebende zu versengen schien. – All das ließ ihn ohne jedes äußere Zutun, ohne den geringsten Versuch, Schillers Maske zu erreichen, zur Inkarnation dieses Apoll unter den Rebellen werden, zum Apostel der Humanität.«

Der Film konzentrierte sich auf Schillers Jahre in der Karlsschule. Der Arbeitstitel: »Rebellen«. »Der junge Schiller als Rebell gegen seinen geistigen Unterdrücker Carl Eugen von Württemberg.« Als letzter Akt der ›Rebellion‹: Schillers Flucht aus Stuttgart.

Der geplante Titel wurde freilich nicht akzeptiert, die Reichsfilmkammer setzte die pompöse Formulierung durch, wohl im Anklang an Leni Riefenstahls »Triumph des Willens«.

Am Ende der Dreharbeiten, so wurde in der Presse berichtet, bedankte sich der »Spielleiter« beim Gauleiter und Reichsstatthalter, bei der Gaupropagandaleitung und beim Polizeipräsidium Stuttgart für tatkräftige Unterstützung. Von der Reichsfilmkammer wurde der Film mit Prädikaten ausgezeichnet: »künstlerisch wertvoll« ... »staatspolitisch wertvoll« ... Der Film lief »während des Krieges in allen Frontkinos«.

NS-WELTANSCHAUUNG wirkte auch während des Krieges ein auf die Rezeption vor allem der Bühnenwerke von Schiller. Und damit: neue Konstellationen, neue Koordinaten. Stücke wurden anders gesehen, bewertet, behandelt. Schiller wurde zwar weiterhin gefeiert, zugleich aber reduziert in seiner Bühnenpräsenz.

MARIA STUART. Das »Trauerspiel« wurde von nationalsozialistischer Propaganda weiterhin zwangsverpflichtet.

Die ehemals schottische Königin, Staatsgefangene der rigiden Königin Elisabeth, hingerichtet nach längerer Haftzeit – auf Bühnen der Weimarer Republik hatte sie vielfach eine (metaphorische) ›Märtyrerkrone‹ getragen. Nach 1933 aber wurde ihr die (unsichtbare) Krone einer indirekt immer noch herrschenden, zumindest beherrschenden Frau aufgesetzt, die, obwohl inhaftiert, einen Machtkampf führte mit repressiver englischer Staatsgewalt, repräsentiert durch Elisabeth. Die Schottin wurde so, postum, zur Verbündeten Deutschlands, das mit England Krieg führte. Das Trauerspiel wurde zur »Kampftragödie« stilisiert.

Und wieder ein Klacks vom braunen Senf des Herrn Fabricius: »Vereinsamt und moralisch gerichtet verharrt Elisabeth auf ihrem Thron ... Das Recht zu herrschen hat nur der Hochgesinnte und Selbstlose ... Der Gewalt zu trotzen, die Heuchelei zu entlarven, das ist die Aufgabe des Kämpfers für Hoheit und Recht. Sieht aber der Kämpfer keine Wahl mehr, als Aufgabe des Zieles oder Untergang, dann ziemt ihm, den Untergang zu wählen.«

DIE JUNGFRAU VON ORLEANS. Nach 1933 wurde sie gewappnet, wurde weltanschaulich aufgerüstet zum Kampf gegen Klerus und England, wurde so auf die Bühnen geschickt, wurde entsprechend bejubelt.

Doch schon vor dem Krieg deutete sich an, daß Schillers Schauspiel nicht allzu hoch angesetzt war bei den Mächtigen. Februar 38: Goebbels wieder mal im Gespräch mit Hitler, über Baupläne in München, über den Aufschwung deutscher Theater, schließlich über die Romantische Tragödie von Schiller. Sie wird ausgespielt gegen das Stück von George Bernard Shaw. Hitler »spricht sich sehr gut über Shaw aus. Wie hoch seine ›Johanna‹ über Schillers ›Jungfrau‹ steht ... Shaw ist eine große Begabung. Er lüftet den Schleier, der über der englischen Heuchelei liegt ... manchmal divinatorische Gabe, Geschichte zu sehen und bloßzulegen ... hat die wahren Triebkräfte dieser Zeit aufgedeckt. Schiller hatte keine blasse Ahnung davon.«

Wenig Begeisterung also für dieses Stück in der Reichskanzlei. Umso leichter wurde es, die Tragödie aus den Spielplänen zu nehmen. Nachdem die Wehrmacht in Frankreich eingefallen, in Paris einmarschiert war, schienen Aufführungen der »Jungfrau von Orleans« nicht mehr opportun: Jeanne galt schließlich als Nationalheldin des ›Erbfeindes‹. Und: Thema das Stücks war auch die Befreiung Frankreichs von einer Besatzungsmacht...

DIE RÄUBER. Mit dem Briefkopf »Reichstag« schickte Abgeordneter Fabricius Juli 44 ein ausführliches Schreiben an den »Herrn Generalintendant Staatsrat Gründgens«, der im Berliner Schauspielhaus am Gendarmenmarkt »Die Räuber« inszeniert und hier die Rolle des Franz Moor übernommen hatte. Fabricius war begeistert, glaubte jedoch, einen Punkt beanstanden zu müssen: daß in der Inszenierung »alle Stellen gestrichen worden waren, in denen Schiller auf die jüdische Rasse Spiegelbergs anspielt«.

Ein Abschnitt aus diesem Schreiben, das wieder einmal dokumentiert, wie blindwütig braune Fanatiker vorgingen: »Den Charakter dieses jüdischen Gauners hat Schiller überaus rasseecht dargestellt ... Geltungstrieb, seine Weltverbesserer-Pose, sein Internationalismus, sein Antimilitarismus, sein sexueller Zynismus, sein demoralisierender ... Haß gegen das echte Führertum Karls ... Wesenszüge, die uns aus der selbsterlebten Geschichte der letzten 30 bis 40 Jahre als typisch jüdisch ... Daß Schiller in der Gestalt Spiegelbergs ganz bewußt« ... und so weiter.

WILHELM TELL. Reichsleiter Bormann aus dem Führerhauptquartier, Juni 1941: »Der Führer wünscht, daß Schillers Schauspiel ›Wilhelm Tell‹ nicht mehr behandelt wird.« Und Lammers, Chef der Reichskanzlei, im November: »Nach dem Wunsche des Führers soll das Schauspiel ›Wilhelm Tell‹ als Lehrstoff in den Schulen nicht mehr behandelt werden.« Indiziert wurden vor allem »Kernsprüche und Lieder« des Stücks. Noch Anfang Februar 1942, im

179

Führerhauptquartier Wolfsschanze, äußerte sich Hitler zum Stück: »Ausgerechnet Schiller mußte diesen Schweizer Heckenschützen verherrlichen!«

Sicherlich spielte beim Verbot mit, daß Tells Attentat auf Geßler, den Tyrannen, szenisch und rhetorisch seine nachhaltige Rechtfertigung findet. Hinzu kam: Wie Österreich wurde die Schweiz als eigentlich deutsches Gebiet betrachtet, auch hier sollte ein »Anschluß« erzwungen, die Schweiz sollte ebenfalls »heim ins Reich« geholt werden. Dargestellt aber wurde im »Tell« die Ablösung vom Reich (der Habsburger). So wurde das Stück schon mal als »Drama des Separatismus« bezeichnet.

Während das Stück im Dritten Reich in den Hintergrund gedrängt wurde, rückte Nationalheld Tell in der Schweiz in den Vordergrund. Im Namen Tells wurde 1940 auf dem Rütli die Heeresspitze der Schweiz durch General Guisan eingeschworen auf die Verteidigung des »Réduit«, des alpenländischen Horts der Freiheit, gegen einen potentiellen Überfall durch die Wehrmacht.

NOCH EINMAL: der Schillerfilm und sein »Spielleiter«. Nach dem Krieg wurde Herbert Maisch Generalintendant in Köln. Die Kammerspiele ließ er 1947 eröffnen mit Goethes »Iphigenie«, »dem höchsten Lied der Humanität in unserer Sprache«. Als erstes Stück auf der »großen Bühne« in der Aula der Universität: »Don Carlos«. (Wahrscheinlich habe ich in der Universitäts-Aula als Schüler auch das eine oder andere Schillerdrama gesehen: hier war ein Programm-Schwerpunkt des Kölner Theaters!)

Auch Maisch hat Lebenserinnerungen hinterlassen, aber nicht einmal in der Zentralbibliothek Köln ist das Buch in den Regal-Beständen eingeordnet, es wird für mich aus dem Magazin geholt. Die Lektüre der (für mich) wichtigsten Kapitel enttäuscht: ein Sammelsurium von Anekdoten, meist aus dem Reich des Theaters. Von der Kooperation mit NS-Behörden und Institutionen erfährt man nichts. Hingegen, daß Maisch im Drehbuch aufmüpfige Sätze aus den »Räubern« eingebaut hat, als Theaterspiel im Film.

Das 87. Bild. Pastor Moser spricht. »Glaubt Ihr wohl, Gott werde es zugeben, daß ein einziger Mensch in seiner Welt wie ein *Wüterich* hause und das Oberste zu unterst kehrt?!« Ja, Franz Moor werden weitere Worte »entgegengeschleudert«: »Sehet, Ihr habt das Leben von Tausenden an der Spitze Eures Fingers – und von diesen Tausenden habt Ihr neunhundertneunundneunzig elend gemacht! Glaubt Ihr wohl, diese Neunhundertneunundneunzig seien nur zum Verderben da?!«

Franz Moor hält sich die Ohren zu: »Nichts mehr! Kein Wort!«

Trotz der indirekten Anklage: kaum Eingriffe der Reichsfilmkammer, laut Maisch. »Man verlangte nur, daß das letzte Wort des Films, das Wort ›Freiheit‹ gestrichen werde, das der aus Württemberg Fliehende hinter der Grenze seinem Freunde Streicher im Wagen zuhaucht.«

Und zum Schluß: »Wie mir ein spät aus russischer Gefangenschaft Heimkehrender erzählte, lief er – wohl als Beutefilm – in einem Straflager am Baikalsee weit hinten in der sibirischen Mongolei.«

Der Film wurde übrigens 1975 vom ZDF ausgestrahlt.

Schillers Schreibtisch, Kopie '43

ÜBERLEITENDE NOTIZEN zum Lagerkommandanten, zum Direktor der »DAW G.m.b.H Weimar-Buchenwald«. Er mußte sicherlich die Genehmigung erteilen zum Nachbau der historischen Möbel.

Hermann Pister, Jahrgang 1885. Schon mit 16 Matrose im Ersten Weltkrieg, danach Kfz-Mechaniker, später Autoverkäufer. »1931 trat er in die NSDAP und in die SS-Motorstaffel ein.« So blieb er in der Kfz-Branche: SS-Karriere hinter dem Steuer, schließlich im Wagenpark des Reichsführers SS.

Januar 42 übernahm er auf Anweisung Himmlers »das durch seinen früheren Kommandanten vollkommen versaute Lager Buchenwald« (so ein SS-interner Inspektionsbericht). Karl Koch, der exemplarisch korrupte Lagerkommandant (im Januar 1945 vom Obersten SS- und Polizeigericht München zum Tode verurteilt und sinnigerweise in Buchenwald von Männern der Totenkopfstandarte erschossen!) hatte ein Chaos hinterlassen; der neue Kommandant brachte das, im Sinne der SS, wieder in »Ordnung« – wobei, in seinem ersten Amtsjahr, etwa ein Drittel der Häftlinge umkam!

(Im Dachauer Prozeß von 1947 wird Pister das Blaue vom Himmel lügen: Hätte ein vorbildlich eingerichtetes Lager übernommen mit einem Bett für jeden Häftling, jeweils mit Laken und zwei Decken ... die Häftlinge seien allerdings meist Kriminelle gewesen, Alkoholiker, auch kommunistische Zeugen Jehovas ... jede Mißhandlung von Häftlingen hätte er strikt verboten ... Wandhaken zum Erhängen im Hinrichtungskeller des eigenen Lagers: nie so was gesehn!

All die Lügen nützen nichts, Pister wird vom amerikanischen Militärgericht zum Tode verurteilt. Wird aber nicht gehängt, sondern in die Strafvollzugsanstalt Landsberg am Lech eingewiesen, stirbt dort bald darauf an Herzversagen.)

IN MEINER PROJEKTSKIZZE hatte ich betont, daß die Kopie von Schillers Schreibtisch innerhalb des Lagerzauns (und hier in fast unmittelbarer Nähe zur Massenlatrine, zum Krematorium, zum Hinrichtungskeller) getischlert wurde. Ich habe mich, nach der Veröffentlichung der Skizze, lange geplagt mit der Frage, ob ich nicht unzulässig pointiert hätte. Schließlich: die Fabrikhallen des Gustloff-Werks II lagen *außerhalb* der Umzäunung – die Häftlinge mußten morgens durch das Lagertor in Kolonnen hinausmarschieren. Und Gustloff-Werk I: im Stadtgebiet! War also nicht, analog, anzunehmen, daß auch die Werkstätten der DAW außerhalb des Lagers errichtet waren?

Ich muß hier *nicht* revidieren: die Werkstatt-Baracken der Ausrüstungswerke standen *innerhalb* der Lagerzauns mit Stacheldraht, Starkstromkabeln, Postenpfad, Wachtürmen. Von den Baracken und Steinbauten des Stammlagers war das Areal der DAW allerdings durch einen kleinen Zwischenzaun getrennt – wohl um Diebstähle zu verhindern. Daß dieses DAW-Areal innerhalb des Lagerzauns lag, sehe ich bestätigt auf drei verschiedenen Übersichtsplänen, lese ich zudem in Berichten. Gerhard Harig, Physiker, Häftlingsschreiber: »Und dort wurden im Jahre 1940 das Krematorium mit der Leichenhalle und im Jahre 1942 große hölzerne Werkstattbaracken erbaut, in denen – wohlgemerkt innerhalb des eigentlichen Wohnlagers – Kriegs- und Rüstungserzeugnisse hergestellt wurden!«

Die Lagepläne zeigen: es war dies ein weites Gebiet, im Osten unmittelbar an das Hauptlager anschließend und, noch weiter östlich, begrenzt von dem »mit Starkstrom aufgeladenen Stacheldrahtzaun« und den dreistöckigen Wachtürmen. Gleich dahinter der Ettersburger Park.

Um diese Konstellation, Konfiguration noch auszuweiten: in Sichtnähe zum Krematorium war ein kleiner Zoo angelegt für die SS. Der Beton-Kletterfelsen für einstmals vier Bären und fünf Affen ist im Kern noch erhalten; er ist etwa eine Speerwurfweite vom Krematorium entfernt. Zwischen Zoo und Krematorium, zwischen Freizeitgelände und Metzelstätte nur der Lagerzaun, der Postenweg. Der Krematoriums-Hof, in dem Leichen abgeladen wurden, lediglich durch eine mannshohe Bretterwand gegen Einblick geschützt.

Haben SS-Offiziere, zwischendurch mal nach den Affen und Bären schauend, schwarzen Qualm aus dem Krematoriumsschlot gleich nebenan nicht weiter registriert? Zog nicht zuweilen, bei Nordwind, Gestank von verbranntem Fleisch herüber? Dennoch Freizeitvergnügen? Eine Frage zur Mentalität von Angehörigen der Totenkopfverbände.

DIE TOPOGRAPHISCHE KONSTELLATION erhält eine weitere, düstere Akzentuierung: auf dem Gelände der DAW, und zwar am östlichen Rand (also zwischen Werkstattbaracken und Lagerzaun) wurden Erschießungen durchgeführt. Vor allem Kriegsgefangene, Kommunisten und Juden wurden auf dem DAW-Areal ermordet. Die Leichen wurden im nahen Krematorium verbrannt.

Im Kellerraum, direkt am Krematorium, fanden ebenfalls Hinrichtungen statt. Also auch hier: in unmittelbarer Nähe der Werkstätten! Die Opfer wurden »in den Hof des

184

Krematoriums gefahren und dann einzeln aus dem Wagen in den Keller geführt, wo die Haken zum Aufhängen im Mauerwerk angebracht waren. Es waren 48 solcher Haken vorhanden.« Eine Reihe dieser Haken ist heute noch zu sehen. Auch der offene Lastenfahrstuhl, mit dem Leichen von dieser Hinrichtungsstätte zur Rampe vor den Verbrennungsöfen transportiert wurden.

Der SS-Leiter des Krematoriums in einem späteren Verhör: »Bei jeder Exekution wurden durchschnittlich sechs Häftlinge erhängt. Diese Erhängungen mußten außer zwei Exekutionen, welche ich selbst vornahm, von dem Häftlingskommando unter meiner Aufsicht durchgeführt werden. Alle Leichen der Erhängten wurden gleichfalls später in den Öfen des Krematoriums verbrannt.«

Erich Haase, von 1938 bis 1945 in Buchenwald, weiß zu berichten, daß im Frühjahr 1940 der erste Verbrennungsofen »mit zwei Einführungstüren« fertiggestellt war. Die Kapazität dieser Anlage reichte nicht aus, denn: »Normalerweise braucht man zur Verbrennung einer Leiche etwa eine Stunde, so daß bei dauernder Benutzung täglich nur 48 Tote verbrannt werden konnten. Um den Verbrennungsprozeß zu beschleunigen, wurde über dem Ofen eine Ölleitung angebracht und wurden anstatt je einer Leiche zwei bis drei Leichen mit einmal in die Einführungstür hineingeschoben, so daß man täglich über die doppelte Zahl der normalen Verbrennungsziffer verbrennen konnte. (...) Schon im Frühjahr 1941 war der Verbrennungsofen vollkommen defekt, so daß man dazu überging, einen zweiten Ofen zu bauen. Als dieser fertig war, kam an Stelle des alten ein neuer Ofen, so daß jetzt im Krematorium zwei Öfen mit je drei Einführungstüren vorhanden waren. In jede derselben drei Leichen hineingeschoben, konnten stündlich 18 Tote verbrannt werden.«

Erich Haase mußte mitarbeiten bei der Installation der Öfen, gehörte anschließend ein dreiviertel Jahr lang zum »Kommando Krematorium«. Er habe »nicht zu schildernde grauenhafte Dinge mit durchmachen müssen«.

Schillers Schreibtisch hat also (wie sein Sterbebett, wie das Hammerclavier!) in der Tischlerei-Baracke zwischen Erschießungsplatz, Massenlatrine, Krematorium und Hinrichtungskeller des KZ Weimar-Buchenwald gestanden, und dies über Monate hinweg. Die meiste Zeit waren Schreibtisch, Sterbebett, Fortepiano und die weiteren Möbelstücke wohl im Untergeschoß, im Souterrain (dem sogenannten Keller) abgestellt, wurden von dort, jeweils zum Vermessen und Vergleichen, in die Werkstatt hinaufgetragen.

IN MEINER PROJEKTSKIZZE hatte ich seinerzeit entworfen: Zwei Häftlinge werden abkommandiert zur Anfertigung der Kopie von Schillers Schreibtisch. Einer der beiden, so erfand ich im Spielraum des Wahrscheinlichen, kam als aktives Mitglied der Gewerkschaft ins Lager. Der zweite könnte jüdischer Kunsttischler gewesen sein, ausgebildet in einer der angesehenen Werkstätten von Modena, bis zur Verhaftung beschäftigt in einem Breslauer Fachbetrieb.

Ich wollte die Häftlings-Kunsttischler sodann bei der Arbeit skizzieren, in einer der weiträumigen Baracken der DAW, mit den dicht gereihten Fenstern, die sich nach außen öffneten. (Was drang durch die offnen Fenster herein, in wärmerer Jahreszeit? Welche Gerüche, welche Geräusche?!) Ich wollte mir vorstellen, möglichst genau, wie die beiden Tischler arbeiteten (oder: der Tischler und sein Tischlergeselle). Wurden von der DAW-Tischlerei handwerkliche Praktiken des 18. Jahrhunderts übernommen, wurde auch hier kopiert? Wurde Apfelbaumholz verwendet wie zu Schillers Zeit oder hat man Angleichung über das Furnier gesucht?

Und gleich weitere Fragen, souffliert durch ein Fachbuch, das ich heranziehe: Wie hat man den »Flächenverband« für die Schreibtischplatte hergestellt? Hat man »Kernbretter« verwendet? Wurden dünne Holzflächen kreuzweise übereinander geleimt? Hat man die Fläche geschaffen, indem man Bretter mit stumpfen Fugen verleimte? Hat man mit Spunden gearbeitet? Wurden Zapfen angebracht?

Und wie sah es aus bei den Querverbindungen der verschiedenen Ebenen mit Schubladen? Wurden Böden eingezapft oder auf Grat eingeschoben? Für mich als Nichtfachmann wird mit solchen Leihwörtern wieder unanschaulich, was ich, im Erzähl-Impetus, gern anschaulich machen würde. Also gar nicht erst damit anfangen, über Konstruktionsformen zu schreiben, gleich übergehen zur Behandlung der Holzoberflächen? Ziehklinge oder Sandpapier? Und zuletzt das »Absperrfurnier« – das heute womöglich schon wieder anders heißt? Und, quer dazu: das Edelfurnier, in der Faserrichtung des Kernholzes?

Ich gebe den Versuch auf, klappe das Buch zu, stelle mir eine Frage, die entschieden relevanter sein dürfte: Was könnten die Tischler bei der Arbeit, auch bei dieser Arbeit gesprochen haben? Und vor allem: *Wie* konnte dort gesprochen worden sein – solange nicht Aufpasser und Antreiber in unmittelbarer Nähe waren, oder der SS-Werkstattleiter?

Eine Konfrontation hier mit einer Sprache, die ich erst lernen müßte: Wie hat man sich über Grauenhaftes geäußert in einer Lagerwelt, in der Grauen alltäglich war? Hat man heruntergespielt? Hat man übertrieben, um das

Außerordentliche – bei aller Gewöhnung – als außerordentlich zu betonen? Wiederum: Hat man es in solch einer Situation überhaupt gewagt, über Vorgänge im Lager zu sprechen, lauerte nicht ständig die Gefahr, denunziert zu werden – selbst, wenn kein Kapo in der Nähe war? In der Holzverarbeitung der DAW waren schließlich Hunderte von Häftlingen beschäftigt! Also: sprach man im Lager möglichst wenig über das Lager? Erzählte sich lieber Episoden aus den Lehrlings- und Gesellenjahren in einem Altona oder Modena, über Sonntage in Schrebergarten oder Klepperboot? Oder: zog es einer der beiden Tischler vor, über Schach zu sprechen, sein Lieblingsspiel? Von den Figuren, die er in dieser Werkstatt drechselte, immer kunstvoller? Von den Wettbewerben, an denen er teilnahm? Von einer zurückliegenden oder bevorstehenden »Schacholympiade«? Unter den wenigen Freizeit-Aktivitäten, die im Lager noch erlaubt waren, besaß Schachspielen besonders hohen Rang. Zu Beginn eines der internationalen Wettbewerbe wurde das Buchenwalder Schachlied gesungen, das ein polnischer Häftling verfaßt und vertont hatte. Und es wurde die Devise ausgerufen: »Gens una simus«, Laßt uns eine Gemeinschaft bilden! Folgten die Ausscheidungs-Spiele. Jede Partie von »Kiebitzen« beobachtet – in diesen dicht gedrängten Kreisen wurden auch interne, ja konspirative Mitteilungen ausgetauscht …

Ja, Schach als eins der möglichen Gesprächsthemen bei der Arbeit an der Schreibtischkopie. Aber, noch einmal: War der Realitätsdruck so groß, daß man dem Thema Lager nicht mehr ausweichen konnte im Lager? Es bliebe doch wohl im Spielraum des Wahrscheinlichen, wenn die beiden Tischler in der Werkstatt austauschten, und sei es flüsternd, was sie erfahren, erleben, erleiden.

Wie aber hat man in einem Konzentrationslager der Kriegsjahre über Leben und Sterben, über Vegetieren und Krepieren gesprochen? Es gab ein spezifisches Lageridiom mit Wörtern, die neu gebildet wurden und die schon am Fuße des Ettersbergs kaum noch recht zu verstehen waren.

Als erstes hier das Wort »Tonnenadler«: ein ausgehungerter, dem Hungertod naher Mitgefangener, der in Mülltonnen der Großküche suchte, was dort selbstverständlich nicht zu finden war. Zu erwarten wäre, daß eher von einem Geier als von einem Adler gesprochen wurde, doch man setzte auf Kontrast: ausgerechnet ein Adler – mit dem man Freiheit und Kraft assoziert – auf einer KZ-Mülltonne. Konnotationen hier, die sich nicht mehr ohne Kommentar vermitteln ließen.

Eher wäre das möglich beim »Würgeengel«. So wurde ein Arzt, Sanitäter oder Kapo bezeichnet, der Patienten im Krankenbau mit Injektionen tötete, sie »abspritzte«. Auch hier wieder kontrastierende Überhöhung: Mord und Engel. Mit dem Wort Engel assoziiert man kaum: Töten, eher: Schutz. Doch Schutzengel waren aus dem Lagerbereich völlig vertrieben, es blieben die »Engel« der finalen Injektionen – meist direkt ins Herz.

Eine Schein-Aufwertung auch: »Buchenwalder Ananas«. Hier ging es um Steckrüben, aufgekocht mit den Blättern der Viehfutterknolle. Der »Wikingersalat« bestand ebenfalls aus gekochten Steckrüben, vermischt mit Möhren, angemacht mit Walfischöl, Walfischtran (den man früher in Lampen verbrannt hatte).

Kaum kommentarbedürftig: der »Zugang«. Mit als erstes mußten neu eingelieferte Häftlinge »Erdkunde« lernen: über den Appellplatz robben, die Nase dicht am rauhen, zeitweilig verschlammten Boden.

»4711«: die Bezeichnung von Arbeitskommandos, die zum Leeren von Latrinen eingesetzt wurden. Eine der zahlreichen Formen zusätzlicher Erniedrigung: Ein Pfarrer, der in der Grube mit bloßen Händen Eimer füllen mußte und gezwungen wurde, dabei eine Predigt zu halten. Das Spektrum des Sadismus konnte sich ungestört und ungehemmt entfalten.

Dies vor allem im Steinbruch. Der Abbau von Kalkstein lohnte sich wirtschaftlich nicht, als Baumaterial für Häuser war er, wider Erwarten, nicht geeignet, wurde deshalb nur verwendet zur Fundamentierung von Gebäuden und von Straßen. Maschinen wurden im Steinbruch bewußt nicht eingesetzt, Häftlinge mußten schwere Steinkarren ziehen, mußten steinbeladene Loren hangaufwärts schieben und ziehen, oft singend, auf Befehl, wurden denn als »singende Pferde« tituliert.

Ebenfalls ein Begriff im lagertypischen Idiom: der »singende Wald«. Hier fand das »Baumhängen« statt – mit hochgereckten, nach hinten gedrehten Armen über Stunden hinweg an einem Baumstamm ...

Weitere Wörter des Buchenwald-Idioms? Die »Alm« war die Isolierstation von Tb-Kranken; kaum einer, der dort nicht »abgespritzt« wurde. Die Leichen gingen dann »über den Rost«.

Wer die Belastungen, Erniedrigungen, Quälereien nicht mehr aushielt und in den (mit 380 Volt geladenen) Lagerzaun lief, dort verzuckte, der wurde als »Zaunkönig« bezeichnet.

Diese Wortbeispiele habe ich einem Glossar entnommen; ein Versuch, Sprache im Lager zu rekonstruieren, müßte wiederum von einem Glossar ergänzt werden. So breche ich ab. Wie in einem KZ, wie hier in einer Werkstattbaracke gesprochen wurde, gesprochen worden sein könnte, dies läßt sich wohl nur rekonstruieren von Personen, die in einem Lager waren und die Binnensprache noch im Ohr, im Kopf haben. Ich hingegen könnte direkte Rede nur aus Angelesenem entwickeln. So wäre ein rekonstruiertes KZ-Gespräch eine nicht-authentische Version von authentisch Überliefertem. Warum also fiktiven Personen soufflieren, was Überlebende schriftlich formulierten?

NATÜRLICH WOLLTE ICH WISSEN, *wer* in der Tischlerei der DAW die Kopie von Schillers Schreibtisch hergestellt hat. Es schien mir freilich von vornherein aussichtslos, dies herauszufinden, also hatte ich die Gesprächssituation erfunden, im Versuch einer Rekonstruktion.

Mehr als solch ein *Entwurf* schien mir nicht möglich. Zuweilen ist Unwahrscheinliches aber doch möglich, und so schrieb ich an die Direktion der Gedenkstätte Buchenwald, fragte an, ob wenigstens eine Namensliste der Tischlermeister der DAW überliefert sei. Ich schickte den Brief ab ohne Hoffnung und wurde total überrascht! Der »Leiter der Sammlung«, Wolfgang Röll, konnte mir zwar keine Namensliste vermitteln, nannte aber den Namen des damals zuständigen Tischlers: Willy Werth.

Außer seinem Namen auch einige Angaben zur Person! Werth, Jahrgang 1913, hatte die sehr niedrige Häftlingsnummer 647. Ich schließe daraus: er gehörte zum sogenannten Vorkommando, das ab Juli 37 im Ettersberger Forst das Lager errichtete. Etwa 1400 Häftlinge waren hier schließlich eingesetzt.

Werth war zuvor nach mehreren Diebstählen verurteilt worden. Als er seine Haft verbüßt hatte, wurde er – wie im damaligen Willkürregime weithin üblich – gleich anschließend von der Gestapo festgenommen oder von der Kriminalpolizei »vorbeugend« wieder verhaftet. Er war als

»BVer« eingestuft. Die Abkürzung bedeutete eigentlich: Befristeter Vorbeugehäftling. Daraus wurde bald, mit gleichen Anfangsbuchstaben, »Berufs-Verbrecher« – man wurde ja ohne Gerichtsurteil eingesperrt, der Aufenthalt im Lager war denn in der Regel *nicht* befristet, es herrschte permanenter Ausnahmezustand.

»Schutzhäftling« Werth wurde dem Lager-Innenkommando der DAW zugeteilt. Hier war er bald sehr angesehen wegen seiner »goldenen Hände« – so bezeugt durch den Sohn von Werth (der übrigens erst 1987 starb).

Daß es Willy Werth war, der die Schreibtischkopie anfertigte, diese Information ist einem Skandinavier zu verdanken.

Mehr als tausend Studenten waren an der Universität Oslo von der Gestapo verhaftet worden – sie hatten protestiert gegen die Umwandlung der Universität in eine weltanschaulich ausgerichtete Institution. 348 der Studenten wurden nach Buchenwald geschickt, zur »SS-Erziehung«, zur »Umerziehung«. Sie wurden nicht den schlimmsten Lagerkonditionen unterworfen, konnten Rot-Kreuz-Pakete in Empfang nehmen, konnten, in Einzelfällen, sogar ihre Medizinstudien fortsetzen, vor allem in der Pathologie.

Sverre Solum war einer dieser Studenten gewesen. 1999 besuchte er die (temporäre) Ausstellung »Gezeichneter Ort«, sah hier die Möbelkopien, berichtete: Der Tischlerei der DAW zugewiesen, hat er Werth beim Restaurieren von Möbeln geholfen, hat dabei vom großen Auftrag erfahren, den Werth im Jahr zuvor ausgeführt hatte.

Über Willy Werth ist auch geschrieben worden. Ein zweiter norwegischer Student, Nils Apelund, veröffentlichte 1945 in Stavanger seine Aufzeichnungen (»Blader fra en students dagbok«) über die Zeit in Buchenwald, und hier wird auch Willy Werth erwähnt. Der muß in Buchenwald eine weithin bekannte Figur gewesen sein; Apelund bezeichnet ihn als den »größten Organisator des Lagers«: er hatte »Beziehungen zu allen, seien es SS-Leute oder Häftlinge«. SS-Offiziere ließen sich ja, wie schon berichtet, gern zuarbeiten durch handwerklich geschickte Häftlinge, und Willy war hier besonders gefragt. Seine Spezialität waren geschnitzte Zigarettenetuis und Schiffsmodelle. Besonders beliebt waren bei der Waffen-SS des Lagers Modelle von Wikingerschiffen. Auch die bastelte Werth zur Zufriedenheit der Auftraggeber.

SCHILLERS SCHREIBTISCH und die neu gefertigte Kopie wurden am 19. Oktober 1943 nach Weimar gefahren, wahrscheinlich mit einem Lastwagen der SS – das Original neben der Kopie, auf der Ladefläche. Schillers Schreibtisch wurde zum Rohbau der Nietzsche-Gedächtnishalle gebracht, wurde hier im Keller deponiert – der galt als bombensicher.

Schiller arbeitet am Schreibtisch

AN DIESES KAPITEL-THEMA muß ich mich erst wieder herandenken, nach den erneuten Konfrontationen mit der Lagerwelt auf dem Ettersberg. Und es stellt sich eine Frage, die ich mir sofort wieder aus dem Kopf, ja, schlagen möchte, doch sie beharrt: Was könnte – in einem gleichsam postumen Auftrag Schillers – an der KZ-Kopie seines Schreibtischs geschrieben werden? Vorausgesetzt, es tritt keine Schreibblockade ein?

Am ehesten könnte vielleicht ein Theaterprojekt ausgeführt werden, dem sich Schiller während der Maria-Stuart-Phase kurz mal wieder zuwendete, im fortgesetzten Dialog mit Goethe: »Die Braut in Trauer«. Gedacht war hier an eine Fortsetzung der »Räuber«.

Notate zu einem düsteren Szenario: »Vater tötet den Sohn oder die Tochter. Bruder liebt u. tötet die Schwester, Vater tötet ihn. Vater liebt die Braut des Sohns. Bruder tötet den Bräutigam der Schwester. Sohn verrät oder tötet den Vater.«

Dies hätte so etwas wie Schillers ›Endspiel‹ werden können, aufzuführen im Weimarer Nationaltheater im Schatten des Ettersbergs.

DOCH NUN WIEDER: »Maria Stuart«! Und es könnte, im Seitenblick, ein Vergleich der Dramenfigur mit der historischen Person die Schreibstrategie des Dichters erhellen: künstlerische Freiheiten, die er sich gewährte, und dies vorsätzlich – nicht aus Mangel an (damaligen) Kenntnissen. Zwei programmatische Formulierungen, aus einem der Briefe an Goethe: »Den poetischen Kampf mit dem historischen Stoff bestehen … Der Phantasie eine Freiheit über die Geschichte verschaffen …« Ein Vergleich mit dem historischen Vorbild, wie wir es heute sehen, dürfte also nicht unter dem Vorzeichen stehen: Hier irrte Schiller, sondern: Hier nahm er sich dramaturgisch plausible Freiheiten.

Beispiele, wenigstens angedeutet? Die Verjüngung der beiden Königinnen – die sich nie zum Countdown einer psychologischen Kampfführung getroffen haben. Oder: Schillers Erfindung des Mortimer als potentiellem Befreier. Was einige Zeitgenossen empörte, erscheint heute als Brechung großartig: daß Mortimer die Person seiner großen, seiner idealisierenden Verehrung vehement umwirbt und physisch bedrängt (»er preßt sie heftig an sich«)!

ZWISCHEN ebenso extensiven wie intensiven Arbeitspha-
sen: gelegentliche Entspannung, und Schiller spielte
Schach oder Karten. Favorisiert wurde hier L'hombre.
Kein Stichwort dies zur Vermittlung der Spielregeln, nur
eine Anmerkung zu Schillers (Gewohnheitsformen der)
Geselligkeit.

Noch in Jena hatte das Ehepaar Schiller oft Gäste im
Haus. Wohl aus dieser Zeit der Spieltisch, der heute im
Gesellschaftszimmer steht. Beschreibung nach dem Haus-
Katalog: »Nußbaum gebeizt, Oberfläche poliert, quadrati-
sche Tischplatte mit vier ovalen Vertiefungen für Spiel-
geld, Ecken der Platte verkröpft. Zarge gerade und
ausgespart, vier gerade, nach unten schmaler werdende
Beine, kanneliert. Alter Bestand des Schillerhauses.« Der
Besitzer hatte auch mit dem Philosophen Schelling Karten
gespielt, in Jena – das könnte an diesem Tisch geschehen
sein.

Der wurde in Weimar allerdings kaum noch benutzt.
Schiller ging nun lieber aus, zu Kartenspiel oder Konver-
sation. Dorothea Veit: »Zu Schiller geht man nicht.« Die
Ausnahme: Goethe »geht zu niemandem als Schiller«. So
Frau Fichte.

Entspannende Geselligkeit, vor allem beim Karten-
spiel, fand also meist außer Haus statt: Whist-Partien im
Mittwochsklub. Und: L'hombre. Weimarer Prominenz
an diversen Spieltischen. War Herder mit dabei?
Besuchsweise Wieland? Der unvermeidliche »Kunscht-
Meyer«?

So oft man sich auch traf: Goethe spielte nicht mit.
»Zum L'hombre wünsche ich Glück! (...) Und ob ich
gleich persönlich keine Idee habe, wie man sich dabei zer-
streuen oder erfreuen könne, so zeigt es mir doch die
Erfahrung an so vielen Menschen.«

Aber Schiller brauchte zuweilen »Zerstreuung«: sie reaktivierte Reserven für die Arbeit.

DOCH DIE PHYSIS zwang ihn mehr und mehr zur Isolierung. Wiederholt schwere Erkältungen, Fieberschübe, Koliken (sein *Malum domesticum,* das »alte Übel«). Er ahnte, nein: wußte, daß seine Lebenszeit begrenzt war, auch im Rahmen damaliger Lebenserwartung, die ja – das muß ich auch bei dieser Gelegenheit betonen – statistisch erheblich kürzer war als heute. Schiller setzte sich zum Ziel, wenigstens fünfzig zu werden, befürchtete jedoch, er werde diese Zeitmarke nicht erreichen. Als er 1793 in Ludwigsburg dem Bildhauer Dannecker für die später berühmte Portraitbüste Modell saß, erklärte der Dreiunddreißigjährige (wie die englische Besucherin Jameson notierte), »that he should not live very long«. Und das war keine Hypochondrie…!

Zur Lebensgeschichte und Werkgeschichte: die Krankengeschichte. Und hier die Frage, wie man mit extremen Belastungen, ja Katastrophen des Körpers umgehen kann. Zwei Grundmuster: regressives und offensives Verhalten.

Das regressive: man läßt sich kleinkriegen, unterkriegen – Resignation. Ein Mediziner, im Gespräch: »Bei Resignation trudelt der Organismus mit runter.« Dies erst recht bei Depressionen.

Das offensive Grundmuster: man unterwirft sich nicht der Krankheit, setzt ihr Pläne und Werke entgegen. Dies war charakteristisch für Schiller. »Glücklicherweise alteriert meine Kränklichkeit nicht meine Stimmung, aber sie macht, daß ein lebhafter Anteil mich schneller erschöpft und in Unordnung bringt. Gewöhnlich muß ich daher einen Tag der glücklichen Stimmung mit fünf oder sechs Tagen des Drucks und des Leidens büßen.«

Auch während der Arbeit am Trauerspiel: Leidensnächte, denen Tage folgten, an denen er kaum oder gar nicht arbeiten konnte.

Insgesamt: daß Schiller trotz der extremen physischen Belastungen noch vierzehn Jahre lang durchgehalten hat, läßt einen zweifachen Rückschluß zu: auf eine letztlich robuste physische Konstitution und: auf psychische Stabilität.

KONTRASTIERENDE ARBEITEN am Schreibtisch, Kontrastbildung also auch in diesem Text: »Haoh-Kiöh-Tschuen«!

Dies als Titel eines chinesischen Romans aus dem 17. Jahrhundert. Es lag eine deutsche Übersetzung vor, mittlerweile 34 Jahre alt. Schiller entschloß sich, in jener Zeit, diese Fassung um mindestens ein Drittel zu kürzen, ihr durch »zweckmäßige Abrundung ein höheres Interesse« zu verschaffen.

Zitat aus Schillers Version: »Er war zwanzig Jahre alt, als er in einem Geschichtbuche von einem Kaiser las, der das Herz eines seiner Mandarinen verlangte, um der Kaiserin, welche krank war, eine Arznei daraus zu bereiten. Pikang, so hieß der Mandarin, ließ sich sogleich zu dieser Operation willig finden. Diese hohe Selbstverleugnung setzte den Jüngling in Erstaunen, und erinnerte ihn an die Unterwerfung, die er seinen Eltern schuldig wäre und bisher so wenig geleistet hatte. Die Vorwürfe seines Gewissens ließen ihn die ganze Nacht nicht schlafen.«

Die Bearbeitung kam über drei Druckseiten nicht hinaus. »Er war kaum etliche Lys oder Stimmweiten fortgeritten, als er ...«

DASS SCHILLER trotz extremer physischer Belastungen weiterarbeitete, weiterdichtete, ist nicht nur ein bewundernswerter solitärer Kraftakt, dazu wurden Voraussetzungen geschaffen und erhalten auch durch seine Frau Charlotte (»Lolo«, »Lottchen«), Mutter der beiden Söhne, der beiden Töchter.

Auch finanziell trug sie bei zur Stabilisierung: sie übersetzte Erzählungen aus dem Französischen. In dieser ersten Weimarer Lebensphase waren es »Die Nonne« und »Die neue Pamela«. Ihr Mann redigierte die Texte.

NEIN, SO GEHT ES NICHT! Charlotte Schiller darf, Charlotte Schiller dürfte nicht bloß erwähnt werden! Diese Frau hat, diese Frau hätte allen Anspruch auf gebührenden Spielraum im Text.

Und sie berichtet beispielsweise, wie sie, fünf Jahre nach Schillers Flucht, die Hohe Karlsschule besichtigen darf. »Die Einrichtung der Akademie ist sehr hübsch. Aber es macht einen besonderen Eindruck aufs freie Menschenherz, die jungen Leute alle beim Essen zu sehen. Jede ihrer Bewegungen hängt von dem Winke des Aufsehers ab. Es wird einem nicht wohl zumute, Menschen wie Drahtpuppen behandelt zu sehen.«

Ich habe, als Leser, weitere Briefstellen markiert, die ich gern vorlegen würde, aber ich kann auch hier nur Akzente setzen. Zum Beispiel mit folgender Briefsequenz aus dem Jahre 1790: Charlotte ist, ein halbes Jahr nach der Hochzeit, für wenige Tage zu ihrer Mutter gefahren, schreibt spätabends ihrem Mann. »Alles schläft schon um mich her, aber ich kann nicht eher ruhen, bis ich Dir, teurer Liebster, einen guten Abend gesagt habe. Jetzt schläfst du wohl, ach mir ists immer als müßte ich Dich aufsuchen, als hörte ich den Laut deiner Stimme; ohne dich ist das Leben mir nur ein Traum, ich bin nie da, wo ich scheinbar bin, sondern meine Seele, meine besten, wärmsten Gefühle sind nach dir hin gerichtet. (...) Arm und leer wäre mein Herz ohne dich. Mein beßres Leben lebe ich nur bei dir. Ach das Scheiden auf stundenlang tut mir schon weh und vollends auf Tage. Mir war es gestern so bang; eine lange Trennung trüge ich nicht. – Gute Nacht, mein Alles, ich möchte nur Namen finden dich zu nennen, es drückt keiner aus, was du mir bist.«

Charlotte Schiller: ein Textpartikel aus ihrer Zeit vor Schiller, ein Textabschnitt aus ihrer Zeit mit Schiller, ein Textauszug nun aus ihrer Zeit nach Schiller. Anderthalb Jahre nach dem Tod des Familienvaters wendet sich die Witwe an die »Lieben Kinder!«. In den »Fragmenten über Schiller« soll der Verstorbene so dargestellt werden, wie man ihn in Zukunft sehen soll, also: idealisiert. (»Meine Liebe zu ihm soll euch sein Bild entwerfen ... Lasset euch sein Beispiel lehren, wieviel ein Mensch über sich vermag.«) Dennoch finden sich in diesem Text zwei, drei Sätze, die relativ nah heranformuliert sind an Erfahrungen, die sie mit dem kranken Gatten machte. Was ja nun in diesen Zusammenhang passen dürfte ...

»Welche Macht sein Geist über seinen Körper gewann, zeigt seine Kränklichkeit, sein langes Leiden. Er vergaß aber stets durch die Tätigkeit seines Geistes den Körper; oft, wenn er gelitten, was kein anderer ertragen hätte, fand man ihn heiter, ruhig, und durch seine Reflexionen über fremde Gegenstände gelang es ihm, sich zu vergessen.«

FORTGESETZT DIE ARBEIT am neuen Schauspiel. Es dürfte in diesem Kapitel aber nicht bloß erwähnt werden, es müßte zumindest skizzenhaft gegenwärtig werden. Aber wie?

Im Kommentar der Berliner Ausgabe lese ich, daß Johann Bernhard Vermehren, Jena, ein langes Gedicht geschrieben hat über Schillers Trauerspiel, eine »rühmende Paraphrase«, und zwar in Blankversen. Diese Publikation von 1800 aufspüren? Möglicherweise könnte hier eine komprimierende und kommentierende Fassung das Werk vertreten.

Aber kaum habe ich mir diese Lösung vorgeschlagen, nehme ich davon Abstand: Es geht ja nicht um Vermittlung von Inhalt, und sei es in literarischer Stilisierung! Entscheidend für den Rang eines literarischen Werks: Wie ist es gearbeitet?

Schon der allererste Satz, in diesem Stück gesprochen: ein Coup...! Ein Zimmer im Schloß zu Fotheringhay, und Paulet (verantwortlich für die Bewachung der Maria Stuart) öffnet, unterstützt von einem Gehilfen mit Brecheisen, einen Schrank. Hanna Kennedy, Wirtschafterin oder Hausdame der inhaftierten Maria, protestiert entschieden: »Was macht Ihr, Sir? Welch neue Dreistigkeit! Zurück von diesem Schrank!«

Rasanter läßt sich ein Stück kaum beginnen! Und Schiller hält das Tempo der Exposition durch. »Zurück, Verwegner! Hier liegen die Geheimnisse der Lady.«

»Die eben such ich«, entgegnet Paulet, »Schriften hervorziehend«.

Darauf die Kennedy: »Es sind französische Schriften.«

Der Hauptbewacher: »Desto schlimmer! Die Sprache redet Englands Feind.«

Und schon deutet sich die politische Konstellation an, die das Handeln der Figuren weithin bestimmt.

Dabei ist dies ein Stück der Vers-Stilisierung. Doch trotz der distanzierenden Sprache in Jamben: große Nähe der Bühnenfiguren! Lord Burleigh, Großschatzmeister

von England: »Ihr habt Euch dem Gericht der zweiund-
vierzig unterworfen, Lady – « Und Maria:
Verzeiht, Mylord, daß ich Euch zu Anfang
Ins Wort muß fallen – Unterworfen hätt' ich mich
Dem Richterspruch der zweiundvierzig, sagt Ihr?
Ich habe keineswegs mich unterworfen.
Nie konnt' ich das – ich konnte meinem Rang,
Der Würde meines Volks und meines Sohnes
Und aller Fürsten nicht so viel vergeben.
Verordnet ist im englischen Gesetz,
Daß jeder Angeklagte durch Geschworne
Von seinesgleichen soll gerichtet werden.
Wer in dem Komittee ist meinesgleichen?
Nur Könige sind meine Peers.
Burleigh, kurz darauf:
Ihr atmet Englands Luft, genießt den Schutz,
Die Wohltat des Gesetzes, und so seid Ihr
Auch seiner Herrschaft Untertan!
Und Maria, in gleicher Verszeile ansetzend: Ich atme
Die Luft in einem englischen Gefängnis.
Heißt das in England leben, der Gesetze
Wohltat genießen? Kenn' ich sie doch kaum.
Nie hab' ich eingewilligt, sie zu halten.
Ich bin nicht dieses Reiches Bürgerin,
Bin eine freie Königin des Auslands.

EIN SCHEINBAR BEWÄHRTES Verfahren der Biographik
versagt bei Schiller weithin: Ableitungen des Werks aus
dem Leben. So hat Schiller *nicht*, nach einer der lebens-
gefährlichen Krankheitsattacken, ein Stück geschrieben,
in dem ein Kranker den Mittelpunkt bildet, er hat weiterhin historische Sujets gewählt. Diese Schauspiele emanzi-
pieren sich von seiner Leidensgeschichte. Ja, er greift nicht

einmal das Stichwort Krankheit auf, wo es sich anbietet, etwa bei Mary, Queen of Scots – beinah regelmäßig wurde sie krank, vor allem während der Jahre im Gefängnis: schlafraubende Schmerzen … anhaltende Übelkeit … Brechanfälle … schwere Darmkoliken … Hat Schiller solche identitätsstiftenden Symptome ignoriert, oder waren sie, nach damaliger Quellenlage, noch nicht recht bekannt? Wäre nachzuprüfen!

Jedenfalls: eine literarische Fixierung auf den oft dominierenden Zustand Krankheit läßt sich nicht feststellen. Auch hier versagt das Interpretationsmodell der Kohärenz, der folgerichtigen Entwicklung eines Werks aus einem Leben. Versuche, Leben und Werk kurzschlüssig zu koppeln, führen oft zum Pathos oder in den Kitsch. Kreativität vollzieht sich in ständiger Wechselwirkung mit dem jeweiligen Kunst- und Zeitambiente, Kreativität ist zugleich ein Prozeß in einer (metaphorischen) *Black box,* in die nicht immer einwirkt, was draußen geschieht. Ich denke hier an Schiller auf der Flucht: Was auch immer unterwegs geschehen mochte – es arbeitete weiter in ihm.

Die kreativen Prozesse in der *Black box,* die bei Schiller sogar gegen chronische Krankheit, gegen wiederholte Krankheitsschübe, gegen Schmerzen gesichert, fast gepanzert war: mit diesem Vergleich soll nicht eine weitreichende oder womöglich völlige Autonomie des schöpferischen Prozesses suggeriert werden – auch zu seinen Texten gibt es jeweils einen Kontext.

Als Beispiel, für den Theaterautor: das »Weimarer Hoftheater«. Doch hier muß es beim Stichwort bleiben. So spannend es wäre, auch von Schillers Arbeit als Regisseur zu berichten – dieses Kapitel muß im Umfeld des Schreibtischs bleiben.

NAPOLEONS »KRIEGSTHEATER« könnte die Arbeit am Schreibtisch allerdings bedrohen. Erneuter Blick in die Zeit.

Am 25. April 1800 überquert die französische Rheinarmee bei Straßburg und Basel den Rhein. Schlacht bei Engen ... Schlacht bei Meßkirch ... die österreichische Armee zieht sich zurück ... Schlacht bei Biberach ... Vormarsch Richtung Ulm ... Belagerung und Eroberung der Stadt ... fortgesetzter Vormarsch Richtung Augsburg ... auch München wird erobert. »Das nahe Geräusch des Kriegs«, wie Schiller notiert, doch der Sonderfriede hält, der Dichter kann die Arbeit(en) am Schreibtisch fortsetzen.

OFFENBAR hat Schiller die Arbeit am neuen Stück wieder einmal unterbrochen und begonnen, eine Tragödie zu skizzieren: »Agrippina«. Die Mutter, die Nero durch Mord zur Macht verhilft und von ihrem Sohn ermordet wird.

Entwurfsnotiz: »Agrippina erleidet bloß ein verdientes Schicksal, und ihr Untergang durch die Hand ihres Sohns ist ein Triumph der Nemesis. Aber die Gerechtigkeit ihres Falls verbessert nichts an der Tat des Nero: sie verdient durch ihren Sohn zu fallen, aber es ist abscheulich daß Nero sie ermordet.« Auch wieder ein düsteres Szenario ...

ZUWEILEN ABER entspannende Lektüre, vor allem von Reisebeschreibungen. Hier scheint Schiller erheblich kompensiert zu haben. Im Gegensatz zu Goethe, dessen stattliche Reisekilometer-Gesamtzahl überschlägig berechnet worden ist, hat Schiller nur wenige Reisen unternommen, im deutschen Bereich. Krankheiten als gravierendste Hindernisse. Aber auch ohne diese Belastungen: seine Reiselust scheint gering gewesen zu sein. Doch lesend folgte er gern anderen Reisenden.

Welche Reiselektüre für das Jahr 1800 charakteristisch ist, weiß ich (noch) nicht, das ist für dieses Textmodell auch kaum von Belang, ich könnte, auf Widerruf, einen frei gewählten Beispieltext einrücken, etwa eine Sequenz aus dem 1780 erschienenen Buch des Georg Forster. Denn Schiller interessierte sich für Seefahrt.

SCHILLER WOHNTE ZU JENER ZEIT noch in der Windischengasse. Eine zeitgenössische Abbildung zeigt, daß dies eine *Straße*, nicht bloß eine Gasse war: die Häuser meist dreigeschossig; einige auch mit ausgebauten Mansarden; geschlossene Bauweise. Schiller als Mieter im zweiten Stock des Hauses eines Perückenmachers. »Geräuschvolles Haus … sehr unruhige Straße …«

Der Dichter hatte sich schon mal nach Jena abgesetzt, in sein Gartenhaus (über das er nach dem Umzug also weiter verfügen konnte), um Ruhe zu finden für die Arbeit. Und wieder hielt er es in der Windischengasse (der heutigen Windischenstraße) nicht mehr aus: »So muß ich fliehen, um in Ruhe zu sein.« Wohl von Goethe vermittelt, bot ihm der Herzog an, sich in das Jagdschloß Ettersburg zurückzuziehen, um dort in Ruhe, in völliger Ruhe am neuen Stück zu arbeiten.

Begleitet wurde er nur von seinem langjährigen und vertrauten Diener, von Georg Gottfried Rudolph, der den Dichter mit Speisen und Getränken versorgte, sich um die Wäsche kümmerte, auch schon mal eine Schreibarbeit übernahm.

SCHLOSS ETTERSBURG am Ettersberg: das Alte Schloß, und vorgelagert: das Neue Schloß. Für rund zwei Wochen wohnte und arbeitete Schiller in diesem Gebäude. Von hier aus: Blick den Hang hinab, den Gegenhang hinauf.

Dieser Blick wurde freilich erst später freigegeben durch den »Pücklerschlag«: breite Sichtschneise, die der Schriftsteller und Gartenarchitekt Fürst Pückler-Muskau etwa drei Jahrzehnte nach Schillers Tod anlegte. Der Dichter sah, von der kleinen Schloßterrasse oder von einem der Fenster aus, die Parkanlage also anders arrangiert.

Wohl kaum so deutlich akzentuiert war zu seiner Zeit der Brunfthof, das Brunfthofschloß auf der Bergkuppe gegenüber (am Ende der späteren Riesenschneise): »Dieser zweigeschossige, turmartige Rundbau besaß einen umlaufenden Altan, von dem das Wild beobachtet und geschossen werden konnte.« Und zwar in zehn Richtungen! Der Rundbau auf kreisförmiger Fläche, und von hier aus waren radial Sichtschneisen in den Wald geschlagen: der Jagdstern. Von seinem komfortablen ›Hochsitz‹ herab konnte der Herzog, konnten seine Gäste alles abknallen, was sich auf die Schneisen hinauswagte.

Schiller dürfte bei gelegentlichen Spaziergängen auch zu diesem Jagdstern gekommen sein – Luftlinie etwa einen Kilometer vom Schloß entfernt.

DIE ZEHN radial angelegten Schneisen trugen Namen. Einer von ihnen: Grünhausallee. Sie ist nach dem Konzept eines Berliner Architekten 1999 wieder freigeschlagen worden: die »Zeitschneise«. Sie führt von der Kuppe, vom Jagdhof direkt zum Eingangsgebäude der Gedenkstätte. So hätte denn Schiller, beim Spaziergang, durch die – damals selbstverständlich noch freigehaltene – Schneise zum Gelände des künftigen Konzentrationslagers blicken können.

So nah liegt hier alles beisammen, wenn auch in verschiedenen Zeiträumen. Mit dem relativ kleinen (nach dem Krieg als Altersheim genutzten) Schloß verbanden sich für Weimarer Literaten jener ferngerückten Zeit heiter stimmende Assoziationen und Erinnerungen. Hier draußen, hier droben, etwa sieben Kilometer von Weimar entfernt, fühlte man sich von der Hofetikette weithin befreit, hier herrschte in den Sommerwochen einiger Jahre reges gesellschaftliches und literarisches Treiben. Gastgeberin war Fürstin Anna Amalia. Unter den (vielfach übermütigen) Gästen selbstverständlich auch der junge Goethe. Hier wurde Theater gespielt, wurde gefeiert, geflirtet, getanzt. Hier wurde laut Wieland »geklimpert, gegeigt, geblasen, gepfiffen, daß die Engel im Himmel ihre Freude daran hatten.«

Und dann ganz in der Nähe zu diesem ›Musensitz‹, diesem Jagdschloß, diesem zeitweiligen Dichterrefugium: das KL, das KZ.

Lagerwelt und Schillertext

WÄHREND SCHILLERS SCHREIBTISCH noch in der Werkstatt-Baracke stand, August 1943, fand die erste der literarischen Veranstaltungen statt, die von Kommunisten im Lager heimlich organisiert wurden. Wenige Tage nach der Auslieferung von Original und Kopie des Schreibtischs bereits eine dritte Veranstaltung – und hier wurde auch Schiller rezitiert.

Eine zentrale Rolle bei den Vorbereitungen und der Ausführung spielte Bruno Apitz, Mitglied des Bundes proletarisch-revolutionärer Schriftsteller, Vorsitzender dieser Gruppierung in Leipzig, seit 1933 Häftling im Zuchthaus, danach in verschiedenen Lagern, schließlich von 1937 bis 45 in Buchenwald; er arbeitete im »Kommando Pathologie«.

Apitz wurde in der DDR berühmt als Verfasser des Romans »Nackt unter Wölfen«: kommunistische Häftlinge verstecken im Lager ein polnisches Kind, versorgen es. In der DDR-Propaganda besaß das »internationalistische Buch« hohen Stellenwert. »Unlängst berichtete der Generalsekretär des Schriftstellerverbandes der DRV, Nguyen Dinh Thi, daß die Soldaten der vietnamesischen Volksarmee neben den Werken einheimischer Autoren auch Ihren Roman ›Nackt unter Wölfen‹ bei sich trugen«. Dies sogar in ihren »Verpflegungsbeuteln«!

Apitz verschrieb sich nach dem Krieg »operativen Genres« in der »Tradition deutscher sozialistischer Literatur im antifaschistischen Kampf«. Das waren, zum Beispiel, öffentlich vorgetragene »Referate in Versen«, etwa mit dem Titel »Denk nach!«. (Der Anfang: »Mein Wort sei scharf wie eines Messers Klinge, Wenn ich vom Land des Sozialismus singe.«)

Bekannt wurde der vielseitige Apitz auch durch eine »Totenmaske«, die er in der Pathologie aus einem Holzblock schnitt, den er von der gefällten »Goethe-Eiche« sichergestellt hatte. »Auf meinem Kommando befanden sich viele Gipsabgüsse – sogenannte Totenmasken – verstorbener Häftlinge. Sie dienten mir als Modell. So entstand aus vielen Gesichtern der Toten das eine, welches ich dann ›Das letzte Gesicht‹ nannte.«

Diese Arbeit blieb erhalten, ist nun Exponat im Deutschen Historischen Museum: »Eiche farblos lackiert, 1944«.

FUSSNOTE, HOCHGERÜCKT: ein Vorbehalt. Wenn ich im Folgenden über konspirative Schiller-Rezitationen im Konzentrationslager Buchenwald berichte, so folge ich zwar DDR-Tradierungen, hoffe aber, daß ich dabei nicht einer Legende aufsitze. Schon gar nicht will ich eine weitere Strophe anhängen an das Heldenepos, das in der DDR mehr als vier Jahrzehnte lang intoniert und reproduziert wurde von der »unbesiegbaren Kraft« der »patriotischen Helden«, die, vereint in der »unerschütterlichen Freundschaft der Völker«, im Lager Buchenwald den SS-Banditen erst die Stirn boten, dann die Faust zeigten.

Mit der Geschichte des Antifaschismus im Lager wurde ich bei einem ersten Besuch der Gedenkstätte noch zu DDR-Zeiten zwar weitflächig konfrontiert (und konnte diese Eindrücke noch ein Jahrzehnt nach der Wende auffrischen bei der Besichtigung der Gedenkstätte Sachsenhausen und der dortigen Original-Antifa-Ausstellung), ich habe mich über dieses Thema aber nicht näher informiert, kenne nur kürzere Beiträge, in denen ich häufig konfrontiert wurde mit Abkürzungen, die mir Glossare entschlüsseln mußten: BdA … FIR … IV VdN … VVN … Und: OdF – eine besonders häßliche Abkürzung für »Opfer des Faschismus«, vor allem in der Verbindung: »OdF-Denkmal«!

Vorrangig gefeiert wurden Opfer, wurden Häftlinge, die konspirativ tätig waren. Suspekt hingegen war im Staatsantifaschimus der »spießbürgerliche Gesichtspunkt des Mitleids und der Leiden«. (Wilhelm Girnus, 1952. Der ehemalige KZ-Häftling war einige Jahre Chefredakteur des »Neuen Deutschland«, promovierte später über Goethe, wurde Staatssekretär und weiteres.)

DIE LITERARISCHEN Veranstaltungen im KZ fanden nachts unter konspirativen Vorzeichen statt, in der Barakke der Pathologie, am Nordrand des Appellplatzes.

Veranstaltungen, durchweg »Unterhaltungsabende«, wurden von der SS generell geduldet. Meist spielte das

Häftlingsorchester Potpourris, etwa aus der Operette »Die Fledermaus«. Und Apitz trug – solo – ein Stück auf der Violine vor. Es wurden Sketche aufgeführt, milde Satiren. Anstoß durfte nicht erregt werden.

Ganz anders das Programm in der Baracke des »Kommandos Pathologie«. Eugen Kogon berichtet, daß hier Wissenschaftler von Rang arbeiteten, etwa der Chemiker und Mineraloge Gustav Wegerer, nun Kapo, und: ein tschechischer Mathematiker, ein tschechischer Zoologe.

Doch Wegerer soll selbst berichten. »Die Pathologische Abteilung wurde geschaffen, um Sektionsdiagnosen und Totenprotokolle anzufertigen, die in achtfacher Ausfertigung angelegt wurden. Die wirklichen Todesursachen, die in dem Hungerwinter 1939/40 meist allgemeine Kachexie, Kollaps, Pneumonie und ähnliche waren, durften in den Protokollen und Diagnosen nicht erscheinen. Stattdessen wurden harmlose Todesursachen, wie Herz- und Kreislaufstörungen, Tuberkulose usw. angeführt. Auch alle Erschossenen wurden seziert, wobei häufig trotz schwerer Mißhandlungsmerkmale in jedem Protokoll die allgemeine Floskel angeführt werden mußte: ›Eine andere als die oben angeführte Gewalteinwirkung ist nicht festzustellen.‹ Die Gewalteinwirkung bestand in den meisten Fällen aus Karabinerschüssen, die aus größter Nähe abgefeuert worden waren.(...)

Vom Beginn der Errichtung der Pathologischen Abteilung im Dezember 1940 bis September 1943 kamen aus dem Arrest und aus dem Häftlingsrevier jeden Tag Leichen, die mit Einspritzungsmerkmalen in der linken oder rechten Armvene versehen waren. Bei der Sektion der Leichen konnte die Tötungsart leicht festgestellt werden. Gespritzt wurde häufig mit Luft, wodurch Luftembolie eintrat, mit Karbolsäure, deren typischer Geruch bei Öffnung der Leichen leicht festzustellen war, Barbitursäure-präparaten wie Evipan und Strychnin, Morphium und anderen Alkaloiden. Manchmal kamen an einem Tag bis zu 30 und mehr solcher Leichen an. Aus dem Bunker kamen auch häufig die Leichen erwürgter oder erhängter Häftlinge, deren gewaltsamer Tod leicht festzustellen war.« Die Untersuchungen wurden in der Regel im Obduktionsraum, im Sezierraum der Pathologie durchgeführt, einem Anbau des Krematoriums.

Die Pathologie des KL Buchenwald: verbunden auch mit dem Stichwort Tätowierungen. Hautflächen mit Täto-wierungen wurden von Leichen entfernt. Und nicht nur dies! Der SS-Arzt Erich Wagner arbeitete an einer Schrift über Tätowierungen, »wobei auffällig war, daß die zu ihm bestellten Häftlinge starben und ihre Tätowierungen abge-löst wurden«.

In der Pathologie gingen oft mehr »Bestellungen auf Häute« ein, als berücksichtigt werden konnten. So wurde auch Haut gegerbt, die nicht tätowiert war. Sie wurde ver-wendet zur Herstellung von Taschenmesseretuis, von Lampenschirmen – und »zum Einbinden von Büchern«!

Bruno Apitz nun war, handwerklich geschickt, im »Kommando Pathologie« hauptsächlich beschäftigt mit dem Gießen von Gipsmodellen auffälliger Knochenfor-men – für die SS-Ärzte-Akademie in Graz, für das Hygie-ne-Institut der Waffen-SS in Berlin.

Otto Halle, acht Jahre lang im Konzentrationslager Buchenwald (in dem er auch Sketche für das Lager-Kaba-rett schrieb), er gab nach dem Krieg zu Protokoll: »Neben den öffentlichen Veranstaltungen des internationalen Aus-schusses wurde eine Reihe Abende internen Charakters durchgeführt. Um diese Veranstaltungen haben sich die Kameraden der Pathologie besonders verdient gemacht.

Nachdem als erste Veranstaltung in der Pathologie selbst ein Abend mit rein literarischem Inhalt durchgeführt wurde (geboten wurden Beispiele aus der modernen und der klassischen Literatur), sprengte bereits die zweite Veranstaltung in der Pathologie am 8. August 1943 diesen Rahmen. Im Geheimen und nur vor geladenen Gästen wickelte sich ein Programm ab, das eine starke, offene Tendenz trug, unter anderem Spitteler: Sturz der Götter; Büchner: Szenen aus Danton. Im November 1943 war ein weiterer Abend in der Pathologie. Politische Gedichte unserer Kameraden Ferdinand Römhild und Bruno Apitz, die berühmte von den Nazis verbotene Rede des Marquis Posa aus Schillers ›Don Carlos‹, politisch-satirische Szenen bildeten die Grundlage des Programms.«

Ein Text von Schiller in der Baracke der Pathologie: anzumerken ist hier, daß Pathologie und Spital verhältnismäßig sichere Orte waren – die SS mied diese Bauten aus Angst vor Ansteckung, vor Seuchen. Dort also, wo Menschen verendeten, dort, wo Leichen seziert wurden, fanden Konspiration und Kultur einen eng umgrenzten Spielraum.

Hier nun Schillers Appell mit dem berühmten, während der Nazizeit vom Publikum zuweilen ostentativ gefeierten Satz, den vorsichtige Theaterleute daraufhin schon mal wegließen. (Was bei jeder Aufführung des »Don Carlos« selbstverständlich ist, geschieht auch hier: die ›Arie‹ wird ein wenig gekürzt.)

Ja – Ja – Ich wiederhol es. Geben Sie,
Was Sie uns nahmen, wieder. Lassen Sie,
Großmütig wie der Starke, Menschenglück
Aus Ihrem Füllhorn strömen. – Geben Sie
Die unnatürliche Vergöttrung auf,
Die uns vernichtet. Werden Sie uns Muster

Des Ewigen und Wahren. Niemals – niemals
Besaß ein Sterblicher so viel, so göttlich
Es zu gebrauchen. Alle Könige
Europens huldigen dem span'schen Namen.
Gehn Sie Europens Königen voran.
Ein Federzug von dieser Hand, und neu
Erschaffen wird die Erde. Geben Sie
Gedankenfreiheit. – Sehen Sie sich um
In seiner herrlichen Natur. Auf Freiheit
Ist sie gegründet – und wie reich ist sie
Durch Freiheit! – Weihen Sie
Dem Glück der Völker die Regentenkraft,
Die – ach so lang' – des Thrones Größe nur
Gewuchert hatte – Stellen Sie der Menschheit
Verlornen Adel wieder her. Der Bürger
Sei wiederum, was er zuvor gewesen,
Der Krone Zweck. – Den Flug
Des Denkers hemme ferner keine Schranke
Als die Bedingung endlicher Naturen.

GEHÖRTE DIE REDE des Marquis zum Bildungsgut, über
das man im Lager auswendig verfügte? Dies war nicht notwendig, es gab die Häftlingsbücherei in Baracke 5, in der
sich auch Buchbinderei und Schreibstube befanden.

Die Lagerleitung stellte hier freilich nur NS-Literatur
ein (Hitlers »Kampf« in sechzig Exemplaren!). Der gesamte Fundus hingegen wurde von Häftlingen gespendet, vor
oder nach ihrer Entlassung. Wolfgang Röll schreibt mir: In
der ersten Zeit konnten sich Häftlinge noch Pakete schik-
ken lassen, auch mit Büchern, »deren Inhalt mit den
Grundsätzen des nationalsozialistischen Staates nicht in
Widerspruch« stand. Größere Schenkungen durch Carlo
Mierendorff, den vormals sozialdemokratischen Reichs-

tagsabgeordneten, der einen Teil seiner Haftzeit in Buchenwald verbrachte. Und wiederum Ernst Wiechert: er bat seinen Verleger um Zusendung von jeweils fünf Frei-exemplaren seiner lieferbaren Bücher.

Der Gesamtbestand wuchs schließlich an auf knapp 14 000 Bände. Verwaltet wurde die Bücherei von einem jungen, kommunistischen Kapo, von Walter Husemann. (Wiechert: »Aufs tiefste beglückende Freundschaft mit dem Verwalter der Lagerbücherei«.) Wer eine Lesekarte besaß, konnte die Einrichtung nutzen. Auch SS-Leute lie-hen sich Bücher aus, vorzugsweise Kriminal- und Aben-teuerromane.

Ein »Bücherverzeichnis der Häftlings-Bücherei K.L. Buchenwald« ist überliefert, »herausgegeben am 1. Ok-tober 1939«. Das Inhaltsverzeichnis gegliedert in acht »Abteilungen«. Als Abteilung römisch fünf: »Klassiker. Dramen. Gedichte.« Insgesamt etwa 600 Bände. Die Auflistung erfolgt nach Verfassern und Titeln. »Die ein-zelnen Werke … findest du in den Bänden:«, es folgen jeweils laufende Nummern diverser Ausgaben.

Dies auch bei Schiller. Sechs verschiedene Ausgaben allein der »Maria Stuart«! Die Bearbeitung des »Mac-beth« in drei, die Übersetzung der »Phädra« ebenfalls in drei Ausgaben. »Geschichte des Abfalls der vereinig-ten Niederlande«: sieben Ausgaben! »Kabale und Lie-be«: fünf. Und »Don Carlos«? Fünf verschiedene Aus-gaben.

Es läßt sich also davon ausgehen, daß die Rede des Mar-quis Posa vorgelesen wurde – mit konspirativ gesenkter Stimme. Zwar streiften nachts keine SS-Männer durch das Lager, das sich selbst verwalten mußte, doch gab es genügend Häftlinge, die sich durch Denunziation einen Bonus verschaffen wollten. So war Vorsicht geboten bei literarischen Abenden in der Baracke des »Kommandos Pathologie«.

DIE LITERARISCHE VERANSTALTUNG in der Pathologie wurde vom »Kommando Effektenkammer« wiederholt. Die ausgewählten Teilnehmer wurden vier Uhr morgens geweckt und versammelten sich im Kellerraum, in dem Gepäckstücke von Häftlingen magaziniert waren. Mit Koffern wurden die Fensteröffnungen »verbaut«, Koffer wurden als Sitze für das Publikum gestapelt und gereiht: »Sie sitzen auf den mit Habseligkeiten der Häftlinge gefüllten Koffern.« Nur das schwache Licht einer Taschenlampe. Auch bei dieser Veranstaltung wurde Schiller rezitiert, auch diesmal war es die Rede des Marquis Posa. Theaterpathos konnte sich hier kaum entwickeln, eher wurde mit gedämpfter Stimme vorgetragen, was auch diesmal nicht bloß erwähnt, sondern wiederholt werden soll.

DAMIT ERNEUT die berühmte Redesequenz des Marquis Posa. Mit diesem Text wurde Friedrich Schiller im Konzentrationslager zum subversiven Autor, postum, im Namen der allseits ersehnten Freiheit. (Um die Wiederholung ein wenig zu variieren, zitiere ich, auch diesmal raffend, nach der von Schiller selbst gekürzten Hamburger Bühnenfassung.)
Ja! Ja! Ich wiederhol es! Geben Sie
Was Sie uns nahmen, wieder! – Lassen Sie,
Großmütig wie der Starke, Menschenglück
Aus Ihrem Füllhorn strömen! Geister reifen
In Ihrem Weltgebäude! – Werden Sie
Von Millionen Königen ein König! –
Gehn Sie Europens Königen voran.

Ein Federzug von dieser Hand, und neu
Erschaffen wird die Erde – Geben Sie
Gedankenfreiheit!

Schiller arbeitet am Schreibtisch

ZUERST EIN ZEITSPRUNG ins Jahr 1805. In der Zwischen-
zeit: die Uraufführung der »Maria Stuart« am Weimarer
Hoftheater, im heißen Juni 1800. Auch diesmal keine Ausführungen über die Konditionen von Schillers Regie-
arbeit, nur Stichworte: Ein Theater, das überwiegend
Unterhaltungsstücke bot, sie unter finanziellem Aspekt
auch bieten mußte – selbst unter Goethes Intendanz ...
Ein Ensemble, das erhebliche Mühe hatte, Verstexte zu
sprechen – immer wieder mußte hier Nachhilfe geleistet
werden, von Goethe wie von Schiller ... Statuarisches
Sprechtheater, im Sinne des Klassizismus: mehr Rezitati-
on als Präsentation – dies aber von Schauspielern, die lieber improvisierten als auswendig lernten ... Dennoch aber-
witzig kurze Probenzeiten ... Gut, daß es damals noch
keine Videoaufzeichnungen gab – wir wären mit Sicherheit enttäuscht, ja entsetzt.

Auch damals schon, bei geringeren Erwartungen, anderen Maßstäben: wiederholte Enttäuschungen über Büh-
nenrealisierungen. Dennoch fortgesetzt die Arbeit an neu-
en Stücken: »Die Jungfrau von Orleans« ... Bearbeitung
des »Turandot« von Gozzi ... »Die Braut von Messina« ...
»Wilhelm Tell« ...

Und nun, als letzte Arbeit an Schillers Schreibtisch, ein
Stück über eine menschliche Imitation: »Demetrius«, ein
falscher Zar. Dieses Drama ersetzte das lang geplante
Stück über eine andere Herrscher-Imitation: Warbeck.

In Schillers Werkplanung der vergangenen Jahre stand mal Warbeck vor Dimitri, dann wieder Demetrius vor Warbeck – die oft tiefen Zeitperspektiven in Schillers Werk.

Kurzer Rückblick. August 1799, die Phase der Einarbeitung in das Stuart-Projekt: »Ich bin dieser Tage auf die Spur einer neuen möglichen Tragödie geraten. (...) Unter der Regierung Heinrich VII. in England stand ein Betrüger, Warbeck, auf, der sich für einen der Prinzen Eduards V. ausgab, welche Richard III. im Tower hatte ermorden lassen.«

Historisch gab es übrigens eine Imitation der Imitation des ›Richard von York‹, alias Eduard IV. von Warwick. Der seine Rolle übernehmen wollte oder sollte, war Lambert Simnel, Sohn eines Handwerkers. Ein paar Jahre später versuchte es nochmal ein Belgier, Jean Werbeque, anglisiert zu Perkin Warbeck. – Das Stück bleib Fragment, in Prosa und Vers:

> Wer soll sich ihres ausgestoßnen Stamms,
> Des länderlosen, flüchten, erbarmen,
> Wenn sie die – – – – – – –
> Ihm ihres Hauses Pforten pflichtlos schließen wollte?
> Die Götter sind für Lancaster, er herrscht,
> Und York hat nichts als – – – – –
> Mitlied verdient – – – – –
> Und – – – – – – –

DER KOMPLETTE TITEL der letzten, fragmentarischen Arbeit am Schreibtisch: »Demetrius oder die Bluthochzeit zu Moskau«. Das Stück war angelegt als »Trauerspiel«.

Ich skizziere die historische Episode, die Schiller frei umsetzen wollte. Dramatis personae: Zar Iwan IV., genannt Grosny, »der Schreckliche«; Marfa (oder Maria), seine siebte Frau; der gemeinsame Sohn Dimitri; Boris Godunow, der Regent. Und viele andere.

1584 starb Iwan »Grosny«. Er wurde von der Mitwelt, wird von der Nachwelt kontrovers beurteilt. Vor allem westliche Historiker sehen in ihm einen Mann gnadenlosen Terrors, verbreitet durch die berittene Polizei in schwarzen Uniformen, die Opritschniki. Sergej Eisenstein hingegen heroisierte ihn in seinem Monumentalfilm: Iwan als großer Eroberer, als Gründer der Nation.

Gekrönt wurde nach dessen Tod: Fjodor, Sohn aus der ersten Ehe des Zaren, mit Anastasia Romanow. Der Nachfolger war allerdings debil, also übernahm sein Schwager, der Tatar Boris Godunow, die Regentschaft, ja die Regierung. Er schickte die Witwe Marfa und den Halbbruder Fjodors, den kleinen Dimitri, in die Verbannung. Dort wurde der Zarewitsch ermordet, wohl im Auftrag von Godunow. (Die offizielle Lesart lautete freilich: Bei einem epileptischen Anfall wäre Dimitri zufällig in ein Messer gestürzt ...) Mutter Marfa wurde in ein Kloster gesperrt. Sieben Jahre später starb Fjodor, kinderlos. Boris Godunow regierte weiter, mit Zustimmung des Adels. Der Tatar hatte am russischen Hof die Macht errungen, doch ohne Erb-Legitimation: die Frage der Nachfolge des verstorbenen Zaren wurde erneut relevant.

Nun hatte sich, die Jahre über, hartnäckig das Gerücht gehalten, Dimitri sei gar nicht ermordet worden, vielmehr ein Junge an seiner Stelle. So sprach sich das auch in Litauen herum. Dort erschien denn ein junger Mann, der erklärte, er sei Dimitri. Er konnte Beweise oder ›Beweise‹ vorlegen: ein berühmtes Taufkreuz. Auch gab es körperliche Merkmale, die für seine Aussage sprachen. Litauische Herren sahen in Dimitri ein geeignetes Werkzeug zur Eroberung der Macht im Kreml – dies gemeinsam mit polnischen Herren. Der Vertrag von Lublin hatte einen litauisch-polnischen Machtblock festgeschrieben. Diese Koalition fand eine formelle Bestätigung durch die Verlobung Dimitris mit Marina Mniszek, der ehrgeizigen Tochter eines polnischen Fürsten.

Es wurde ein Heer von Polen und Don-Kosaken zusammengestellt; an seiner Spitze marschierte Dimitri in Rußland ein. Schiller, in seinen Werknotizen: »Wenn Demetrius in Rußland eintritt, so ist gleich das Volk auf seiner Seite. Das Volk prüft nicht lange, es wird durch die Sinne und durch Ideen bewegt, selbst das Abenteuerlichste findet bei ihm Glauben. Das Außerordentliche in dem Schicksal des wieder aufgelebten Demetrius ist ein gar zu großer Reiz für dasselbe; die Kühnheit des Betrugs selbst trägt dazu bei, daß er geglaubt wird, weil man es nicht für möglich hält, daß mit solcher Dreistigkeit könnte gelogen werden.«

Der historische Dimitri wurde allerdings bald in einer Schlacht besiegt. Doch da starb, termingerecht, Boris Godunow, wahrscheinlich vergiftet. Ein Machtvakuum. Dimitri nutzte die Wirren, marschierte nun doch in Moskau ein.

Entscheidend war jetzt, wie sich Witwe Marfa verhielt. Sie wurde aus der Verbannung geholt und sollte bestätigen, daß Dimitri ihr Sohn sei.

Er ist mein Sohn, ich glaub an ihn, ich wills.
Ich fasse mit lebendigem Vertrauen
Die Rettung an, die mir der Himmel sendet!
Er ists, er zieht mit Heereskraft heran,
Mich zu befreien, meine Schmach zu rächen!
Hört seine Trommeln! seine Kriegstrompeten!
Ihr Völker, kommt von Morgen und Mittag,

Aus euren Steppen, euren ewgen Wäldern,
In allen Zungen, allen Trachten kommt!
Zäumt das Roß, das Rentier, das Kamel!
Wie Meereswogen strömet zahllos her,
Und dränget euch zu eures Königs Fahnen!
O warum bin ich hier geengt, gebunden,
Beschränkt mit dem unendlichen Gefühl!
Du ewge Sonne, die den Erdenball
Umkreist, sei du die Botin meiner Wünsche!

Auch, um sich für die Schmach der Verbannung zu rächen, erkannte sie Dimitri als ihren Sohn an: Kalkül und Ranküne. Der Prätendent konnte gekrönt werden. Wenige Tage später die Hochzeit mit Marina. Und ein Putsch russischer Adliger: die neue polnische Vorherrschaft im Kreml sollte gebrochen werden.

Schiller notierte: »Demetrius im Kreml zu Moskau als vollkommener Zar etabliert, aber mit dem Bewußtsein, daß er ein Betrüger.

Es schleichen Zweifel umher an der Person des Demetrius, die sich aber auf lächerliche Dinge gründen.

Er wird erstochen und fällt edel.«

Zuletzt eine krasse Pointe, wie folgt überliefert: Die Leiche wurde verbrannt, die Reste wurden zerstoßen, die Asche wurde – nach dem Pulversatz – in ein Kanonenrohr gestopft, die Kanone wurde abgefeuert in die Richtung, aus der Dimitri mit dem Heer in Rußland einmarschiert war.

Damit war die Dimitri-Story aber noch nicht beendet. Ein Jahr nach dem Verschießen der Dimitri-Asche trat ein junger Mann auf, der erklärte, er sei der wahre Demetrius. Schiller: »Wenn alles hinweg ist, so kann einer von der Menge zurückbleiben, welcher das Zarische Siegel sich zu verschaffen gewußt hat oder zufällig dazu gelangt ist. Er erblickt in diesem Fund ein Mittel, die Person des Demetrius zu spielen, und gründet seine Hoffnung auf mancherlei Umstände.

Dieser Monolog des zweiten Demetrius kann die Tragödie schließen, indem er in eine neue Reihe von Stürmen hineinblicken läßt und gleichsam das Alte von neuem beginnt.«

Es sollen sogar noch weitere Prätendenten aufgetreten sein: Imitationen der Imitation der Imitation des Zarensohns. Der Reigen endete erst 1613, als Michael Romanow das Herrscheramt übernahm, die Dynastie begründend.

FEBRUAR 1805: nach erneutem Krankheitsschub fühlte sich Schiller nicht gut genug in Form, um die Arbeit am Demetrius-Projekt weiterzuführen. Er schob eine Übersetzung ein: Racines »Phèdre«.

Schiller hielt sich ausnahmsweise an den Text, doch mit entscheidender Änderung: Die gereimten Alexandriner, die in unserem Sprachraum nur schwer über die Rampe kämen, verflüssigte er zu ungereimten fünffüßigen Jamben. Dies höchst überzeugend!

Ich sah ihn, ich errötete, verblaßte
Bei seinem Anblick; meinen Geist ergriff
Unendliche Verwirrung, finster wards
Vor meinen Augen, mir versagte die Stimme,
Ich fühlte mich durchschauert und durchflammt.

Zwei Wochen, nur knapp zwei Wochen nach Beendung der Arbeit wurde die deutsche Fassung aufgeführt im Weimarer Hoftheater.

SCHILLER AN GOETHE, 22. Februar: »Die zwei harten Stöße, die ich nun in einem Zeitraum von sieben Monaten auszustehen gehabt, haben mich bis auf die Wurzeln erschüttert, und ich werde Mühe haben, mich zu erholen.

Zwar mein jetziger Anfall scheint nur die allgemeine epidemische Ursache gehabt zu haben, aber das Fieber war so stark und hat mich in einem schon so geschwächten Zustand überfallen, daß mir eben so zumute ist, als wenn ich aus der schwersten Krankheit erstünde, und besonders habe ich Mühe, eine gewisse Mutlosigkeit zu bekämpfen, die das schlimmste Übel in meinen Umständen ist.«

DIE DÜSTERE SZENERIE dieses Kapitels kurz mal aufhellen: auch in den letzten Monaten spielte der Dichter Schach – täglich, soweit der desolate Gesamtzustand das noch zuließ.

Keine weiteren Ausführungen hier, nur noch ein Satz von Wilhelm Heinse, wie geschrieben für Friedrich Schiller: Schach als »Spiel für Dichter, für Menschen, die eine lebhafte Einbildungskraft haben; sie können hier verschiedene Charaktere für einen gemeinschaftlichen Zweck handeln lassen. Die Figuren sind ihre Theatergesellschaft, und es findet sich Stoff zu unendlichen Dramas.« Doch Schiller wird sich kaum mehr auf diese kleine Bühne des großen Theaters begeben können.

Ein Buch über »Die Kunst, im Schachspiel ein Meister zu werden«, erschienen fünf Jahre vor Schillers Geburt, es hatte folgendes Motto:

Mitten unter Lust und Lachen
Kann der Tod uns schachmatt machen.

SCHILLER AN KÖRNER, 25. April: »Die bessere Jahreszeit läßt sich endlich auch bei uns fühlen und bringt wieder Mut und Stimmung; aber ich werde Mühe haben, die harten Stöße seit neun Monaten zu verwinden, und ich fürchte, daß doch etwas davon zurückbleibt; die Natur hilft sich zwischen 40 und 50 nicht mehr als im 30sten Jahr. Indessen will ich mich ganz zufrieden geben, wenn mir nur Leben und leidliche Gesundheit bis zum 50. Jahr aushält.«

DOCH SCHILLER wird die – für ihn fast schon magische – Schwelle von Fünfzig nicht überschreiten: dieser Lebensplan scheitert, vier Jahre davor. Viel zu früh läßt er den Schreibtisch zurück. Zu viele Stücke, seit Jahren in Planung, bleiben unausgeführt.

Würde, könnte, dürfte ich ein Bühnen-Epitaph für Friedrich Schiller verfassen, ich ließe Figuren der ungeschriebenen Stücke vor ihm auftreten, in seinem Arbeitszimmer, vor dem Sterbebett. Allen voran Warbeck, gleich hinter ihm der zweite falsche Prinz: »Es ist natürlich, daß ein zweiter Betrüger auftritt, weil der erste erschienen.«

Ja, und Seeleute aus dem Projekt »Das Schiff«, und mit ihnen viel Action: »Meuterei auf dem Schiff ... Schiffsjustiz ... Scheiterndes Schiff ... Ausgesetzte Mannschaft ... Wilde Tiere, wilde Menschen ...«

Und es tritt Marc René de Voyer d'Argenson auf, Polizeichef, Geheimdienstchef unter König Louis XIV. Ein Mann, der selbst seine Mitarbeiter bespitzeln ließ, wie Schiller notierte. Der das weit gefächerte Kontrollsystem der Großstadt Paris ausbaute. Der in seinem Wunsch, alles zu wissen, Methoden entwickelte, Informationen zu erzwingen: vom König hatte Argenson volle Handlungsfreiheit für die »chambre ardente« erhalten, für das Feuerzimmer, in dem geheime Erkundung und Verurteilung stattfand. Argenson, so wurde ihm nachgesagt, behandelte Menschen wie »eine wilde Tiergattung«. Das änderte auch nicht ein Gespräch mit einem Schriftsteller.

»Ich muß aber doch leben«, wollte Schiller ihn sagen
lassen.

Doch die Antwort des Polizeichefs, lakonisch: »Das seh
ich nicht ein.«

Und schon treten »Die Filibuster« (Flibustiers) auf.
Auch eine Frau unter den Piraten an Bord, »als Mann ver-
kleidet und einer der tapfersten« ... Meuterei auf dem
Schiff ... »Befehl des Anführers, mit brennender Lunte
an der Pulverkammer zu warten.«

Fortgesetzt der Tanz der entworfenen Figuren: »Die
Kinder des Hauses«. Damit der Auftritt eines Polizeioffiziers: »Ein sicherer (also: selbstsicherer) und mächtiger
Bösewicht, den Reue und Gewissensbisse nie anwandeln.«
Ein Mann, der von der Gesellschaft anerkannt, ja gefeiert
wird, denn: »Die Heuchelei ist nicht bloß eine dünne
Schminke, der angenommene Charakter ist ihm habituell
ja gewissermaßen natürlich geworden, und die Sicherheit
in der er sich wähnt, läßt ihn sogar Großmut und Menschlichkeit zeigen.«

Hier hätte uns Schiller mit einem Stück überraschen
können, bei dem Bezüge zur jeweiligen Gegenwart nicht
mühsam konstruiert werden müßten.

Nach dem Auftritt des Polizeioffiziers: erneut Piraten!
Auch im »Seestück«: »Eine Meuterei ... Brand im Wasser
... Seegefecht, Seeraub ... Tauschhandel mit Wilden ...
Transportierte Verbrecher ... Ein Schiffer sprengt sich in
die Luft ... Der Korsar entert ein anderes Schiff ... Passa-
giere auf dem Schiff in das ungeheure Schicksal verfloch-
ten ...«

Und zuletzt marschieren Ritter auf, »Die Malteser«. Sie
verteidigen auf verlorenem Posten eine maltesische
Festung, die von Türken belagert wird: »Das Meer
schäumt vom Schlag der Ruderknechte, die ganze maho-

medanische Rotte hat sich um die Brustwehr der christlichen Welt gesammelt.«

In dieser eingeschlossenen Festung die »enthusiastische Liebe zweier Ritter zueinander ... Die Männerliebe ist in dem Stück das vollgültige Surrogat der Weiberliebe ... Es wird dem Großmeister äußerst schwer sich zu der Aufopferung der Ritter zu entschließen, aber die Umstände erlauben keinen mildern Ausweg. Dies muß einleuchtend gezeigt werden.«

SCHILLER STARB, etwa vierzehn Tage nach dem Brief an Freund Körner, am 9. Mai 1805, mit 46 Jahren.

Als Medizinstudent hatte er in seiner lateinischen Dissertation auch über Moribunde, über Sterbende geschrieben. »Der Tod tritt ein, wenn beim Nachlassen des quälenden Schmerzes die Atmung schwerer wird und ruhiger, die innerste Lunge rasselt, die Glieder steif werden, der sehr kleine Puls kriecht und das hippokratische Gesicht sich dem Beschauer bietet.«

Eine der eindrucksvollsten Formulierungen des frühen Textes: Daß bei Sterbenden »der Schweiß den Geruch einer verlöschenden Lampe annimmt (sudor extincti lampadis odorem referat)« ...

CAROLINE VON WOLZOGEN, Schwägerin und Biographin Schillers, berichtet: Auf dem Schreibtisch lag ein Blatt mit dem Entwurf einer Monolog-Sequenz der Marfa. Die höchstwahrscheinlich letzten Zeilen, die Schiller an seinem Schreibtisch in der Mansarde des Hauses zu Weimar geschrieben hat. Der Text bricht ab ohne Satzzeichen.

Ich habe nichts als mein Gebet und Flehn,
Das schöpf ich glühend aus der tiefsten Seele,
Das send ich gläubig in die Himmelshöhen,

Wie eine Heerschar send ich Dirs entgegen,
Heerscharen send ich mächtig Dir entgegen,
Der Mutter Tränen und der Mutter Sorge,
Das send ich hinauf in alle HimmelsHöhen.
Send ich wie eine Heerschar Dir entgegen!
Die Tränen alle die ich nächtlich weinte

Abgesang

ANFANG DEZEMBER 1943 wurde von den Deutschen Aus-
rüstungswerken G.m.b.H. Weimar-Buchenwald »das letzte Originalstück (Spinett) des Schillerhauses samt der hergestellten Kopie« geliefert. Dieses Tasteninstrument
hatte also noch in der Werkstatt-Baracke gestanden, als
in der Pathologie-Baracke die Schillersequenz rezitiert
wurde.

Das kleine Fortepiano: etwa neunzehn Monate lang in
einer Baracke der DAW! Was die Saiten dort eventuell mit-
schwingen, nachschwingen ließ: Befehlsgebrüll ... aggres-
sives Bellen von Schäferhunden ... Schreie von Menschen,
die im Krematoriumskeller gleich nebenan mißhandelt,
ermordet wurden ... Schüsse der nahen Hinrichtungsstätte ...

Noch einmal, zur Betonung: Mehr als anderthalb Jahre
lang stand dieses Tasteninstrument aus Schillers Arbeitszimmer in der Tischlereibaracke der DAW, ehe es wieder
nach Weimar transportiert wurde, gemeinsam mit der
Kopie.

Auch hier mußte offenbar angemahnt werden. In einer
handschriftlichen Notiz vom Oktober 43 sehe ich, daß »1
Spinett, 2 Stühle« noch immer nicht geliefert waren. Mitte
November teilte endlich »der Geschäftsführer der Deut-

schen Ausrüstungswerke, Herr Hasper mit, daß nun auch das Spinett fertiggestellt sei. Die Abholung muß diesmal aber die Stadt übernehmen, da kein Fahrzeug dort zur Verfügung steht.«

Die immer stärker eingeschränkten Transportkapazitäten ... Es gab einiges Hin und Her in der Weimarer Stadtverwaltung, denn: »Fahrgelegenheit besteht auch von hier nicht.« Etwa zehn Tage lang wanderte die Vorlage von Schreibtisch zu Schreibtisch, bis man schließlich einen »kleinen Lieferwagen« fand.

Auch das historische Tasteninstrument wurde im Keller des Rohbaus der Nietzsche-Gedächtnishalle untergestellt. Das Duplikat fand seinen Platz, vorläufig, in der Mansarde des Schillerhauses – sicherlich wieder im Arbeitszimmer, links von der Tür zur Schlafkammer.

WÄHREND IN BERLIN, Juni 1944, nach einem schweren Bombenangriff »große Teile der Schadensgebiete noch brennen«, führen Hitler und Goebbels im »Berghof«, Obersalzberg, ein Gespräch unter anderem über Goethe und Schiller. Wieder einmal wird deutlich, daß nicht bloß zufällig, nicht bloß ›versehentlich‹ Möbel allein aus dem Schillerhaus nachgebaut wurden und nicht auch Möbel aus dem Goethehaus.

Goebbels wird noch an diesem Abend nach Berlin zurückfahren und dort folgenden Eintrag ins Tagebuch diktieren. »Goethe ein krasser Egoist, der heute uns wahrscheinlich genauso gegenüberstehen würde, wie Richard Strauss uns gegenübersteht, Schiller ein Revolutionär, Idealist und Phantast, der, wenn er Goethe auch dichterisch und künstlerisch nicht gewachsen ist, ihn menschlich turmhoch überragt. Der Führer ist in diesem oder jenem Punkt anderer Meinung, schließt sich aber nachher meinem Urteil über Goethe an. Auch er hat zu ihm kein richtiges menschliches Verhältnis.«

OFFENBAR ist diese Einschätzung der Führungsspitze im Verlauf der Jahre bis zur Basis durchgesickert. Denn am vorletzten oder letzten Kriegstag in Jena soll Goethes Sarkophag gesprengt werden, und Schillers Sarg gleich mit.

Volker Wahl (Direktor des Goethe- und Schiller-Archivs Weimar) hat frühere Berichte über diese Vorgänge zusammengefaßt, ergänzt, präzisiert und das Ergebnis in einer Dokumentation vorgelegt.

Am 12. Mai 1944 wurde in einer Rundverfügung des Reichsministers für Wissenschaft, Erziehung und Volksbildung »die beschleunigte Durchführung eines verstärkten Schutzes der für den nationalen Kulturbesitz besonders wichtigen Kunstwerke« angeordnet.

Etwa vier Monate später beschloß die Gauleitung Weimar, die Sarkophage von Schiller und Goethe bombensicher unterzustellen. Der Vorstand der Goethe-Gesellschaft (Direktor war damals der Verleger Anton Kippenberg!) sprach sich entschieden dagegen aus. Doch die Gauleitung holte beim Bevollmächtigten der großherzoglichen Familie die Genehmigung ein zum Abtransport der Sarkophage aus der Fürstengruft. Das Plazet erfolgte telegraphisch. »Erwünscht ist unter derselben Voraussetzung auch gleichzeitig Abtransport des Sarkophags des Dichterförderers und Freundes Großherzog Carl August.«

Am Abend des 11. Dezember wurden, im ›Schutz der Dunkelheit‹, die Sarkophage der beiden Dichter aus der Fürstengruft entfernt; den Sarg des Herzogs ließ man zurück. Auf einem Lastwagen der Polizei fuhr man die Särge nach Jena – was man den Herren der Goethe-Gesellschaft gar nicht erst mitteilte.

Im vorgesehenen Bunker erwies sich der Eingang als zu eng für die sperrigen Eichensärge; so entschied man sich für den Bunker in der Knebelstraße, am Paradiesbahnhof. Ein langgestreckter, dreigeschossiger Bunker in der Traufhöhe der angrenzenden Häuser, getarnt mit einem Ziegeldach, das sogar ›Gauben‹ und ›Kamine‹ aufwies; auf diesem Dach große weiße Quadrate mit Rotem Kreuz – auch an der Betonwand der Straßenseite. In den oberen Ebenen Luftschutzräume für Anwohner, im Erdgeschoß die Dienststelle des Luftschutz-Sanitätsdienstes und eine Sanitäts-Rettungsstelle. Deshalb waren Eingang und Flur hier auch breiter. Die Särge wurden erst mal im Gang abgestellt. Der leitende Luftschutzarzt Werner Knye, Stabsarzt der Schutzpolizeireserve, damals 34, er war nun für die Sicherheit der Sarkophage verantwortlich. Er wird sie retten, einen Vernichtungsbefehl verweigernd.

Aufschlußreich in diesem Zusammenhang, was bereits 1937 in einer Personalakte über ihn vermerkt wurde: »... hat nicht mehr die klare politische Linie des Nationalsozialisten völlig eingehalten. Als SA-Mann wechselte er z.B. zum Roten Kreuz über.«

Ein Vierteljahr standen die Sarkophage im Bunker, in einem separaten Raum. Amerikanische Truppen drangen währenddes immer tiefer in Thüringen ein, es begann auch hier die Endphase des Krieges mit allen Begleiterscheinungen des Chaotischen. Walter Schulze, Polizeidirektor von Jena, SS-Sturmbannführer, er ließ, eines Nachts Ende März, 500 Panzerfäuste und 15 000 Patronen Gewehrmunition im Bunker einlagern. Ein Verstoß gegen die Genfer Konvention: in Einrichtungen des Roten Kreuzes durften keine Waffen deponiert werden. Werner Knye ließ einen (großen?) Teil des Arsenals wieder auslagern.

228

Das war höchst riskant, war lebensgefährlich: Knye kollabierte, verbrachte drei, vier Tage in der Jenaer Nervenklinik, kehrte zum Bunker zurück. Dort erwartete ihn der Befehl des Polizeipräsidenten, seine Sanitätseinheit im Rahmen des ›geordneten Rückzugs‹ an das östliche Ufer der Saale zu verlegen. Hier sollte die neue »Hauptkampflinie« verlaufen – es kamen ja erst einmal die Amerikaner, von Westen her. Es wurde nun tatsächlich überlegt, ob man bei dieser Absetzbewegung die beiden Sarkophage mitführen sollte – sie durften »nicht in Feindeshand fallen«.

Dies wäre also beinah noch möglich geworden: Schiller, der lange in Jena gelebt, der in Jena seine berühmte Antrittsvorlesung über Universalgeschichte gehalten, der in Jena auch den »Wallenstein« geschrieben hatte, Schiller wäre, 140 Jahre nach seinem Tod, eventuell noch in den Zusammenbruch hineingerissen worden: der Sarkophag aus dem Bunker wieder herausgeschleppt, auf einen Lastwagen der Polizei oder SS oder Wehrmacht verladen. Und dazugeschoben der Sarkophag von Goethe. Und dann: die Sarkophage über eine der Saalebrücken gefahren, die bald darauf von Pionieren gesprengt wurden, und womöglich wäre der Lastwagen bald steckengeblieben im Durcheinander am östlichen Saale-Ufer, keiner, der dafür sorgte, daß die Särge noch weiter ostwärts transportiert wurden, womöglich wäre auch hier der Sprit zu knapp gewesen, und wer koordinierte überhaupt noch den Aufbau der neuen HKL? Die Führungsgruppe unter dem Polizeipräsidenten überwiegend betrunken, die verbliebene Einheit der Wehrmacht wohl planlos, und im Gebiet nun der Rückzugsgefechte, Rückzugsgeplänkel (bei denen auch der Polizeipräsident tödlich getroffen wird) der Lastwagen mit den Särgen von

Schiller und Goethe – hier breche ich das leider realitäts-
nahe Gedankenspiel doch lieber ab!

Daß die Sarkophage nicht mitgenommen wurden beim
Rückzug auf das östliche Ufer der Saale, dafür gab es letzt-
lich nur diesen einen Grund: zu wenig Transportkapazität.
Die Särge sollten dennoch nicht »in Feindeshand fallen«!
Also befahl der Polizeipräsident: Vernichtung! Werner
Knye, nach dem Krieg: »Ich erhielt die Anweisung, dem
Leiter des Instandsetzungsdienstes, der den Befehl zur
Vernichtung – Sprengung und Verbrennung – beider Sar-
kophage erhalten hatte, die beiden Sarkophage auszulie-
fern.«

Dies gehörte nicht zum Programm des Hitler-Befehls
zur Zerstörung restlicher deutscher Industriebetriebe und
der restlichen Infrastruktur des Landes (»Verbrannte
Erde«), dies war offenbar eine Entscheidung des SS-Poli-
zeipräsidenten. Heftige Auseinandersetzung mit Werner
Knye; der Polizeipräsident drohte an, den Bunker in die
Luft zu sprengen und damit die Sarkophage. Seine Begründung: »Wir hassen Goethe und werden das Ganze in
einem mit abmachen.« Falls dies wirklich so gesagt worden ist, wäre es höchst charakteristisch gewesen, im NS-
Konsens: Primär sollte Goethes Sarkophag in die Luft
gejagt werden. Weil in dieser Phase des Zusammenbruchs
erst recht keine Ausnahmen gemacht wurden, hätte man
Schillers Sarg gleich mitgesprengt.

Nach der Auslagerung der Panzerfäuste und Patronen,
nach seiner »Meuterei« drohte Knye die standrechtliche
Erschießung: also setzte er sich ab, tauchte unter bei seiner
Exfrau auf dem Lande. Er überlegte, ob man die Sarkophage nicht in einem anderen Bunker unterstellen sollte,
besprach sich mit seinem Doktorvater Wolfgang Veil,
Direktor der Medizinischen Klinik an der Universität

Jena, Verfasser einer Schrift über »Schillers Krankheit«, einer weiteren Schrift über »Goethe als Patient«. Veil riet von erneuter Verlagerung der Sarkophage ab, die wären im Bunker doch sicherer.

Weil nach Dr. Knye bereits gefahndet wurde (drei Polizisten mit Maschinenpistolen hatten im Bunker nach ihm gefragt), mußte er das Verstecken der Sarkophage delegieren. Ein couragierter Freund und ein entschlossener Sanitätsfeldwebel führten das aus. Sie umhüllten die Särge mit Segeltuch, zogen ein Dutzend Mann des Luftschutzsanitätsdienstes heran, erklärten ihnen, es handle sich um zwei Metallschränke, ließen die Sarkophage in einen Depotraum des Bunkers schleppen. Dort wurden von den beiden Mitverschworenen Schränke mit Medikamenten, medizinische Geräte, Koffer vor die aufeinandergestapelten Särge gestellt, Säcke mit Verbandsmull wurden auf den oberen Sarg gelegt.

Der Sprengtrupp (Pioniere?) rückte am nächsten Tag tatsächlich an, fand aber nicht die Sarkophage, zog ab.

UND WIEDER WEIMAR, zwei Monate zuvor. Im Arbeitszimmer des Schillerhauses standen noch immer der nachgebaute Schreibtisch, das nachgebaute Sterbebett, das nachgebaute Tasteninstrument, standen hier sicherlich auch während des schweren Bombenangriffs am 9. Februar 1945.

Zu dieser Zeit verlief die Front, die Hauptkampflinie, auf der Höhe von Breslau und Glogau; die Stadt Liegnitz war bereits von der Sowjetarmee erobert. Der Krieg war also längst entschieden. Dennoch: sieben Geschwader mit insgesamt fast 200 Bombern starteten auf verschiedenen Basen in England, flogen am hellen Mittag ein über Aachen, Köln, Fulda, Plauen, warfen aus fünf bis sieben

Kilometern Höhe dreizehn Minuten lang 500 Tonnen hochbrisanter Bomben auf die Stadt, von Flak und deutschen Abwehrjägern nicht weiter behelligt. Weitflächige Zerstörung, Vernichtung der Innenstadt.

Das Schillerhaus blieb zufällig ausgespart. Der Gasthof »Zum Goldenen Anker«, unmittelbar hinter dem Haus (dort, wo heute das Schillermuseum steht): durch einen Volltreffer zerstört. Das Haus an der Esplanade, in der Schillerstraße gegenüber (die Hoffmannsche Buchhandlung, in der Schiller bestellt und gekauft hatte): vollständig vernichtet. Die Druckwellen dieser Einschläge erschütterten das Schillerhaus bis in die Grundfesten (eine Leihformulierung, die hier paßt). Leere Fensteröffnungen, abgeplatzter Verputz, abgeworfene Dachziegel, ramponierte Fensterläden: als wäre das Haus von schwerem Erdbeben durchrüttelt worden ...

Hingegen das Goethehaus: Volltreffer im Westflügel, im Abschnitt der Toreinfahrt rechts. Und damit: das Urbinozimmer total zerstört. Ein Teil auch des Junozimmers weggesprengt. Das weithin abgesunkene Dach hatte die Mansarde erdrückt. Fast alle Fenster waren samt Rahmen aus dem Mauerwerk geschleudert.

GLEICH AM TAG NACH DER BESETZUNG der Stadt Jena sprach Dr. Knye beim amerikanischen Stadtkommandanten vor, wies hin auf die beiden Särge, unterstellte sie dem Schutz der Besatzungsmacht. Im Anschluß an das kurze Gespräch wurde Knye als Stabsarzt der Polizei festgenommen und in ein Kriegsgefangenenlager überführt.

Schon am 12. Mai wurden die Sarkophage nach Weimar zurücktransportiert, unter der persönlichen Aufsicht des mittlerweile neuen Stadtkommandanten, des Majors William M. Brown. (Fritz Behr, nach der Befreiung Buchen-

walds für einige Monate Bürgermeister von Weimar:
Major und Professor Brown »war ein hervorragender Ken-
ner der deutschen Sprache und Literatur, hatte drüben mit
einer Arbeit über Goethes ›Götz‹ promoviert«.)

Brown wollte die Sarkophage von Schiller und Goethe
wie bei einem Staatsbegräbnis auf Geschützlafetten nach
Weimar transportieren lassen, begleitet von einer Schwa-
dron Soldaten, doch das wurde von vorgesetzter Dienststelle untersagt. Er war aber mit dabei, nur von seinem Fah-
rer begleitet, als jeweils ein knappes Dutzend Zivilisten die
Sarkophage aus dem Bunker schleppte und auf zwei
beschlagnahmte Kleinlastwagen verlud. Schillers Sarg
kam auf die Pritsche des Wagens 129 des »Civilian Vehicle
Pool Weimar«. Auf dem Sargdeckel ein großer Flieder-
busch.

DIE KOPIE DES SCHREIBTISCHS wurde in der Mansarde
des Schillerhauses beim großen Bombenangriff offensichtlich nicht beschädigt. Sie blieb auch über das Kriegsende hinaus im (geschlossenen) Schillerhaus, fast ein Jahr
lang.

Im April 1946 eine Aktennotiz, wieder von Eckardt:
»Die bisher noch im Schillerhaus verbliebenen nachgefer-
tigten Möbel des Sterbezimmers, sowie die Vitrinen der
Museumsräume, habe ich auftragsgemäß nach dem Rat-
haus gebracht und daselbst auf dem Boden abgestellt.«

Kulturoffiziere der sowjetischen Militärverwaltung förderten die dringlichsten Reparaturen im Schillerhaus. Als
erste der Weimarer »Kulturstätten« wurde es November
1946 der Öffentlichkeit wieder zugänglich gemacht.

UND WAS GESCHAH mit den Möbelduplikaten nach der
Wiedereröffnung des Schillerhauses?

Volkhard Knigge und Jürgen Seifert berichten in ihrem gemeinsamen Aufsatz zur Konzeption der Ausstellung von 1999, daß KZ-Kopien von Möbeln des Schillerhauses zuweilen aus dem Fundus geholt und »als Requisiten für Klassikeraufführungen vom Deutschen Nationaltheater genutzt« wurden. Ich horche auf, frage nach.

Stiftungsdirektor Knigge rät in einem Brief zum Vorbehalt: eine »Weimarer Erzählung«? Oder, so frage ich mich, doch eher Oral History, die ernst genommen werden kann? Wer sollte schon *so etwas* erfunden haben?!

Ich stelle mir den Ablauf so vor: Da waren die Möbelkopien auf dem Rathausspeicher, Doubletten, die aussahen wie Originalmöbel, und es herrschte die Materialknappheit der Nachkriegsjahre und die fortgesetzte Mangelwirtschaft der DDR, und so konnte ein ›findiger Kopf‹ auf die ›geniale Idee‹ kommen, die abgestellten Möbel für das Nationaltheater auszuleihen, je nach Bedarf.

Die Stühle ließen sich schon mal in einem breiten Spektrum von Bühnenstücken der klassischen Ära nutzen, von Lessing bis Lenz. Das Nähkästchen war ebenfalls vielseitig verwendbar, etwa im Raum der Lady Milford oder der Emilia Galotti. Das Bett eventuell für den sterbenden Freiherrn von Attinghausen, der im vierten Aufzug des »Tell« mit letzter Kraft seine Botschaft vermittelt: »Seid einig – einig – einig. *Er fällt in das Kissen zurück.*«

Und das Tasteninstrument? Regieanweisung zu Beginn des zweiten Akts von »Kabale und Liebe«: »Ein Saal im Palais der Lady Milford; zur rechten Hand steht ein Sofa, zur linken ein Flügel.« Dort hätte das kleine Hammerclavier also hingepaßt ...

UND DIE KOPIE DES SCHREIBTISCHS? Bis 1953 blieb das Dublikat auf dem Speicher des Rathauses. In dieser Zeit (oder später) könnte es ebenfalls Requisit gewesen sein. Etwa bei einer Inszenierung von Goethes »Tasso«?

Lieber hätte ich gesehn, rückblickend, wenn der Schreibtisch für eins der selten gespielten Stücke von Schiller auf die Bühne gestellt worden wäre: für den Einakter mit dem (redaktionellen) Titel »Körners Vormittag«. Die ersten vier Wörter der einleitenden Regieanweisung: »*Körners Studierzimmer. Ein Schreibtisch.*«

Christian Gottfried Körner, Dresden, an diesem Schreibtisch, an dem er während des beispielhaften Vormittags freilich nichts zustande bringt. Dies gespielt, dies ausgepielt am KL-Schreibtisch, an dem man sowieso nichts mehr schreiben könnte – sofern man seine Geschichte kennt.

Der turbulente Reigen des Stücks eröffnet mit einem Auftritt Schillers; er will lesen, was der Freund und Gönner zuletzt am Schreibtisch verfaßt hat. Das ist aber nicht mal ein kompletter Satz: »Ein Glück wie das unsrige, Julius, ohne Unterbrechung, wäre zuviel für ein menschliches« – –

Wie geht es denn weiter, möchte Schiller wissen, doch Minna Körner schaltet sich ein: »Da steht Er wieder und hält meinen Mann nur auf. Sieht Er denn nicht, daß er ins Konsistorium muß – Hanswurst!«

Ja, damit ist Schiller gemeint, in diesem kleinen Stück, das beitragen könnte zu kurzer Aufhellung. Ein paar Zitate: »A propos, lieber Becker. Ich habe da von Leipzig einen raren Elefantenzahn überschickt bekommen ... Ich möchte gern das Maß nehmen zu den Stiefeln ... Gib mir einen Kuß, kleine Maus ... Hohe oder niedre Absätze, Herr Oberkonsistorialrat? ... Ich habe einen herrlichen

Schimmel zu verkaufen ... Wo sind Ihre Weiber?...Kann ich die Klaviere stimmen, Herr Oberkonsistorialrat? ... Er kann mich in Arsch lecken ...

Aber lieber Gott! Wie hast du den ganzen Vormittag hingebracht?

Ich habe mich rasieren lassen!«

KRIEGSKOPIEN VON MÖBELN aus dem Weimarer Schillerhaus auf der Weimarer Bühne der Nachkriegszeit: zusätzliche Geschichte mit einem hohen Grad an Wahrscheinlichkeit.

Und die Perspektivlinien verlängern sich! Als Stichwort nun wieder: »Spinett«. Die Kopie des Fortepiano in der Mansarde des Schillerhauses, während der letzten Kriegsphase, fast anderthalb Jahre lang ... Der Bombenangriff ... Einmarsch amerikanischer Truppen ... Wechsel der Besatzungsmacht ... Sowjetische Kulturoffiziere sorgen dafür, daß in Weimar als erstes das Schillerhaus wieder eröffnet wird ... Die Kopie des Hammerclaviers magaziniert, wohl ebenfalls auf dem Rathausspeicher ... Die Kopie im Weimarer Nationaltheater auf die Bühne gestellt – eventuell mehr als einmal ...

Und eine zusätzliche Pointe: Die Kopie des Tasteninstruments schließlich in einem der Ausstellungsräume des Wielandguts Oßmannstedt, und hier war der Nachbau als »Original« ausgewiesen – was für die Qualität des Duplikats spricht! Als »Original« blieb die KL-Kopie im Wielandgut stehen bis 1998. Nun ist sie, wie der Schreibtisch, abgestellt im einem Depot.

ERNEUT EINE FAHRT NACH WEIMAR. Ich hole, zum vereinbarten Termin, den Magazinverwalter im Museum am Frauenplan ab, und er weist mir den Weg zum Lagergebäude am Stadtrand. Gespräch während der Fahrt: Ja, es gibt, neben dem Schreibtisch, auch noch die Kopien anderer Möbel aus dem Schillerhaus. Von Kopien der wichtigsten Objekte aus Goethes Arbeitszimmer hingegen ist auch zu diesem Zeitpunkt nichts bekannt.

Die Fahrt führt wohin? Ausgerechnet zum Ettersberg! Ein Gewerbegebiet an südlicher Hangflanke. Und damit: Blick auf die Stadt in der Mulde. Hier draußen, hier oben, so höre ich, wäre eigentlich ein ideales Terrain für Wohnbauten, aber hier war militärisches Sperrgebiet über Jahrzehnte hinweg: kaserniertes Militär, ein Übungsgelände für Panzer. So ergab sich, nach der Wende, aus diversen Gründen die Ansiedlung von Gewerbeunternehmen.

Der Wagen abgestellt vor einem Tor: Ettersberger Straße 110. Langgestrecktes Gebäude in Grau; mehrere Eingänge. Eingeschmissene oder eingeschlagene Scheiben; schützende Hartfaserplatten. Ein gleichsam erblindeter Bau. Während der NS-Ära war er, unter anderem, Kasino für Offiziere einer Flakabteilung (Flugabwehr) der Luftwaffe. Nach 45: beschlagnahmt für Offiziere der Roten Armee – eine Kommandantur. Das verwilderte Gelände ist in längeren Abschnitten noch umgrenzt von der Betonplattenmauer, die für sowjetische Garnisonen charakteristisch war.

An der Stirnseite des Gebäudes eine Rampe; wir steigen hinauf. Eine Metalljalousie rattert hoch, hinter ihr ein flächendeckender Windschutz: wie ein Theatervorhang aus Pferdedecken. Der wird geöffnet. Etwas feierlicher: der tut sich auf. Und im Gang sehe ich den Schreibtisch, bereitgestellt! Allerlei Deponiertes ringsum, aber das registriere ich nur flüchtig, die Aufmerksamkeit fokussiert auf die Schreibtischkopie. Nun ist, für mich, das Symbol ein Objekt. Ich beschaue, vorgebeugt, die furnierte Tischplatte, beschaue, kauernd, die Seitenflächen. Ich bin nicht vom Fach, aber ich habe den Eindruck: Hier ist solide gearbeitet worden.

Ich gleiche die Ansicht ab mit meinem Erinnerungsbild des originalen Schreibtischs. Dessen Holz ist eher rotbraun als braun. Und wirkt sehr viel gepflegter. Kein Wunder – in den sechs Jahrzehnten seit der Herstellung im Konzentrationslager wird man die Kopie kaum mal behandelt haben. Oder eventuell doch, falls die Kopie auf die Weimarer Bühne kam?

Weiter: ich habe den Eindruck, die runden Metallbeschläge (mit den Zug-Ringen der Schubladen) sind beim Original differenzierter ausgearbeitet. Aber welcher Besucher hätte schon auf so was geachtet, in den letzten anderthalb Jahren des Krieges?

Abgesehen von solchen Details: man könnte eine Fotografie des Originals und eine Fotografie der Kopie übereinanderblenden, sie wären deckungsgleich. Allerdings, zieht man eine der sechs Schubladen (jeweils seitlich gestaffelt) völlig heraus, so zeigt sich: sie sind (im Gegensatz zur Schublade in der Mitte) nicht komplett ausgeführt, sind etwas verkürzt, es fehlen die Rückwände, und die Seitenflächen sind nach hinten abgeschrägt. Es wurde ja nicht damit gerechnet, daß Besucher die Schubladen der Schreibtischkopie herauszogen im Mansardenzimmer des Schillerhauses – das selbst den Kopien die Aura des Originals vermittelte, zumindest assoziativ.

Schillers Weimarer Schreibtisch, als Kopie hergestellt im Konzentrationslager auf dem Ettersberg, und diese Kopie deponiert in einem Gebäude an der Südflanke ausgerechnet des Ettersbergs, dies auch noch in einem Bau, der seinerzeit von Offizieren der Luftwaffe, später von

Offizieren der Sowjetarmee genutzt wurde – enger, schmerzhafter könnten sich historische Perspektivlinien kaum überschneiden!

Nachweise

Von der Kopie des Schreibtischs erfuhr ich zum ersten Mal über ein Faltblatt zur Ausstellung »Verlagerungen«. Jens Schley adaptierte hier eine Sequenz aus seinem Buch »Nachbar Buchenwald. Die Stadt Weimar und ihr Konzentrationslager 1937–1945«, erschienen 1999. Diese Studie half mir bei der Arbeit.

Meine »Projektskizze« zu diesem Buch veröffentlichte Heinz Ludwig Arnold in der Anthologie »Manchmal schwimmen ein paar gute Sätze vorbei«, 2001 erschienen in der »collection fischer«.

Die meisten Dokumente zur Geschichte der Schreibtischkopie werden hier zum ersten Mal veröffentlicht. Vermittelt wurden sie mir von Dr. Jens Riederer, dem Leiter des Stadtarchivs Weimar. Ich danke ihm auch an dieser Stelle.

Wichtig, hilfreich zur Erhellung des finsteren Ambientes: »Konzentrationslager Buchenwald 1937–1945«, der »Begleitband zur ständigen historischen Ausstellung« der Gedenkstätte Buchenwald, 1999. In diesem Band auch ein Foto einer der Werkstattbaracken der DAW.

Bei kritischer Auswahl ebenfalls noch wichtig: »buchenwald«, Dokumente und Berichte. Herausgegeben vom Internationalen Buchenwald-Komitee und dem Komitee der Antifaschistischen Widerstandskämpfer in der Deutschen Demokratischen Republik.

Weimar, an der Spitze der Entwicklung zur Vorherrschaft des Nationalsozialismus: die meisten der Informationen und

Details, die ich hierzu einbringe, fand ich in einem Sammelband von Aufsätzen: »Klassikerstadt und Nationalsozialismus. Kultur und Politik in Weimar 1933 bis 1945.« Hier auch ein Beitrag von Karina Loos.

Wichtige Hinweise im Katalog »Vom Antlitz zur Maske/ Gezeichneter Ort« zur Doppelausstellung von 1999. Die Verbindung, ja Symbiose von Weimar und Buchenwald wurde hier von den Kuratoren exemplarisch nachvollzogen. Zeichnungen Goethes, speziell aus dem Weimarer Ambiente, wurden in der Gedenkstätte Buchenwald ausgestellt. Im Schillermuseum wiederum wurde eine Aktion der Gestapo in Wien dokumentiert: Juden, im dortigen Stadion kurzzeitig interniert, wurden anthropologischen Pseudo-Untersuchungen unterzogen, mit Vermessungen, mit der Herstellung, in Einzelfällen, auch von Lebendmasken. Die »Polizeijuden« wurden anschließend nach Buchenwald transportiert, wo in wenigen Wochen ein großer Teil von ihnen dahinstarb, im abgesonderten Bereich des »Kleinen Lagers«, angrenzend an den Appellplatz. Später wurden an der selben Stelle zusätzliche Werkstattbaracken der DAW aufgestellt, in denen Karabiner montiert wurden.

Zahlreiche Informationen und Zitate zum Thema nationalsozialistischer Kulturpolitik außerdem in den Dokumentationen von Joseph Wulf.

Weitere Informationen (vor allem in Beiträgen von Claus Pese, Andreas Hüneke, Achim Preiß) im Katalogwerk »Aufstieg und Fall der Moderne« (dies am Beispiel Weimar!). Meine (kombinierende) Wiedergabe ergänze ich mit Zitaten, die ich woanders aufgelesen habe – beispielsweise in einem Sammelband mit Texten von Oskar Schlemmer.

Informationen und Zitate zur NS-Schiller-Rezeption vor allem im zweibändigen Ausstellungskatalog »Klassiker in finsteren Zeiten 1933–1945«, Marbacher Kataloge 38.

Zu Schiller selbst: »Andreas Streichers Schiller-Biographie«. Herausgegeben von Herbert Kraft. Forschungen zur Geschichte Mannheims und der Pfalz. Neue Folge, Herausgegeben von der Gesellschaft der Freunde Mannheims und der ehemaligen

Kurpfalz, Band 5. Mannheim 1974. Ergänzungen hierzu: »Herzog Karl Eugen und Schillers Flucht«, von Karl Stenzel, 1936 in Stuttgart erschienen.

Grundlegend die zweibändige Biographie von Peter-André Alt: »Schiller. Leben – Werk – Zeit«, München 2000. Etwa tausend der rund 1400 Seiten sind Werkinterpretationen.

Zur Ergänzung: die Schiller-Biographie des Enkels Alexander von Gleichen-Rußwurm, erschienen vor dem ersten Weltkrieg. Das voluminöse Buch ist überraschend reich an Details, zitiert zahlreiche Quellen, setzt interessante Akzente. (Eine Randnotiz: Der dreiundsiebzigjährige Freiherr wurde 1938 von den Nazis weitgehend enteignet. Es ging um den Familiensitz Schloß Greifenstein in Unterfranken. Details sind mir nicht bekannt. Doch schon die Tatsache ist aufschlußreich: Enteignung eines Enkels des gefeierten, des bejubelten Schiller!)

Die Übersetzung der lateinischen Dissertation Schillers fand ich in: Friedrich Schiller, Medizinische Schriften. Eine Publikation der Hoffmann-La Roche AG, 1959.

Selbstverständlich habe ich sehr genau das Kleingedruckte der Münchner wie der Berliner Schiller-Ausgabe gelesen.

Daß ich Briefe von Schiller heranziehe, muß ich kaum erwähnen: verschiedene Ausgaben. Handlich die alte Insel-Ausgabe, von Reinhard Buchwald herausgegeben. Gelegentliche Konsultation der National-Ausgabe.

Detaillierte Angaben zu Objekten, die in diesem Buch wichtig sind, in: »Schillers Wohnhaus in Weimar«, herausgegeben (und überwiegend) geschrieben von Christina Tezky und Viola Geyersbach. Ein Band der Stiftung Weimarer Klassik, erschienen in München.

Für Details wichtig: Norbert Oellers, »Schiller. Geschichte seiner Wirkung bis zu Goethes Tod.« Bonn 1967. Weiter: »Schadows Schachclub. Ein Spiel der Vernunft in Berlin 1803–1850.« Katalog der Staatlichen Museen Berlin, 2003.

Zenon Jagoda et al. Zum »Krematoriumsesperanto«, der Sprache polnischer KZ-Häftlinge. In: Die Auschwitz-Hefte, Band 2.

Und, zum Schluß: Volker Wahl, »Die Rettung der Dichtersärge, Das Schicksal der Sarkophage Goethes und Schillers bei Kriegsende 1945«. Weimar 1991.

Nachträge

Wir Autoren liefern seit der Jahrtausendwende nicht nur die Texte von Büchern, wir erledigen meist auch schon den ersten Arbeitsgang der Herstellung: die »Texterfassung«, liefern also elektronische Datenträger. Auf deren Grundlage wird das Layout angefertigt: der Umbruch, bereits paginiert. Es gehört nun zu den ›Spielregeln‹, daß hier zwar Fehler (beispielsweise Trennfehler!) korrigiert werden, daß der Umbruch aber nicht mehr gekippt werden darf. So kann nicht mehr eingearbeitet werden, was anstandslos eingearbeitet werden konnte, als es noch Druckfahnen gab, die erst nach der Korrektur (also auch nach eventuellen Kürzungen oder Erweiterungen) zum Umbruch formatiert wurden.

Nun sollte ein Buch in der Tat fertig sein, sobald es lektoriert, sobald anschließend die Druckfassung erstellt ist: Redaktionsschluß auch hier. Doch nun: ich beginne mit der Arbeit an einem Text, der ebenfalls im Dritten Reich spielt. So sichte ich weitere Dokumentationen. Dabei mache ich, gleichsam mit Seitenblicken, hier und dort einen Textfund, der eigentlich in dieses Buch gehört. Unterschlagen, weglassen möchte ich die Funde nicht. Außerdem: manches fällt mir erst später ein – aber nicht zu spät. Also diese Notlösung, technisch bedingt: Nachtrag im Anhang.

Erst hier, einleitend, ein Hinweis zum Buchmotto von Hebbel: er trug diesen Satz am 25. März 1859 ins Tagebuch ein. In seinen Tagebüchern finden sich zahlreiche Sätze von ähnlichem spezifischem Gewicht. Nur ein weiteres Beispiel, ebenfalls geeignet als Motto: »Die Höhe der Kultur ist die einzige, zu der viele Schritte hinaufführen und nur ein einziger herunter.« (14. November 1854).

Da ich schon von Hebbel schreibe, eine weitere Ergänzung, Stichwort: Demetrius-Fragment. Hebbel: »Ich bewundere den Schillerschen Torso, und habe ihn von jeher zu seinem Allerbesten gerechnet.« Nach den Aufführungen einiger komplettierter Versionen verschiedener Autoren inszenierte Laube am Wiener Burgtheater das Fragment; Hebbels Frau spielte dabei die Rolle der Olga. Am 31. Dezember 1857 notierte Friedrich Hebbel im Tagebuch: »Ich schwanke zwischen der Fortsetzung der Nibelungen und der Vollendung des Schillerschen Demitrius, dem ich freilich eine ganz andere psychologische Grundlage geben müßte wie er, und der mich, was ich fast vergessen hatte, schon mit 18 Jahren beschäftigt hat.« Auch Hebbel sah hier »einen hohen dramatischen Stoff, desgleichen noch nie behandelt ist.«

Hier täuschte er sich freilich. Von Elisabeth Frenzel, »Stoffe der Weltliteratur«, lerne ich: Es gab zahlreiche Vorformen. Als einer der ersten schrieb, immerhin, Lope de Vegas ein Demetrius-Drama. Folgte, unter anderen, ein Franzose mit einer Demetrius-Komödie: »Arlequin Demetrius«; hier war, in schon modernem Verfahren, die Hauptrolle dreifach besetzt. Natürlich wurde der Stoff auch in Rußland aufgegriffen: »Der falsche Demetrius« von Sumarokow. Und Kotzebue ließ sich anstekken. Schließlich Friedrich Schiller.

Ein halbes Jahrhundert später Friedrich Hebbel. Trotz aller Bewunderung für Schillers Torso: er konnte »keinen einzigen Vers davon gebrauchen«. Er arbeitete an seiner Version nach dem Leitsatz: »Jeder Mensch ist unter Umständen jeder (Tat) fähig.«

Er vollendete die ersten drei Akte, entwarf den vierten, skizzierte den fünften – und starb vor dem Abschluß. Makabre Parallele: Schiller und Hebbel verschieden während der Arbeit an einem Demetrius-Drama. Und beide starben zu früh – Hebbel wurde nur vier Jahre älter. Die Fünfzig, die Schiller erreichen wollte. –

Weiter zu Schiller. Sein »Tell« war auch nach dem Verbot des Stücks gefragt als Zulieferer von Parolen. Nach der Kriegswende von Stalingrad wurde er heranzitiert, um Siegeszuversicht aufrecht zu erhalten, Durchhaltewillen zu stärken. So wird, beispielsweise unter dem Titel »Deutsche Entscheidung«, Schiller einleitend wie folgt zitiert: »Denn dieses ist der Freien einz'ge Pflicht, das Reich zu schirmen, das sie selbst beschirmt. Was drüber ist, ist Merkmal eines Knechts.«

Die Zwischenüberschrift nach diesem Motto: »In der Notstunde«. Zwei einleitende Sätze: »Der Kleingläubige sieht nur die graue Gegenwart, er liest nur, wenn der Feind näher heranrückt, aber er ahnt nichts von dem starken Gefühl des Glaubens, der uns Nationalsozialisten im Blut ist. Für uns gibt es keine andere Beendigung dieses Krieges als nur den Sieg!« Und so weiter, und so weiter. –

Und noch eine Textkonfrontation, Stichwort »Freiheit«. Ein Nachtrag erst zu den Schiller-Feiern des Jahres 1934. »Schiller ist der Sänger und Künder der ewigen deutschen Freiheitsidee geworden; er ist als solcher ins Volk eingegangen. Heute erleben wir wieder den *Aufbruch einer großen Freiheitsbewegung*, einer Bewegung, die ernst macht mit dem revolutionären Schwung Schillers.«

In schärfstem Kontrast dazu eine überraschende Formulierung, die ich in einer Untersuchung der Lagersprache von Auschwitz fand: »Du hast wohl noch das Brot der Freiheit im Arsch!« So also wurde auch dieser hohe Begriff abgewirtschaftet, war schließlich ›im Arsch‹. –

Kleiner Nachtrag zu Bühnenbildern von Schiller-Inszenierungen im Dritten Reich. Mit vergleichbarer Bildsprache konnten hier Gegensätze signalisiert werden. Ein Bühnenbild konnte in seiner Monumentalisierung affirmativ sein, dem Zeitgeschmack, dem NS-Stil entsprechend. Als Beispiel das Bühnenbild von Eduard Sturm zur Inszenierung des »Wallenstein« im Berliner »Theater des Volkes«, 1934. Kommentar im Katalog »Klassiker in finsteren Zeiten«: »Die monumentalen Säulen mit überdimensionierten Kerzenleuchtern sind ohne jegliche architektonische und bühnennotwendige Funktion, sie dienen einzig und allein der Demonstration ungeheurer Macht. Der

246

Aufbau der Bühne erinnert an die Kolossal-Innenarchitektur der Reichskanzlei.«

Durch simulierte Massierung von Wänden und Decken konnte aber auch das Beengende und Lastende einer Diktatur signalisiert werden, wie in der Hamburger Inszenierung des »Don Carlos« von Fehling, mit dem Bühnenbild von Cesar Klein, 1935, oder in der Darmstädter Inszenierung von Schalla, 1937, mit dem Bühnenbild von Max Fritzsche: der hohe, weite Thronsaal, doch mit beengender Eingrenzung der Spielfläche durch dichte Eisengitter in Lanzenformen ...

Eine Ergänzung noch zum Tischler, der im KZ die Kopie von Schillers Schreibtisch herstellte. Er wurde, wie zitiert, als »Organisator« gerühmt. Zu diesem Begriff lese ich einen kurzen Kommentar in der erwähnten polnischen Untersuchung der Sprache polnischer KZ-Häftlinge in Auschwitz, dem »Krematoriums-Esperanto«.

Demnach wurde die erweiterte Wortbedeutung von »Organisieren« über Häftlinge transferiert, die man von Lagern des Reichsgebiets zu Lagern des Ostens transportierte. Deutsche Wörter wurden dort vielfach zu polnischen Lehnwörtern – polnisch die Lautform, polnisch die Endung. Der Organisierer, Organisator nun als »organizatory«. Zu organisieren gab es für Häftlinge in einem Lager der Vernichtung durch Arbeit (wie Buchenwald) oder in einem Lager des industrialisierten Massenmords (wie vor allem Auschwitz) fast überhaupt nichts mehr, also war ein Organisator jemand, der klaute, der stahl. (Organisieren war auch in der nicht-inhaftierten Bevölkerung ein halblegaler Akt.) Zu klauen, zu stehlen gab es für die Besitzlosen der Konzentrationslager nur dies und jenes beim SS-Feind. Wer in einer Werkstatt arbeitete, fand dort am ehesten Gelegenheiten, etwas zu »organisieren«. Einer, der organisieren konnte, war zudem meist beteiligt am Schmuggel. Auch das gab es in Konzentrationslagern. Da die Kontrollen sehr streng, die Strafen drakonisch waren, konnte Schmuggel nur realisiert werden unter Beteiligung bestechlicher SS-Männer.

In dieser Zone des Halbschattens bewegte sich Willy Werth

im KL Weimar-Buchenwald offenbar so erfolgreich, daß er zu einer der Lagergrößen wurde, zu einem Angehörigen der Lagerprominenz. Dieses Ziel erreichte man als Häftling allerdings nur auf krummen Touren.

Hinweise

Eine Irritation, eine Frage. März 1933 unterzeichneten 88 Schriftsteller ein »Treuegelöbnis«: »Die tiefe Überzeugung von unseren Aufgaben zum Wiederaufbau des Reiches und unsere Entschlossenheit, nichts zu tun, was nicht mit unserer und des Vaterlandes Ehre vereinbar ist, veranlassen uns, in dieser ernsten Stunde vor Ihnen, Herr Reichskanzler, das Gelöbnis *treuester Gefolgschaft* feierlichst abzulegen.«

Als »Kundgebung deutscher Schriftsteller« wurde das Dokument in der Presse veröffentlicht, mit sämtlichen Namen der Unterzeichner. Ich kenne die wenigsten – viele waren offenbar Autoren der Stunde. Jedoch, an zweiter Stelle der alphabetischen Auflistung: Gottfried Benn. Nicht weiter überraschend, er hatte bereits in der Akademie der Künste eine Loyalitätserklärung für das neue Regime initiiert. In alphabetischer Nähe: Rudolf G. Binding. Sodann: Arnolt Bronnen, Otto Flake, Max Halbe. Sehr überraschend: Oskar Loerke, der Lyriker und Lektor.

In dieser Liste auch »Heinrich von Gleichen, von Gleichen-Rußwurm«. Ein direkter Weg führt zu diesem Namen: Schillers Tochter Emilie heiratete den bayerischen Kammerherrn Heinrich Adalbert von Gleichen-Rußwurm.

Alexander, Sohn aus dieser Ehe, wurde als Biograph bereits eingeführt. Er tendierte offenbar zum Konservatismus, trug ein Gedicht bei zur Festschrift für Friedrich Lienhard, der sich, gemeinsam mit Adolf Bartels, gegen ›Großstadtkunst‹ und für eine neue Heimatkunst stark machte – ein Produzent von sanftem Kitsch.

War jener Heinrich ein Nachfahre dieses Schiller-Enkels? Ich gehe der Frage nicht weiter nach, halte nur fest: Einer der Nachkommen aus der Familie von Schillers Tochter Emilie stand politisch weit rechts. Er gehörte Institutionen oder Organisationen an, die ich nur benennen, nicht aber weiter beschreiben kann (und will).

Heinrich von Gleichen-Rußwurm war führender Kopf der Jungkonservativen Ringbewegung. In der Gründungsversammlung, Oktober 1918, forderte man die »Diktatur eines parteifreien, aber programmfesten starken Mannes, auf dem Boden des politischen Machtwillens der gegliederten Volksgemeinschaft«. Zu diesem Ring gehörten ein Artur Moeller van den Bruck und ein Hugo Stinnes. Die Gründungsversammlung fand in der Berliner Philharmonie statt. Ein Satz aus einer der Festreden: »Der Messias dieser neuen Weltordnung wird das deutsche Volkstum sein.«

Nach 1924 nannte sich die Gruppierung »Deutscher Herrenclub«. Die organisatorische Leitung übernahm Heinrich von Gleichen-Rußwurm. Einige der Industrieherren waren, neben Stinnes, nun auch Flick und Thyssen. 1933 nannte man sich »Deutscher Klub«. Der (direkte oder indirekte) Nachkomme Schillers leitete auch diese Vereinigung.

Wie auch immer die verwandtschaftlichen Beziehungen waren: jemand aus der Familie der Nachfahren Friedrich Schillers leitete eine ultrakonservative Organisation der politischen Rechten. Und schwor Hitler die Treue.

Ein Thema für ein separates Buch wäre: Schiller als Autor, als Dichter der versteckten Opposition gegen das NS-Regime.

Denn: trotz diverser Zitate des Großrhetorikers Schiller, die nationalsozialistischen Kulturverwaltern, Kulturdespoten allzu gut ins Konzept passten: sein Werk ließ sich nicht komplett vereinnahmen, in gleichschaltender Deutung und Fehldeutung. Er blieb auch der Dichter von Liberalen im Lande.

Die Opposition machte Sätze von Schiller zu Parolen (als Stichworte etwa: Gedankenfreiheit oder: Grenze der Tyrannenmacht.) Sätze wie ›schwebende Ladungen‹; Sätze wie Sprengsätze.

Kritik konnte sich auch manifestieren über Gestalten und Gestaltung in Schillers Hauptmedium, dem Theater. Beispielsweise »Don Carlos«: mit Philipp ließ sich in distanzierendem Verfahren ein Gewaltherrscher, ein finsterer Despot auf die Bühne bringen. Zitat aus dem philosophischen Gespräch, das Schiller an seinen (fragmentarischen) Unterhaltungsroman »Der Geisterseher« ankoppeln wollte, um das Niveau zu heben: »Der Despot ist das unnützlichste Geschöpf in seinen Staaten, weil er durch Furcht und Sorge die tätigsten Kräfte bindet und die schöpferische Freude erstickt. Sein ganzes Dasein ist eine fürchterliche Negative.«

Zu untersuchen, darzustellen wäre denn, *welche* Schiller-Parolen von Liberalen, von Oppositionellen aufgegriffen und umgesetzt wurden.

Im Münchner Kreis der Weißen Rose: »Widerstand durch Zitate«. So wählten die Geschwister Scholl für eins ihrer Flugblätter Auszüge aus einer kleineren Arbeit Schillers: »Die Gesetzgebung des Lykurgus und Solon«. Hier ein Ausschnitt aus den zitierten Textpassagen: »Hindert eine Staatsverfassung, daß alle Kräfte, die im Menschen liegen, sich entwickeln; hindert sie die Fortschreitung des Geistes, so ist sie verwerflich und schädlich, sie mag übrigens noch so durchdacht und in ihrer Art noch so vollkommen sein. Ihre Dauerhaftigkeit selbst gereicht ihr alsdann viel mehr zum Vorwurf als zum Ruhme – sie ist dann nur ein verlängertes Übel; je länger sie Bestand hat, um so schädlicher ist sie.«

Von den Geschwistern Scholl zu Stauffenberg. Überliefert ist, daß der junge Claus Schenk Graf von Stauffenberg im »Tell« mitspielte, in einer Stuttgarter Schüleraufführung, und daß er hier die Rolle des Werner Stauffacher übernommen hatte. (In dem Goebbels wiederum eine vorbildliche Verkörperung des Führertums sehen wollte.)

Die Gebrüder Stauffenberg erwiesen sich früh schon als Theaterfans; bereits in der väterlichen Dienstwohnung im Alten Schloß, die Platz genug bot, wurden von ihnen Teile des »Julius Caesar« von Shakespeare aufgeführt. In den weiten

Räumlichkeiten des Stuttgarter Königsschlosses konnte der »Tell« hingegen nicht mehr aufgeführt worden sein, denn: mit der Revolution von 1918 verlor Vater Stauffenberg das Amt des Oberhofmarschalls am württemberger Königshof, die Familie zog um in das (ebenfalls geräumige) Rentamt. Damals war Claus elf Jahre alt. Sein Schulabschluß: 1926. Es könnte also eine Schulaufführung im Eberhard-Ludwig-Gymnasium gewesen sein – Gymnasialdirektor Hermann Binder weckte und förderte Theaterleidenschaft unter seinen Schülern. Wenn Claus hier den Stauffacher spielte, wird er die oft bejubelte Hymne »in tyrannos« rezitiert haben.

Nein, eine Grenze hat Tyrannenmacht,
Wenn der Gedrückte nirgends Recht kann finden,
Wenn unerträglich wird die Last – greift er
Hinauf getrosten Mutes in den Himmel
Und holt herunter seine ew'gen Rechte,
Die droben hangen unveräußerlich
Und unzerbrechlich wie die Sterne selbst –
Der alte Urstand der Natur kehrt wieder,
Wo Mensch dem Menschen gegenübersteht –
Zum letzten Mittel, wenn kein andres mehr
Verfangen will, ist ihm das Schwert gegeben –
Der Güter höchstes dürfen wir verteid'gen
Gegen Gewalt –

Daß hier eine Parole der Opposition war, hat John Heartfield in einer seiner Fotomontagen dokumentiert: Reichsinnenminster Frick scheint ein Schillergemälde an der Wand zu betrachten, die Formulierung »eine Grenze hat Tyrannenmacht« findet dabei ein Echo in ihm, er konstatiert: Diesen Kerl hätte er glatt ausgebürgert.

Wie weit die Formulierung »eine Grenze hat Tyrannenmacht« für Stauffenberg noch gegenwärtig war, als er das Attentat vorbereitete, das weiß ich nicht; auch dies müßte erkundet werden. In dieser Anmerkung können nur Perspektiven angedeutet werden.

Auch dies wäre ein Thema für ein Buch: Wie Friedrich Schiller in der DDR zum Kampfgenossen gemacht wurde, rhetorisch, wie ihm – zumindest partiell – Linientreue beigebogen wurde. Wieder ein charakteristisches Kapitel der Rezeption.

Als Beispiel: auch auf Bühnen der Deutschen Demokratischen Republik nahm »Kabale und Liebe« eine Vorrangstellung ein. Bereits August 1946 wurde das »Trauerspiel« im Deutschen Theater Berlin in einer Neuinszenierung aufgeführt. In den folgenden drei Jahren der Sowjetischen Besatzungszone wurde es in diesem Haus 131mal gespielt. Und mehr als siebzigmal in Dresden, fast siebzigmal in Leipzig. Dies jeweils unter ideologischem Vorzeichen: »Das Selbstbewußtsein des Bürgermädchens Luise nicht ohne geistige Bezüge zur sozialistischen Gegenwart.« Und: ihr »Auftrag, sich eine kämpferisch-aktive Lebenshaltung anzueignen«.

Und gleich noch, ergänzend: geschrieben und gesprochen wurde in der SBZ (so die offizielle Bezeichnung bis 1949) von einer neuen »Inbesitznahme« Schillers, von »Aneignung« seines Werks: »Alles Große und Edle, Humanistische und Revolutionäre in Ehren weitergeführt« ... Und, im Sinne damaliger Sprachregelung: Schillers »poetischer Entwurf einer besseren Menschheitszukunft« verwirklicht im neuen Gesellschaftssystem, in dem »Arbeiterinnen und Arbeiter bei ihrer täglichen schöpferischen Arbeit dabei sind, hohe humanistische Ideale zu verwirklichen«. Und weiter: »Die deutsche Arbeiterklasse, geführt von der Sozialistischen Einheitspartei Deutschlands, verwirklicht die besten patriotischen und humanistischen Ideen des deutschen Freiheitsdichters Friedrich Schiller.«

Freilich, auch in der DDR hatte man Probleme mit einigen Stellen des dramatischen Werks. Beispiel Dresden. Ein Freund erzählt mir, daß bei einer Aufführung des »Don Carlos« etliche Mitschüler mit ihm demonstrativ, wenn auch schweigend, aufstanden, als die berühmte Forderung nach Gedankenfreiheit rezitiert wurde: indirekte Kritik am System.

Oder das Beispiel Bauerbach: das Dörfchen, der Weiler zwischen Thüringer Wald und Franken, in dem Schiller so etwas wie ein Asyl gefunden hatte. Zwei Jahrhunderte später lag es im Grenz-Sperrgebiet der DDR. Der Ort war von Uniformierten gleichsam belagert. Und doch schuf man sich einen Freiraum: mit Schillers Hilfe. Im Naturtheater fanden (und finden heute noch) Aufführungen statt von Schauspielen des Dichters. Rollen lernend, Kostüme schneidernd, Kulissen herstellend, erarbeiteten Dorfbewohner auch eine Inszenierung des »Tell« – doch es fand nur eine einzige Aufführung statt. Zum Problem wurde eine der berühmten Formulierungen des an »Kernsätzen« und »Kalendersprüchen« besonders reichen Stücks: »Wir wollen sein ein einzig Volk von Brüdern, /In keiner Not uns trennen und Gefahr.« Solch einen Satz wollten Staatsvertreter, offizielle und geheime, nicht hören, schon gar nicht im Bereich der befestigten Grenze zum nichtsozialistischen Ausland.

Doch bei Jubiläen gab es keine Mißtöne. Im Schillerjahr 1955 feierte Otto Grotewohl, Vorsitzender des Ministerrats der DDR, den Dichter in einer Rede mit dem Thema »Wir sind ein Volk!« Zitat: »Hier, bei uns also, herrscht in Wirklichkeit der Geist des großen Humanisten Schiller ... Er steht auf unserer Seite.« Und Johannes R. Becher, Minister der Kultur der DDR, gab seiner Festrede den Titel: »Denn er ist unser.«

Inhalt